A Ciência em uma sociedade livre

FUNDAÇÃO EDITORA DA UNESP

Presidente do Conselho Curador
Mário Sérgio Vasconcelos

Diretor-Presidente
Jézio Hernani Bomfim Gutierre

Superintendente Administrativo e Financeiro
William de Souza Agostinho

Conselho Editorial Acadêmico
Danilo Rothberg
João Luís Cardoso Tápias Ceccantini
Luiz Fernando Ayerbe
Marcelo Takeshi Yamashita
Maria Cristina Pereira Lima
Milton Terumitsu Sogabe
Newton La Scala Júnior
Pedro Angelo Pagni
Renata Junqueira de Souza
Rosa Maria Feiteiro Cavalari

Editores-Adjuntos
Anderson Nobara
Leandro Rodrigues

Paul Feyerabend

A Ciência em uma sociedade livre

Tradução
Vera Joscelyne

© 1978 Paul Feyerabend
Impresso pela Verso em 1978
Reimpresso em 1982, 1983 e 1985
© 2011 da tradução brasileira
Título original: *Science in a free society*

Todos os direitos de publicação reservados a

Fundação Editora da UNESP (FEU)
Praça da Sé, 108
01001-900 – São Paulo – SP
Tel.: (0xx11) 3242-7171
Fax: (0xx11) 3242-7172
www.editoraunesp.com.br
www.livrariaunesp.com.br
feu@editora.unesp.br

CIP – Brasil, Catalogação na fonte
Sindicato Nacional dos Editores de Livros, RJ

F463c

Feyerabend, Paul K., 1924-1994
    A Ciência em uma sociedade livre / Paul Feyerabend ; tradução Vera Joscelyne. – São Paulo : Editora Unesp, 2011.
    288p.

    Tradução de: Science in a free society
    Inclui bibliografia e índice
    ISBN 978-85-393-0145-4

    1. Ciência - Aspectos sociais.   2. Ciência - Filosofia.   3. Ciência - Metodologia.   I. Título.

11-3568.   CDD: 501
                                                                                   CDU: 501

Esta obra foi publicada por seu valor histórico. No transcorrer de seu desenvolvimento intelectual, o autor apartou-se das posições explicitadas neste livro.

Editora afiliada:

Nota dos editores

Ao longo deste livro, sempre que possível, em complemento às remissões à primeira edição original de *Contra o método*, indicou-se, entre colchetes, as referências de passagens equivalentes constantes da terceira edição, publicada em português pela Editora Unesp. Esse procedimento, entretanto, não pode ser invariavelmente observado, pois Feyerabend empreendeu extensiva revisão naquela obra, suprimindo das edições posteriores parcelas significativas da original.

Sumário

Prefácio 11

Parte Um
Razão e prática

1 Revisitando *Contra o método* 19

2 Razão e prática 23

3 Sobre a crítica cosmológica de padrões 41

4 "Vale tudo" 51

5 A "Revolução Copernicana" 52

6 Aristóteles, não um qualquer................................... 68

7 Incomensurabilidade 82

Parte Dois
A Ciência em uma sociedade livre

1 Duas perguntas 91

2 A prevalência da Ciência, uma ameaça à democracia 95

3 O espectro do Relativismo 99

4 Juízos democráticos invalidam a "Verdade" e o parecer de especialistas 107

5 O parecer de especialistas é muitas vezes preconceituoso, não confiável e precisa de controle externo 109

6 O estranho caso da Astrologia 113

7 Os leigos podem e devem supervisionar a Ciência 120

8 Argumentos metodológicos não estabelecem a excelência da Ciência 122

9 A Ciência tampouco é preferível em virtude de seus resultados... 125

10 A Ciência é uma ideologia entre muitas e deve ser separada do Estado exatamente como a religião hoje está 131

11 A origem das ideias deste ensaio 133

Parte Três
Conversas com ignorantes

Capítulo 1
Resposta ao professor Agassi (com uma nota de rodapé para Rom Harré e um *postscriptum*) 155

Capítulo 2
Lógica, a capacidade de ler e escrever e o professor Gellner 175

Capítulo 3
Contos de fadas marxistas vindos da Austrália 191

Capítulo 4
Do profissionalismo incompetente à incompetência profissionalizada – o surgimento de uma nova raça de intelectuais 229

Capítulo 5
Vida na Escola de Economia de Londres (LSE)? 263

Referências 273

Índice onomástico 279

Prefácio

Os ensaios neste volume retomam o argumento que comecei em *Contra o método* (CM de forma abreviada) e o desenvolvem um pouco mais. Há respostas a críticas, há um novo material que preparei para outra edição, mas não pude usar, e há uma discussão mais ampla sobre o relativismo e o papel da Ciência (racionalismo) em uma sociedade livre. Como o livro anterior, este volume tem por objetivo remover os obstáculos que intelectuais e especialistas criam para tradições diferentes das suas e preparar a remoção dos próprios especialistas (cientistas) dos centros vitais da sociedade.

As partes Um e Dois têm um único objetivo: mostrar que a racionalidade é uma tradição entre muitas, e não um modelo a que as tradições devem se adaptar. A Parte Um desenvolve o argumento para a Ciência e a Parte Dois o estende para a sociedade como um todo. Nos dois casos o problema teórico básico é a *relação entre Razão e Prática*. O *Idealismo* presume que a Prática (a prática da Ciência, da Arte, de falar uma língua natural, das leis costumeiras em oposição às leis formais) é um material bruto a ser trabalhado pela Razão. A Prática pode conter elementos da Razão, mas de maneira acidental e assistemática. É a aplicação consciente e sistemática da Razão a um material parcialmente estruturado, amorfo, que nos dá a Ciência, uma Sociedade onde vale a pena viver e uma História que pode se orgulhar de ter sido feita por homens em seus melhores momentos.

O *Naturalismo*, por sua vez, presume que a História, o Direito e a Ciência já chegaram ao máximo de sua perfeição. Os homens não agem sem pensar e sempre tentam raciocinar da melhor maneira possível. Os resultados são imperfeitos em parte por causa de condições adversas e em parte porque as boas ideias não chegam antes da hora devida. A tentativa de reorganizar a Ciência ou a sociedade tendo em mente algumas teorias explícitas de racionalidade perturbaria o delicado equilíbrio entre pensamento, emoção, imaginação e as condições históricas às quais são aplicados. Isso criaria o caos, não a perfeição. Esta foi a crítica que Herder (e Hamann) fizeram ao Iluminismo; o mesmo ponto foi considerado por Lessing, apesar de seu viés racionalista; foi a objeção de Burke àqueles que queriam reformar a sociedade com a ajuda de cópias heliográficas bem construídas; é a oposição levantada também por Polanyi, Kuhn e outros contra as filosofias idealistas da Ciência. Para entender todas as muitas possibilidades da Razão, diz o naturalista, precisamos vê-la em atividade, temos de analisar a História e seus produtos temporais em vez de seguir as ideias anêmicas daqueles que não estão familiarizados com a riqueza da Ciência, da poesia, da linguagem, da lei costumeira, e assim por diante.

As desvantagens do Idealismo e do Naturalismo estão relacionadas (são reflexos umas das outras), mas podem ser eliminadas *combinando o Naturalismo e o Idealismo e postulando uma interação da Razão e da Prática*. A Seção 2 explica o que significa essa "interação" e como ela funciona, e as seções de 3 a 6 fornecem ilustrações oriundas das ciências. A Seção 3, por exemplo, mostra como até os padrões mais abstratos, inclusive os padrões da lógica formal, podem ser criticados pela pesquisa científica; a Seção 5 resume a discussão da chamada "Revolução Copernicana" e mostra por que ela não pode ser captada por qualquer teoria de racionalidade: o mesmo argumento, apresentando as mesmas relações entre os conceitos e baseado nas mesmas premissas conhecidas pode ser aceito e até elogiado em determinado momento e não obter nenhum apoio em outro. A afirmação de Copérnico, de que tinha desenvolvido um sistema global em que cada parte estaria perfeitamente adaptada a todas as outras e onde nada poderia ser modificado sem que o todo fosse destruído, significou muito pouco para aqueles que estavam convencidos de que as leis básicas da natureza surgiam na experiência cotidiana e que, portanto, consideravam o conflito entre Aristóteles e Copérnico uma clara objeção a este último. Mas tal afirmação significou muito para matemáticos que não confiavam no senso comum. Foi lida cuidadosamente por astrônomos que desprezavam os aristotélicos ignorantes de sua época e tinham certo desprezo pelo Próprio Filósofo – certamente sem jamais tê-lo lido. O que emerge de uma análise das reações individuais a Copérnico é que *um argumento só se torna efetivo se for sustentado por uma atitude apropriada e não tem qualquer efeito se essa atitude não estiver presente* (e a atitude de que falo deve funcionar *como um complemento* à disposição de ouvir o argumento e é independente de uma aceitação das premissas dos argumentos). Esse *aspecto subjetivo da mudança científica* está relacionado a propriedades objetivas (embora nunca seja completamente explicado por elas): todo argumento envolve *premissas cosmológicas* nas quais é preciso acreditar para que ele pareça plausível. *Não existe nenhum argumento puramente formal.*

O interacionismo significa que a Razão e a Prática entram na História nas mesmas condições. A Razão já não é uma agência que comanda outras tradições, é uma tradição em si mesma que tem tanto (ou tão pouco) direito a estar no centro do palco quanto qualquer outra. Ser uma tradição não é bom nem mau, simplesmente é. O mesmo se aplica a todas as tradições – elas não são boas nem más, simplesmente são. Elas se tornam boas ou más (racionais/irracionais; respeitosas/desrespeitosas; avançadas/"primitivas"; humanitárias/perversas etc.) apenas quando examinadas do ponto de vista de alguma outra tradição. "Objetivamente" não há muita escolha entre Antissemitismo e Humanitarismo. Mas o Racismo parecerá perverso a um humanitário, enquanto o humanitarismo parecerá insípido a um racista. O *Relativismo* (no sentido antigo e simples que lhe atribuiu Protágoras) dá uma explicação adequada da situação que surge dessa maneira. Tradições poderosas, que têm meios de obrigar as demais a adotar seus costumes, não estão muito interessadas no caráter relacional de juízos de valor (e os filósofos que as defendem têm a ajuda de alguns erros lógicos bastante elementares) e podem fazer que suas vítimas também se esqueçam disso (isso se chama "educação"). Mas deixem que as vítimas adquiram mais poder, deixem que elas ressuscitem as próprias tradições e a superioridade aparente desaparecerá como um sonho (bom ou mau, dependendo da tradição).

A Parte Dois desenvolve a ideia de uma sociedade livre e define o papel da Ciência (dos intelectuais) nela. *Uma sociedade livre é aquela em que todas as tradições têm os mesmos direitos e acesso igual aos centros de poder* (isso difere da definição habitual em que *indivíduos* têm direitos iguais de acesso às posições *definidas por uma tradição especial* – a tradição da Ciência e do Racionalismo ocidental). Uma tradição recebe esses direitos não em virtude da importância (o valor em dinheiro, aliás) que ela tem para pessoas externas a ela, e sim porque dá sentido à vida daqueles que participam dela. Mas ela pode também interessar às pessoas externas. Alguns tipos de medicina tribal, por exemplo, podem ter melhores meios de diagnosticar e tratar doenças (mentais e físicas) que a medicina científica atual, e algumas cosmologias primitivas podem nos ajudar a ver, em perspectiva, as ideias predominantes. Portanto, dar igualdade às tradições não é apenas *correto*, mas também *extremamente útil*.

Como é possível construir uma sociedade que dá direitos iguais a todas as tradições? Como a Ciência pode ser removida da posição dominante que tem atualmente? Que métodos, que procedimentos farão efeito, onde está a teoria que irá orientar esses procedimentos, onde está a teoria que irá solucionar os problemas que certamente surgirão nessa nossa nova "Sociedade Livre"? Essas são algumas das perguntas feitas sempre que as pessoas tentam se libertar de restrições impostas por culturas estrangeiras.

As perguntas presumem que é necessário haver *teorias* para lidar com os problemas e insinuam, de uma maneira bastante sutil, que as teorias terão de ser fornecidas por *especialistas*, isto é, *intelectuais*: os *intelectuais* determinam a estrutura da sociedade, os intelectuais explicam o que é ou não possível, os intelectuais dizem a todo mundo o que fazer. No entanto, em uma sociedade livre eles são apenas uma tradição. Não têm quaisquer direitos especiais e suas ideias não têm nenhum interesse especial (a não ser, é claro, para eles próprios). Os problemas não são solucionados por especialistas (embora seu conselho não seja desconsiderado), mas sim pelas pessoas envolvidas, de acordo com as ideias que *elas* valorizam e por meio de procedimentos que *elas* consideram mais apropriados. Hoje, as pessoas em muitos países compreendem que o direito lhes dá mais liberdade de movimento do que costumavam presumir; gradativamente conquistaram o livre espaço que até então tinha sido ocupado pelos especialistas, tentando ampliá-lo ainda mais. As sociedades livres irão surgir dessas atividades, e não de esquemas teóricos ambiciosos. Tampouco há qualquer necessidade de orientar o desenvolvimento por meio de ideias abstratas ou de uma filosofia, como o Marxismo. Aqueles que participam dele irão, é claro, usar ideias, grupos diferentes tentarão aprender uns com os outros, é possível até que adaptem suas opiniões a algum objetivo comum e, com isso, ideologias mais unificadas poderão surgir temporariamente. Essas ideologias, no entanto, virão de decisões tomadas em situações concretas e muitas vezes imprevistas que refletirão os sentimentos, as aspirações e os sonhos daqueles que as tomam; elas não serão previstas pelos pensamentos abstratos de um grupo de especialistas. Não só refletirão o que as pessoas querem e o que são, mas também serão *mais flexíveis, mais bem adaptadas* a problemas específicos do que aquilo que os sociólogos (marxistas, parsonianos etc.), os cientistas políticos ou qualquer outro intelectual possam imaginar em seus escritórios. É assim que os esforços de grupos especiais, que combinam flexibilidade e respeito por todas as tradições, irão gradativamente erodir o "racionalismo" estreito e egoísta daqueles que hoje usam nossos impostos para destruir as tradições dos contribuintes, para arruinar sua mente, violentar seu meio ambiente e, de um modo geral, transformar os seres humanos viventes em escravos bem treinados de sua própria e árida visão de vida.

A Parte Três contém respostas a críticos cujas reações podem ser consideradas típicas. Reescrevi a maior parte delas e as publiquei porque desenvolvem argumentos apenas insinuados em CM, porque até um debate unilateral é mais instrutivo que um ensaio e porque quero que o público em geral fique ciente da surpreendente ignorância de alguns "profissionais". Resenhas em publicações de História, Filologia clássica, Matemática e Administração, ensaios críticos como os publicados em *Science, Reviews of Modern Physics* [Ciência, Resenhas da Física moderna] ou, em um nível mais popular, no jornal *Neue Zürcher Zeitung* mostram competência, inteligência, uma boa compreensão do assunto em discussão e a capacidade de expressar questões complexas em uma linguagem simples. Aprendemos sobre o que é uma escola, livro ou artigo e isso contribui para que possamos abordá-los de uma maneira crítica. Mas a Filosofia Política e a Filosofia da Ciência se tornaram antros de autoexpressão analfabeta (e, é claro, usando termos técnicos proibitivos). A Seção 3 do Capítulo 4 tenta explicar por que isso ocorre. Esta seção também contém uma explicação parcial da deterioração da Filosofia da Ciência desde Mach até o Círculo de Viena, e daí até Popper e seus seguidores.

Parte Um
Razão e prática

1. Revisitando *Contra o método*

Contra o método foi o resultado de algumas palestras que dei na London School of Economics e na University College London. Imre Lakatos assistiu à maioria delas. A janela do escritório dele na London School of Economics ficava bem de frente para a janela da sala de conferências. Ele podia ouvir o que eu estava dizendo e entrava tempestivamente na sala de conferências para fazer objeções. Meu objetivo nessas palestras era mostrar que algumas regras e padrões muito simples e plausíveis, que tanto filósofos quanto cientistas consideravam partes essenciais da racionalidade, tinham sido violados durante alguns episódios (a Revolução Copernicana; o triunfo da teoria cinética; o surgimento da teoria quântica, e assim por diante) que eles também consideravam essenciais. De maneira mais específica, tentei mostrar: (a) que as regras (padrões) *foram verdadeiramente violadas* e que cientistas mais perceptivos estavam cientes dessas violações; e (b) que *elas tinham de ser violadas*. A insistência nessas regras não teria melhorado as coisas, mas detido o progresso.

Um argumento desse tipo tem como base uma variedade de premissas, algumas bastante complexas. Para começar, presumo que meus leitores concordem com relação ao progresso e à boa ciência e que o fazem independentemente dos tipos de regras ou padrões adotados. Suponho, por exemplo, que eles aplaudem a aceitação gradual da ideia do movimento da Terra ou da constituição atômica da matéria no final do século XIX e começo do XX, sejam quais forem as regras e padrões a que, a seu ver, essas ideias estariam obedecendo. O argumento se dirige a pessoas que têm essas crenças e tenta convencê-las de que não podem ter, ao mesmo tempo, os desenvolvimentos que apreciam e as regras e padrões que querem defender.

A ramificação (b) do argumento baseia-se em algumas premissas bastante amplas não só sobre aquilo que *realmente* ocorreu, mas também sobre aquilo que *poderia* e o que *não poderia* ter ocorrido considerando as condições materiais, intelectuais e científicas de uma época específica. Quando descrevi, por exemplo, a maneira pela qual Galileu separou teoria e experiência, também indiquei (CM, p.152 [153]) que novas regras de correspondência não só não foram introduzidas como também não poderiam tê-lo sido porque o desenvolvimento de instrumentos e de testes que não sejam baseados na experiência cotidiana leva tempo. Hoje Aristóteles, amanhã Helmholtz – isso não só é improvável, é impossível. Considerações como essas se alteram de um caso para outro e por isso cada um deve ser discutido de acordo com as próprias qualidades.

Em CM discuti dois casos a fim de criar dificuldades para o indutivismo newtoniano, o falsificacionismo e a teoria de programas de pesquisa. Tentei mostrar também que as teorias nem sempre podem ser comparadas por seu conteúdo e/ou verossimilhança, mesmo quando são "da mesma área". Conjeturei que dificuldades semelhantes surgiriam com qualquer regra e qualquer padrão cujo conteúdo ainda não tivesse sido completamente invalidado. E, na medida em que as regras e os padrões são normalmente considerados "racionalidade", inferi também que episódios famosos na Ciência admirados igualmente por cientistas, filósofos e pessoas comuns não eram "racionais", não ocorriam de uma forma "racional", a "Razão" não era a força que os impulsionava, e eles não eram avaliados "racionalmente".

A principal objeção contra um argumento desse tipo é a pobreza de sua base: um ou dois exemplos – e já supomos lidar com a racionalidade.[1]

---

[1] Aqui a objeção de alguns leitores foi que, embora eu não pareça me incomodar com inconsistências, ainda assim eu as introduzo como partes de meu argumento contra

Além disso, alguns críticos observaram que o fato de a regra ser violada em um caso não a torna inútil em outros ou no longo prazo. Uma teoria pode, por exemplo, estar em conflito com fatos ou ser *ad hoc* e, ainda assim, ser mantida – mas *eventualmente* o conflito terá de ser solucionado e as adaptações *ad hoc*, eliminadas.

A resposta para este último comentário é óbvia: mudar a não *adhocidade* e a falsificação pelos fatos para não *adhocidade* e falsificação *no longo prazo*, significa substituir um padrão por outro e, assim, admitir que o padrão original não era adequado. A resposta para a primeira objeção, no entanto, é a seguinte: é verdade que dois casos não eliminam todas as regras, mas na minha visão eliminam regras básicas que formam uma parte essencial do catecismo dos racionalistas. Apenas algumas dessas regras básicas foram discutidas em conexão com os estudos de caso, mas o leitor pode facilmente aplicar o material reunido aos procedimentos bayesianos, ao convencionalismo (seja de Poincaré ou Dingler) e ao "racionalismo condicional" em que se afirma que as regras e padrões só se aplicam em certas condições bem especificadas. Aliás, o leitor pode até eliminar a exigência de que a pesquisa científica precisa estar de acordo com as leis da lógica.[2] A não ser por essas extensões naturais, a questão agora está nas mãos do racionalista. É ele que sugere que a Grande Ciência obedece a Grandes Padrões. Que grandes padrões e *que não sejam vazios* irão ocupar o lugar dos padrões discutidos?

A dificuldade dessa tarefa é claramente demonstrada pelo destino da teoria dos programas de pesquisa. Lakatos percebeu e admitiu que os padrões existentes de racionalidade, inclusive os padrões da lógica, são muito restritivos e teriam prejudicado a Ciência se tivessem sido aplicados com determinação. Portanto, ele permitiu que os cientistas os violassem (e admite que a Ciência não é "racional" no sentido *desses* padrões). No entanto, Lakatos exigiu que os programas de pesquisa mostrassem certas características *no longo prazo* – eles tinham de ser progressivos. No Capítulo 16 de CM (e em meu ensaio "On the Critique of Scientific Reason" [apud Howson, 1976]), eu argumentei que essa exigência já não restringe a prática

---

visões-padrão de racionalidade. Minha resposta é que presumo que meus leitores são racionalistas. Se não o são, então não precisam ler o livro.

[2] Cf. CM, p.252ss. e 257s [245ss e 251s].

científica. Qualquer desenvolvimento concorda com isso. A exigência (o padrão) é *racional*, mas também é *vazia*. O racionalismo e as exigências da razão se tornaram puramente verbais na teoria de Lakatos.

Devemos observar que eu não apenas critico padrões, regras e procedimentos, mas também tento mostrar que os procedimentos *ajudaram* os cientistas em seu trabalho. Indiquei, por exemplo, o que e por que foi sensato da parte de Einstein usar, em sua explicação do movimento browniano, uma teoria não confirmada e à primeira vista refutada que continha contradições internas. E expliquei por que e como o uso de um instrumento confuso como o telescópio, que era teoricamente opaco e mostrava muitos fenômenos irreais, poderia ainda assim contribuir para o progresso. Meu argumento nos dois casos é *cosmológico: dadas* certas propriedades do mundo, de nossos instrumentos (inclusive instrumentos teóricos tais como padrões), alguns procedimentos estão destinados a fracassar enquanto outros têm a chance de ser bem-sucedidos, isto é, de levarem à descoberta de detalhes de um mundo assim constituído. Indico, por exemplo, que as flutuações que limitam a validade da severa segunda lei da termodinâmica não podem ser diretamente identificadas porque ocorrem em todos nossos instrumentos de medida. Assim, *não acho que a excelência da Ciência seja um dado óbvio* (embora muitas vezes eu a presuma de acordo com o propósito do argumento), e *tento mostrar de que ela consiste e como difere profundamente dos padrões ingênuos de excelência propostos pelos racionalistas.*

Com isso chego ao problema que nunca foi discutido de maneira explícita em CM, embora esteja subjacente a todos os seus argumentos – o problema da relação entre Razão e Prática. Em CM tento mostrar que a Razão, pelo menos na forma em que é defendida pelos lógicos, filósofos da ciência e por alguns cientistas, não se enquadra na Ciência e não poderia ter contribuído para seu crescimento. Este é um bom argumento contra aqueles que admiram a Ciência e também são escravos da Razão. Agora eles precisam escolher: podem manter a Ciência ou a Razão; mas não podem manter ambas.

No entanto, a Ciência não é sacrossanta. O simples fato de ela existir, ser admirada e produzir resultados não é suficiente para fazer dela uma medida de excelência. A Ciência moderna surgiu das objeções globais ao que ocorria antes e contra o próprio racionalismo, a ideia de que existem regras e padrões gerais que direcionam nossos negócios, inclusive os do conhecimento, oriundos das objeções globais ao senso comum (exemplo: Xenófanes contra Homero). Será, então, que devemos evitar nos envolver naquelas atividades que fizeram surgir a Ciência e o racionalismo em primeiro lugar? Devemos ficar satisfeitos com seus resultados? Devemos presumir que tudo que ocorreu depois de Newton (ou depois de von Neumann) é perfeição? Ou devemos admitir que a Ciência moderna pode ter erros básicos e precisar de uma mudança global? E, ao admitir tal coisa, como devemos proceder? Como iremos localizar os erros e realizar as mudanças? Não precisaremos de uma medida que seja independente da Ciência e esteja em oposição a ela para assim preparar a mudança que queremos realizar? E não é possível que a rejeição das regras e dos padrões que estão em conflito com a Ciência nos impeça para sempre de encontrar uma medida assim? Por sua vez – não é verdade que alguns de nossos estudos de caso mostraram que uma aplicação grosseira de procedimentos "racionais" não nos teria dado uma Ciência melhor, ou um mundo melhor, e sim absolutamente nada? E como devemos avaliar os próprios resultados? Obviamente não há uma maneira simples de orientar uma prática por meio de regras ou de criticar padrões de racionalidade por meio de uma prática.

2. Razão e prática

Os problemas que acabo de esboçar são antigos e muito mais gerais que o problema da relação entre Ciência e racionalidade. Eles ocorrem sempre que uma prática valiosa, bem articulada e familiar – uma prática de compor, de pintar quadros, de produções teatrais, de selecionar pessoas para o serviço público, de manter a ordem e punir os criminosos, de fazer parte de um culto religioso, de organizar a sociedade – é confrontada por um tipo diferente de prática que pode interagir com ela. As *interações* e seus resultados dependem das condições históricas e variam de um caso para outro. Uma tribo poderosa que invade um país pode impor suas leis e mudar as tradições indígenas à força e pouco depois ser ela própria modificada por aquilo que resta da cultura subjugada. Por motivos de conveniência, um governante pode decidir usar uma religião popular e estabilizadora como ideologia básica de seu império e, com isso, contribuir para a transformação desse império e da religião escolhida. Um indivíduo, rejeitado pelo teatro de sua época e em busca de algo melhor, poderá estudar peças estrangeiras, teorias antigas e modernas sobre dramaturgia e, usando os atores de uma companhia amiga para pôr suas ideias em prática, modificar o teatro de toda uma nação. Um grupo de pintores, desejosos de acrescentar sua enorme reputação de hábeis artesãos à reputação de serem também cientistas, pode introduzir elementos científicos como a geometria em sua pintura e, com isso, elaborar um novo estilo e novos problemas para pintores, escultores e arquitetos. Um astrônomo, crítico da diferença entre os princípios clássicos da Astronomia e a prática atual e desejoso de restituir tal ciência a seu antigo esplendor, pode descobrir uma maneira de realizar seu objetivo e então dar início à supressão dos próprios princípios clássicos.

Em todos esses casos temos uma prática, ou uma tradição, temos certas influências exercidas sobre ela que emergem de outra prática ou tradição, e observamos uma mudança. A mudança pode levar a uma ligeira modificação da prática original, pode eliminá-la totalmente e ainda ter como resultado uma tradição que pouco se assemelha a qualquer dos elementos que interagem.

Interações como essas que acabo de descrever são acompanhadas por graus variados de *conscientização* por parte dos participantes. Copérnico sabia muito bem o que queria e isso também ocorria com Constantino o Grande (estou falando do impulso inicial, e não da transformação que se seguiu). A introdução da geometria na pintura é mais difícil de ser explicada em termos de conscientização. Não temos a menor ideia por que Giotto tentou obter uma solução conciliatória entre a superfície do quadro e a corporeidade das coisas pintadas, especialmente na medida em que os quadros ainda não eram considerados estudos da realidade material. Podemos supor que Brunelleschi chegou a sua construção por meio de uma extensão natural do método arquitetônico de representar objetos tridimensionais e que seus contatos com cientistas contemporâneos não deixaram de ter alguma consequência. É ainda mais difícil entender as afirmações cada vez mais numerosas de artesãos de que estão contribuindo para aquele mesmo conhecimento cujos princípios eram explicados nas universidades em termos muito diferentes. Aqui não temos um *estudo* crítico das tradições alternativas como temos em Copérnico ou em Constantino, e sim uma *impressão* da inutilidade da Ciência acadêmica quando comparada às consequências fascinantes das viagens de Colombo, Magalhães e seus sucessores. Surgiu então a ideia de uma "América do Conhecimento", de um continente de conhecimentos inteiramente novos e, ainda assim, imprevistos que poderia ser descoberto, exatamente como a verdadeira América o tinha sido: por uma combinação de habilidade e estudo abstrato. Os marxistas gostavam de confundir a falta de informação relativa à conscientização que acompanha tais processos com irrelevância e atribuíam à consciência individual apenas um papel secundário. Nisso estavam certos – mas não da maneira que pensavam. Pois *ideias* novas, embora muitas vezes necessárias, não eram suficientes para explicar *as mudanças* que agora ocorriam e que dependiam também das *circunstâncias* (muitas vezes desconhecidas e despercebidas) sob as quais essas ideias eram aplicadas. As revoluções transformaram não só as práticas que seus iniciadores queriam mudar, mas também os próprios princípios por meio dos quais eles pretendiam realizar a mudança.

Ora, considerando qualquer interação de tradições, podemos fazer dois tipos de perguntas que chamarei respectivamente de *perguntas de observador* e *perguntas de participante.*

As *perguntas de observador* dizem respeito aos detalhes de uma interação. Querem dar uma explicação histórica da interação e, talvez, formular leis, ou regras aproximadas, que se apliquem a todas as interações. A tríade de Hegel, posição, negação e síntese (negação da negação), é uma regra desse tipo.

As *perguntas de participante* tratam da atitude que os membros de uma prática ou tradição supostamente adotam com relação à (possível) intrusão de outra prática ou tradição. O observador pergunta: o que ocorre e o que vai ocorrer? O participante pergunta: o que devo fazer? Devo apoiar a interação? Devo me opor a ela? Ou devo simplesmente esquecê-la?

No caso da Revolução Copernicana, por exemplo, o observador pergunta: qual foi o impacto que Copérnico teve nos astrônomos de Wittenberg por volta de 1560? Como é que reagiram à obra dele? Será que eles modificaram algumas de suas crenças e, se o fizeram, por quê? Será que sua mudança de opinião teve algum efeito sobre outros astrônomos ou eles eram um grupo isolado, que não era levado a sério pelo restante da profissão?

As perguntas de um participante são: este livro é realmente muito estranho – devo levá-lo a sério? Devo estudá-lo em detalhes, apenas de maneira superficial ou devo simplesmente continuar como antes? As teses principais parecem absurdas à primeira vista – mas, talvez, contenham alguma coisa importante? Como vou descobrir isso? E assim por diante.

É óbvio que as perguntas do observador devem levar em conta as questões dos participantes e que os participantes também escutarão com mais cuidado (isto é, se eles tiverem essa tendência) aquilo que os observadores têm a dizer sobre o assunto – mas a *intenção* é diferente nos dois casos. Os observadores querem saber o que está ocorrendo, os participantes, o que fazer. Um observador descreve uma vida que ele não vive (a não ser acidentalmente), enquanto um participante quer organizar a própria vida e se pergunta que atitude deve tomar com relação às coisas que tentam influenciá-la.

Participantes podem ser *oportunistas* e agir de uma maneira direta e prática. No final do século XVI muitos príncipes se tornaram protestantes porque isso favorecia seus interesses e alguns de seus súditos fizeram o mesmo para serem deixados em paz. Quando os funcionários coloniais britânicos substituíram as leis, hábitos e culturas das tribos estrangeiras por suas próprias leis "civilizadas", estas foram muitas vezes aceitas por serem as leis do Rei ou porque as pessoas não tinham meios de se opor a elas, e não em virtude de alguma excelência intrínseca. A fonte de seu poder e "validade" era compreendida de maneira clara tanto pelos funcionários quanto pelos mais astutos de seus infelizes súditos. Nas Ciências, e em especial na Matemática pura, com frequência seguimos uma linha específica de pesquisa não porque seja considerada intrinsecamente perfeita, mas porque queremos ver aonde ela leva. Chamarei a Filosofia subjacente a essa atitude de um participante de *Filosofia Pragmática*.

Uma filosofia pragmática pode florescer apenas se as tradições a serem avaliadas e os desenvolvimentos a serem influenciados forem considerados recursos temporários, e não elementos constituintes e duradouros do pensamento e da ação. Um participante com uma filosofia pragmática vê práticas e tradições da mesma forma que um viajante enxerga países diferentes. Cada país tem características de que ele gosta e coisas que ele detesta. Ao decidir se irá se estabelecer naquele país, o viajante terá de comparar o clima, a paisagem, o idioma, o temperamento dos habitantes, as possibilidades de mudança, a privacidade, a aparência da população masculina e feminina, o teatro, as oportunidades para seu progresso, a qualidade dos vícios e assim por diante. Ele irá também se lembrar de que suas exigências e expectativas iniciais podem não ser muito sensatas e, portanto, permitir que o processo de escolha influencie e mude sua "natureza", algo que, afinal de contas, é apenas outra prática ou tradição (menor) que entra no processo. Portanto, um pragmático deve ser tanto um participante quanto um observador, mesmo naqueles casos extremos em que decida viver completamente de acordo com seus caprichos momentâneos.

Poucos indivíduos e grupos são pragmáticos no sentido que acabo de descrever e é possível perceber por quê: é muito difícil ver nossas ideias mais queridas em perspectiva, como partes de uma tradição em mutação e, talvez, absurda. Além disso, essa incapacidade não só *existe*, mas é também *encorajada* como uma atitude apropriada para aqueles envolvidos no estudo e na melhora do ser humano, da sociedade e do conhecimento. Quase nenhuma religião se apresentou em algum momento apenas como algo que vale a pena experimentar. A reivindicação é muito mais forte: a religião é a verdade, tudo o mais é erro e aqueles que a conhecem, a compreendem e ainda assim a rejeitam estão corrompidos até a alma (ou são idiotas completos).

Essa reivindicação contém dois elementos. Primeiro, de um lado, distinguimos entre as tradições, práticas e outros resultados da atividade humana individual e/ou coletiva e, de outro, um domínio diferente que pode atuar sobre as tradições sem ser uma sobre a outra. Segundo, explicamos a estrutura desse domínio especial em detalhe. Assim, a palavra de Deus é poderosa e deve ser obedecida não porque a tradição que a transmite tem muita força, mas porque ela é externa a todas as tradições e fornece um meio de torná-las melhores. A palavra de Deus pode começar uma tradição, seu significado pode ser transmitido de uma geração para a próxima, mas ela própria está fora de todas as tradições.

O primeiro elemento – a crença de que algumas exigências são "objetivas" e independentes da tradição – desempenha um papel importante no *racionalismo*, que é uma forma secularizada da crença no poder da palavra divina. E é assim que a oposição razão-prática obtém seu estímulo polêmico. Pois as duas agências não são consideradas duas práticas que – embora talvez de valor desigual – são, ainda assim, produtos humanos imperfeitos e em mutação, mas um produto desse tipo de um lado e medidas duradouras de excelência do outro. Em seu começo, o racionalismo grego já contém essa versão do conflito. Examinemos que circunstâncias, premissas, procedimentos – que características do processo histórico são responsáveis por ele!

Para começar, as tradições que se opõem entre si – o senso comum homérico e as várias formas de racionalismo que surgiram dos séculos IV a VI – têm *estruturas internas diferentes*.[3] Por um lado, temos ideias complexas que não podem ser facilmente explicadas, elas "funcionam" mas não sabemos como, são adequadas mas não sabemos por quê, se aplicam apenas em circunstâncias especiais, são valiosas no conteúdo mas inferiores nas semelhanças e, portanto, de conexões dedutivas. Por outro lado, existem conceitos relativamente claros e simples que, recém-introduzidos, revelam uma grande parte de sua estrutura e podem ser conectados de várias maneiras. São pobres de conteúdo, mas ricos em conexões dedutivas. A diferença torna-se especialmente surpreendente no caso da Matemática. Em Geometria, por exemplo, começamos com regras aproximadas que se aplicam a objetos físicos e suas formas sob uma grande variedade de circunstâncias. Mais tarde, pode ser *provado* por que determinada regra se aplica a um caso determinado – mas as provas utilizam novas entidades que não são encontradas em lugar algum da natureza.

Na Antiguidade a relação entre as novas entidades e o mundo familiar do senso comum deu origem a várias teorias. Uma delas, que podemos chamar de *Platonismo*, presume que as novas entidades são reais, enquanto as entidades do senso comum são apenas suas cópias imperfeitas. Outra teoria, atribuída aos *Sofistas*, considera os objetos naturais reais e os objetos da Matemática (os objetos da "razão") imagens simplórias e irreais dos primeiros. Essas duas teorias também foram aplicadas à diferença entre a ideia nova e bastante abstrata do conhecimento propagada por Platão (mas já encontrada antes dele) e ao conhecimento do senso comum da época (Platão sabiamente usa uma imagem distorcida do último para dar substância ao primeiro). Uma vez mais se dizia que existia apenas um conhecimento verdadeiro e que a opinião humana não era nada mais que uma sombra pálida dela ou que a opinião humana era considerada o único conhecimento substancial em existência e o conhecimento abstrato dos filósofos, um sonho inútil ("Um cavalo", disse Antístenes, "eu vejo, porém a qualidade inerente a todos os cavalos eu não vejo").

---

[3] Para detalhes veja CM, Capítulo 17 [16].

Seria interessante acompanhar esse antigo conflito através da História até o presente. Aprenderíamos que o conflito aparece em muitos lugares e de muitas formas. Dois exemplos devem ser suficientes para ilustrar a grande variedade de suas manifestações.

Quando Gottsched quis reformar o teatro alemão, procurou peças que fossem boas o bastante para serem imitadas. Ou seja, procurou tradições que fossem mais organizadas, mais dignas, mais respeitáveis que aquelas que ele via no palco de sua época. Foi então atraído pelo teatro francês e, nele, principalmente por Corneille. Convencido de que "um edifício assim tão complexo de poesia (como a tragédia) dificilmente existiria sem regras", Gottsched (1972, p.200) procurou as regras e encontrou Aristóteles. Para ele, as regras aristotélicas não eram uma maneira particular de ver o teatro, mas sim a razão para a excelência, onde a excelência era encontrada, e as diretrizes para a melhora, onde a melhora parecia necessária. O bom teatro era uma corporificação das regras de Aristóteles. Lessing gradativamente preparou uma ideia diferente. Primeiro, restaurou aquilo que, a seu ver, era o Aristóteles verdadeiro em oposição ao Aristóteles de Corneille e Gottsched. Depois, permitiu violações da forma das regras de Aristóteles, contanto que essas violações não perdessem de vista seu objetivo. E, finalmente, sugeriu um paradigma diferente e enfatizou que uma mente inventiva o suficiente para construir esse paradigma não precisava estar limitada por regras. Se uma mente assim tem êxito em seus esforços, "então esqueçamo-nos dos manuais!".[4]

Em uma área inteiramente diferente (e muito menos interessante), temos a oposição entre aqueles que sugerem que as línguas sejam construídas e reconstruídas de acordo com regras simples e claras e aqueles que comparam essas *línguas ideais* favoravelmente com os idiomas naturais relaxados e obscuros e outros filósofos que afirmam que as línguas naturais, estando adaptadas a uma ampla variedade de circunstâncias, não poderiam jamais ser substituídas de maneira adequada por seus anêmicos rivais lógicos.

---

[4] Cf. Hamburger Dramaturgie Stück 48. Veja, no entanto, a crítica de Lessing sobre as afirmações dos "gênios originais" de sua época em Hamburger Dramaturgie Stück 96. A explicação que ele dá sobre a relação entre "razão" e prática é bastante complexa e está de acordo com a ideia que desenvolveremos adiante.

Essa tendência de ver diferenças na estrutura das tradições (complexa e obscura *versus* simples e clara) como diferenças em espécie (sua realização real *versus* sua realização imperfeita) é reforçada pelo fato de os críticos de uma prática adotarem uma posição de observadores com relação a isso, mas continuarem como participantes da prática que lhes fornece suas objeções. Falando a língua e usando os padrões dessa prática, eles "descobrem" limitações, faltas e erros quando tudo que verdadeiramente acontece é que as duas práticas – aquela que é criticada e aquela que critica – não se encaixam uma na outra. Muitos *argumentos contra* um *materialismo* absoluto são desse tipo. Eles percebem que o materialismo muda o uso dos termos "mentais", ilustram as consequências dessa mudança com absurdos lúdicos (pensamentos com um peso e coisas parecidas) e, depois, param. Os absurdos mostram que o materialismo colide com nossas maneiras normais de falar sobre mentes, mas não mostram o que é melhor – se o materialismo ou essas maneiras. Contudo, adotar o ponto de vista dos participantes com relação ao senso comum transforma os absurdos em argumentos contra o materialismo. É como se os norte-americanos começassem a reclamar das moedas estrangeiras porque elas não podem formar relações simples (1:1 ou 1:10 ou 1:100) com o dólar.[5]

A tendência a adotar uma visão de participante com respeito à posição que faz a avaliação e assim criar um ponto arquimediano para a crítica é reforçada por certas distinções que são o orgulho e a alegria de filósofos meramente teóricos. Refiro-me à distinção entre uma avaliação e o fato de uma avaliação ter sido feita, uma proposta e o fato de a proposta ter sido aceita, e à distinção relacionada entre desejos subjetivos e padrões objetivos de excelência. Quando falamos como observadores, normalmente dizemos que certos grupos aceitam determinados padrões, ou falam muito bem desses padrões, ou querem que os adotemos. Quando falamos como participantes, igualmente *usamos* com frequência os padrões sem qualquer referência a sua origem ou aos desejos daqueles que os usam. Dizemos que "as teorias devem ser falsificáveis e livres de contradição" e

---

[5] Detalhes sobre o problema mente-corpo são encontrados nos capítulos 9-15 de meu ensaio "Problems of Empiricism" (1965a), preferivelmente na versão melhorada publicada em italiano, *I problemi dell'Empirismo*, 1971, p.31-69.

não "quero que as teorias sejam falsificáveis e livres de contradição" ou, ainda, "os cientistas ficam muito infelizes se suas teorias não são falsificáveis e livres de contradição". Ora, é bastante correto que as afirmações do primeiro tipo (proposições, regras, padrões) (a) não contenham qualquer referência aos desejos dos seres humanos individuais ou aos hábitos de uma tribo e (b) não possam ser deduzidas de afirmações referentes a esses desejos, ou hábitos, ou quaisquer outros fatos, tampouco ser contraditas por eles. Mas isso não os torna "objetivos" e independentes de tradições. Inferir – em virtude da ausência de termos referentes a sujeitos ou grupos na expressão "deveria haver..." – que a exigência feita é "objetiva" seria tão errôneo quanto afirmar "objetividade", isto é, independência de idiossincrasias pessoais ou grupais no caso de ilusões óticas e alucinações coletivas com a justificativa de que o sujeito ou o grupo não ocorre em nenhuma delas. Há muitas afirmações que são *formuladas* "objetivamente", ou seja, sem referência a tradições ou práticas, mas ainda assim são destinadas *a serem entendidas* em relação a uma prática. Exemplos disso são as datas, coordenadas, afirmações relativas ao valor de uma moeda, afirmações da lógica (após a descoberta de lógicas alternativas), afirmações sobre Geometria (após a descoberta da Geometria não euclidiana) e assim por diante. O fato de a resposta para "você deve fazer X" poder ser "isso é o que *você* pensa!" mostra que o mesmo se aplica às declarações de valor. E os casos em que a resposta não é permitida podem ser facilmente retificados usando descobertas na teoria de valor que correspondem à descoberta de geometrias alternativas, ou sistemas lógicos alternativos: confrontamos juízos de valor "objetivos" de culturas ou práticas diferentes e perguntamos ao objetivista como é que ele vai solucionar o conflito.[6] A redução a princípios compartilhados nem sempre é possível e, portanto, devemos

---

[6] Na peça *The Ruling Class* [A classe dominante], que mais tarde foi transformada em um filme um tanto insípido com Peter O'Toole, dois loucos dizendo ser Deus se confrontam. Essa ideia maravilhosa confunde tanto o dramaturgo, que ele usa fogo e enxofre em vez de diálogo para superar o problema. Sua solução final, no entanto, é bastante interessante. Um dos loucos se transforma em um cidadão britânico bom, normal e honrado que faz o papel de Jack o Estripador nas horas vagas. Será que o dramaturgo quis dizer que nossos "objetivistas" modernos que passaram pelo fogo do relativismo só podem voltar à normalidade se lhes permitirem aniquilar todos os elementos perturbadores?

admitir que as exigências ou as fórmulas que as expressam são incompletas conforme a maneira usada e devem ser revistas. Uma insistência contínua na "objetividade" dos juízos de valor, no entanto, seria tão absurda quanto uma insistência contínua no uso "absoluto" do par "acima-abaixo" após a descoberta da forma esférica da Terra. E um argumento do tipo

> uma coisa é fazer uma exigência e outra bem diferente é afirmar que uma exigência foi feita – e, portanto, uma multiplicidade de culturas não significa relativismo

tem muito em comum com o argumento segundo o qual antípodas não podem existir porque "cairiam". Os dois casos baseiam-se em conceitos antediluvianos (e distinções inadequadas). Não é de se espantar que nossos "racionalistas" sejam fascinados por eles.

Com isso, temos também nossa resposta para (b). É verdade que declarar uma exigência e descrever uma prática podem ser duas coisas diferentes e que não seja possível estabelecer as conexões lógicas entre elas. Isso não significa que a interação entre exigências e práticas não possa ser tratada e avaliada como uma interação de práticas. Pois a diferença é resultante, primeiro, de uma diferença entre a atitude do observador e a do participante: um dos lados, o que defende a "objetividade" de seus valores, *usa* sua tradição em vez de *examiná-la* – o que não transforma a tradição em alguma outra coisa. E, segundo, a diferença é resultado de conceitos que foram adaptados a esse tipo de unilateralidade. O funcionário colonial que proclama novas leis e uma nova ordem em nome do rei tem um entendimento muito maior da situação que o racionalista que meramente recita a letra da lei sem qualquer referência às circunstâncias de sua aplicação e que considera essa incompletude fatal como prova da "objetividade" das leis recitadas.

Após essa preparação, examinemos agora aquilo que foi chamado de "relação entre razão e prática".

Simplificando bastante as coisas, podemos dizer que existem três opiniões sobre o assunto.

A. A razão orienta a prática. Sua autoridade é independente da autoridade de práticas e tradições e molda a prática de acordo com suas necessidades. A isso podemos chamar de *versão idealista* da relação.
B. A razão recebe tanto seu conteúdo quanto sua autoridade da prática. Ela descreve a maneira como a prática funciona e formula seus princípios subjacentes. Essa versão foi chamada de *naturalismo* e ocasionalmente atribuída a Hegel (embora de modo errado).

Tanto o idealismo quanto o naturalismo têm suas dificuldades.

As dificuldades do idealismo são que o idealista não quer apenas "agir racionalmente"; ele também quer que suas ações racionais tenham resultados. E quer ainda que esses resultados não só ocorram entre as idealizações que ele usa, mas também no mundo real em que ele habita. Quer, por exemplo, que os seres humanos verdadeiros construam e mantenham a sociedade de seus sonhos, quer entender os movimentos e a natureza de estrelas e de pedras reais. Embora possa nos aconselhar a "deixar de lado (todas as observações de) os céus" (50ss) e a nos concentrar apenas nas ideias, ele eventualmente retorna à natureza a fim de ver até que ponto entendeu suas leis (Epínomis). Então muitas vezes ocorre – e realmente tem ocorrido com frequência – que agir racionalmente no sentido que ele prefere não lhe dá os resultados esperados. Esse conflito entre racionalidade e expectativas foi uma das razões principais para a reforma constante dos cânones da racionalidade e muito estimulou o naturalismo.

Mas o naturalismo tampouco é satisfatório. Tendo escolhido uma prática popular e bem-sucedida, o naturalista tem a vantagem de "estar do lado certo" pelo menos por enquanto. Mas uma prática pode se deteriorar; ou pode ser popular pelas razões erradas. (Grande parte da popularidade da Medicina científica moderna se deve ao fato de as pessoas doentes não terem outra coisa a que recorrer e de a televisão, os rumores, o circo técnico de hospitais bem equipados as convencerem de que elas não têm alternativa melhor). Basear padrões em uma prática e parar por aí pode perpetuar para sempre os defeitos dessa prática.

As dificuldades do naturalismo e do idealismo têm certos elementos em comum. A inadequação dos padrões muitas vezes fica clara pela própria aridez da prática que eles produzem, e os defeitos ficam muito óbvios quando práticas baseadas em padrões diferentes prosperam. Isso sugere que razão e prática não são dois tipos diferentes de entidades, mas *partes de um único processo dialético.*

A sugestão pode ser exemplificada por meio da relação entre um mapa e as aventuras da pessoa que o utiliza ou pela relação entre um artesão e seus instrumentos. Originalmente os mapas eram desenhados como imagens da realidade e guias para essa mesma realidade e, presume-se, o mesmo se aplica à Razão. Mas os mapas – como a Razão – contêm idealizações (Hecateu de Mileto, por exemplo, impôs o esboço geral da cosmologia de Anaximandro em seu relato do mundo ocupado e representou os continentes por figuras geométricas). O caminhante usa o mapa para encontrar seu caminho, mas também o corrige à medida que vai caminhando, removendo antigas idealizações e introduzindo novas. De qualquer forma, o uso do mapa logo vai lhe causar problema. Mas é melhor ter mapas que continuar sem eles. Da mesma forma, diz o exemplo, a Razão sem a orientação de uma prática pode nos levar para o caminho errado, ao passo que a prática melhora muitíssimo com a adição da Razão.

Essa explicação, embora melhor que o naturalismo e o idealismo e muito mais realista, ainda não é totalmente satisfatória. Ela substitui a ação unilateral (da Razão sobre a prática ou da prática sobre a Razão) pela interação, mas ainda mantém (certos aspectos das) ideias antigas das agências que interagem: a Razão e a Prática ainda são consideradas entidades de espécies diferentes. Ambas são necessárias, mas a Razão pode existir sem a prática e a prática pode existir sem a Razão. Será que devemos aceitar essa explicação da questão?

Para responder à pergunta só precisamos nos lembrar de que a diferença entre "Razão" e algo "irracional", que deve ser formado por ela ou pode ser usado para colocá-la em seu lugar, surgiu com a transformação de diferenças estruturais de práticas em diferenças de espécie. Até os padrões ou regras mais perfeitos não são independentes do material sobre o qual agem (se não fosse por isso, como poderiam encontrar um ponto de ataque nesse material?) e mal poderíamos entendê-los ou saber como usá-los se não fossem partes bem integradas de uma prática ou tradição um tanto complexa e em alguns lugares bastante obscura com relação à linguagem na qual o defensor *rationis* expressa suas ordens severas.[7] No entanto, até a prática mais desordenada não deixa de ter suas regularidades conforme emerge de nossa atitude com relação a não participantes.[8] *O que é chamado de "Razão" e "prática", portanto, são dois tipos diferentes de prática*, a diferença sendo que uma claramente exibe alguns aspectos formais simples e facilmente produzíveis e, com isso, faz que esqueçamos as propriedades complexas e quase não compreendidas que garantem a simplicidade e a produtibilidade, enquanto a outra afoga os aspectos formais sob uma grande variedade de propriedades acidentais. Mas a Razão complexa e implícita ainda é Razão e uma prática com características formais simples flutuando sobre um contexto penetrante, mas imperceptível, de hábitos linguísticos ainda é uma prática. Desconsiderando (ou, melhor, sem notar) o mecanismo que dá sentido e garante a aplicação no primeiro caso e as regularidades implícitas no segundo, um racionalista percebe lei e ordem aqui e um material que ainda precisa ser moldado acolá. O hábito, sobre o qual também já comentamos na primeira parte desta seção, de adotar um ponto de vista de participante com relação ao primeiro e uma atitude de observador com relação ao último separa aquilo que está tão intimamente relacionado na realidade. E, assim, nós finalmente temos duas agências – a severa e metódica Razão de um lado, e um material maleável, mas que não cede totalmente do outro – e, com isso, todos os "problemas de racionalidade" que forneceram aos filósofos alimento intelectual (e, não nos esqueçamos, também financeiro) desde o "Surgimento do Racionalismo no Ocidente". Não podemos deixar de observar que os argumentos, que ainda são utilizados para apoiar esse resultado magnífico, são indistinguíveis daqueles do teólogo que infere um Criador sempre que vê algum tipo de

---

[7] Esse argumento foi defendido com muito vigor e com a ajuda de vários exemplos por Wittgenstein (veja meu ensaio "Wittgenstein's *Philosophical Investigations*", 1955). O que responderam os racionalistas? Russell (friamente): "Não compreendo". Sir Karl Popper (sem fôlego): "Ele está certo, ele está certo – Eu também não compreendo!". Em uma palavra: o ponto é irrelevante porque racionalistas importantes não o compreendem. Eu, por minha vez, começaria a duvidar da inteligência (e talvez também da integridade intelectual) de racionalistas que não compreendem (ou fingem não compreender) um ponto assim tão simples.

[8] Cf. meus breves comentários sobre "classificações cobertas" em CM, p.223s [216s].

ordem: obviamente a ordem não é inerente à matéria e, portanto, precisa ser imposta por uma força externa.

A ideia da interação deve, dessa forma, ser complementada com uma explicação satisfatória das agências que interagem. Apresentada dessa maneira ela se torna uma trivialidade. Pois não há nenhuma tradição, por mais teimosos que sejam seus estudiosos e por mais durões que sejam seus guerreiros, que continue indiferente ao que ocorre a seu redor. Em todo caso – o que muda, e como, é hoje um tema para a *pesquisa histórica* ou para a *ação política* realizada por aqueles que participam das tradições interagentes.

A seguir apresentarei as implicações desses resultados em uma série de teses com suas respectivas explicações.

Vimos que padrões racionais e os argumentos que os sustentam são partes visíveis de tradições especiais que consistem de princípios claros e explícitos e de um contexto não percebido e quase que totalmente desconhecido, mas absolutamente necessário de disposições para a ação e para o juízo. Os padrões se tornam medidas "objetivas" de excelência quando adotados por participantes de tradições desse tipo. Então temos padrões racionais "objetivos" e argumentos para sua validade. Vimos também que existem outras tradições que levam a juízos, embora não com base em padrões e princípios explícitos. Esses juízos de valor têm um caráter mais "imediato", mas ainda assim são avaliações, exatamente como aquelas do racionalista. Nos dois casos os juízos são feitos por indivíduos que participam das tradições e as usam para separar o "Bem" do "Mal". Podemos, portanto, afirmar que:

i. *As tradições não são nem boas nem más, elas simplesmente são.* "Objetivamente falando", isto é, seja qual for a participação em uma tradição, não há muita escolha entre humanitarismo e antissemitismo.

Resultado: a racionalidade não é um árbitro das tradições; ela própria é uma tradição ou um aspecto de uma tradição. Portanto, não é boa nem má, simplesmente é.[9]

---

[9] Veja CM, especialmente a Seção 15.

ii. *Uma tradição adota propriedades desejáveis ou indesejáveis somente quando comparada com alguma tradição*, isto é, somente quando vista por participantes que veem o mundo em termos de seus valores. As projeções desses participantes *parecem objetivas* e as afirmações que as descrevem *dão a impressão de serem objetivas* porque os participantes e a tradição que eles projetam não são mencionados em parte alguma nelas. Elas *são subjetivas* porque dependem da tradição escolhida e do uso que os participantes fazem dela. A subjetividade é percebida assim que os participantes compreendem que tradições diferentes fazem surgir juízos distintos. Eles terão, então, de rever o conteúdo de suas afirmações de valor, exatamente como os físicos reviram o conteúdo até mesmo da afirmação mais simples referente a um comprimento, quando foi descoberto que o comprimento depende de sistemas de referência, e exatamente como todos reviram o conteúdo de "para baixo", quando descobriram que a Terra era esférica. Aqueles que não realizam a revisão não podem se orgulhar de formar uma escola de filósofos especialmente astutos que superaram o relativismo moral da mesma forma como aqueles que ainda se agarram a comprimentos absolutos não podem se orgulhar de formar uma escola de físicos especialmente astutos que superaram a relatividade. Ambos são apenas teimosos, desinformados ou as duas coisas ao mesmo tempo.

iii. *i. e ii. implicam um relativismo precisamente do tipo que parece ter sido defendido por Protágoras*. O relativismo protagoriano é *aceitável* porque dá atenção ao pluralismo das tradições e valores. E ele é *civilizado* porque não presume que nossa própria aldeia e os costumes estranhos que ela contém são o umbigo do mundo.

iv. *Toda tradição tem formas especiais de conquistar seguidores*. Algumas tradições refletem sobre essas formas e as mudam de um grupo para o outro. Outras presumem que só existe uma maneira de fazer que as pessoas aceitem suas ideias. Dependendo da tradição adotada, essa forma parecerá aceitável, risível, racional, tola ou será afastada como "mera propaganda". O argumento é propaganda para um observador e essência do discurso humano para outro.

v. Vimos que os indivíduos ou grupos que participam da interação das tradições podem adotar uma filosofia pragmática quando avaliam os eventos e estruturas que surgem. Os princípios de sua filosofia muitas vezes emergem apenas durante a interação (as pessoas mudam quando observam uma mudança, ou dela participam, e as tradições que elas usam podem mudar também). Isso significa que, *ao avaliar um processo histórico, podemos usar uma prática ainda não especificada ou não especificável*. Podemos basear juízos e ações em padrões que não podem ser especificados *a priori*, mas que são introduzidos pelos próprios juízos (e ações) que eles supostamente iriam orientar; e podemos até agir sem nenhum padrão, apenas seguindo alguma inclinação natural. O guerreiro feroz, que cura seu inimigo ferido em vez de matá-lo, não tem ideia de por que age dessa maneira e dá uma explicação totalmente errônea de seus motivos. Mas sua ação introduz uma era de colaboração e competitividade pacífica em vez de hostilidade permanente e, assim, faz surgir uma nova tradição de comércio entre as nações. As perguntas – como decidir que caminho escolher? Como saber o que nos satisfaz e o que queremos rejeitar? – têm, pelo menos, duas respostas, a saber: (I) não há nenhuma decisão, e sim um desenvolvimento natural que leva a tradições que, em retrospecto, dão motivos para a ação se houve uma decisão de acordo com os padrões ou (2) perguntar como iremos avaliar e escolher em um ambiente ainda desconhecido faz tanto sentido quanto perguntar que instrumentos de medida iremos usar em um planeta ainda desconhecido. Padrões, que são instrumentos de medida intelectuais, muitas vezes precisam ser *inventados* para que se entendam novas situações históricas, exatamente como instrumentos de medida precisam ser constantemente inventados para que se entendam novas situações físicas.

vi. Há, portanto, pelo menos *duas maneiras diferentes de decidir uma questão coletivamente*, a que chamarei, respectivamente, de *intercâmbio guiado* e *intercâmbio aberto*.

No primeiro caso, alguns ou todos os participantes adotam uma tradição bem especificada e aceitam apenas aquelas respostas que correspondem a seus padrões. Se uma parte ainda não se tornou participante de uma tradição escolhida, ela será atormentada, persuadida, "educada" até que o faça – e aí o intercâmbio tem início. A educação é separada dos debates decisivos, ocorre em um estágio inicial e garante que os adultos irão se comportar de maneira adequada. Um *debate racional* é um caso especial de intercâmbio guiado. Se os participantes forem racionalistas, então tudo estará bem e o debate pode começar imediatamente. Se somente alguns participantes forem racionalistas e se tiverem poder (uma consideração importante!), então não levarão seus colaboradores a sério até que esses também tenham se tornado racionalistas: uma sociedade baseada na racionalidade não é inteiramente livre; temos de fazer o jogo dos intelectuais.[10]

Um intercâmbio aberto, por sua vez, é orientado por uma filosofia pragmática. A tradição adotada pelas partes não é especificada no começo e se desenvolve à medida que o intercâmbio vai ocorrendo. Os participantes mergulham nas maneiras de pensar, nos sentimentos e nas percepções uns dos outros de tal forma que suas ideias, percepções e visões do mundo podem se transformar totalmente – passam a ser pessoas diferentes, participando de uma tradição nova e também diferente. Um intercâmbio aberto respeita o parceiro, seja ele um indivíduo ou toda uma cultura, enquanto um intercâmbio racional promete respeito apenas no arcabouço de um debate racional. Um intercâmbio aberto não tem nenhum órganon, embora possa inventar um, e não existe qualquer lógica, embora novas formas de lógica possam surgir em seu curso.

vii. *Uma sociedade livre é uma sociedade em que é dado a todas as tradições igual acesso à educação e a outras posições de poder.* Essa é uma consequência óbvia de i., ii. e iii. Se as tradições têm vantagens apenas do ponto de vista de outras tradições, então escolher uma delas como base de uma sociedade livre é um ato arbitrário que só pode ser justificado recorrendo-se ao poder. Uma sociedade livre, portanto, não pode ser baseada em qualquer credo particular; por exemplo, não pode ser baseada no racionalismo ou em considerações humanitárias. A estrutura básica de uma sociedade livre é uma *estrutura protetora*, não uma ideologia, e funciona como uma grade de ferro, não como uma convicção. Mas como deve ser concebida essa estrutura? Não é necessário *debater* a questão ou será que a estrutura

---

[10] "Talvez mal seja necessário dizer", diz Mill (1961, p.197), "que essa doutrina (o pluralismo de ideias e instituições) supostamente deve se aplicar apenas a seres humanos na maturidade de suas faculdades" – isto é, a cointelectuais e seus alunos.

pode ser simplesmente *imposta*? E se for necessário debater a questão, será que esse debate deve ser mantido livre de influências subjetivas e baseado apenas em considerações "objetivas"? É dessa forma que os intelectuais tentam convencer seus concidadãos de que o dinheiro que lhes é pago não é desperdiçado e de que sua ideologia deve continuar a assumir a posição central que tem agora. Já expus os erros e enganos por trás da frase "objetividade de um debate racional": os padrões de um debate assim *não são* "objetivos"; apenas *parecem sê-lo* porque a referência ao grupo que lucra com o seu uso foi omitida. Eles são como os convites de um tirano inteligente que, em vez de dizer "Quero que você faça..." e "Eu e minha esposa queremos que você faça...", diz "O que todos nós queremos é...", ou "O que os deuses querem de nós é...", ou, melhor ainda, "É racional fazer...", e, com isso, ele parece se excluir totalmente. É um tanto deprimente perceber quantas pessoas inteligentes se deixam enganar por esse truque tão pouco sutil. Nós o removemos ao observar:

viii. *Que uma sociedade livre não será imposta, mas emergirá somente nos lugares em que as pessoas, solucionando problemas específicos em um espírito de colaboração, introduzirem estruturas protetoras do tipo a que me referi.* As iniciativas dos cidadãos em pequena escala e a colaboração entre as nações em grande escala são o tipo de desenvolvimento que tenho em mente.

ix. *Os debates que determinam a estrutura de uma sociedade livre são abertos e não guiados.* Isso não significa que os desenvolvimentos concretos descritos sob a última tese *já usam* debates abertos; significa que eles *poderiam usá-los* e que o racionalismo não é um ingrediente necessário da estrutura básica de uma sociedade livre.

Os resultados para a Ciência são óbvios. Aqui temos uma tradição particular, "objetivamente" em igualdade de condições com todas as outras tradições (teses i. e vii.). Seus resultados irão parecer magníficos para algumas tradições, execráveis para outras e mal merecedores de um bocejo para ainda outras. É claro, nossos contemporâneos materialistas bem condicionados provavelmente irão explodir de entusiasmo com eventos como viagens à Lua, a hélice dupla, a termodinâmica de não equilíbrio. Mas, se examinarmos a questão de um ponto de vista diferente, ela passa a ser um exercício ridículo em frivolidade. Foram precisos bilhões de dólares, milhares de ajudantes bem treinados, anos de trabalho duro para permitir que alguns contemporâneos inarticulados e um tanto limitados[11] dessem alguns pulinhos em um lugar que ninguém em seu juízo perfeito pensaria em visitar – uma rocha quente, ressecada e sem ar. Mas os místicos, usando apenas a mente, viajaram pelas esferas celestiais até o próprio Deus, que viram em todo seu esplendor e assim receberam força para continuar sua vida e iluminação para eles próprios e o próximo. É apenas a ignorância do público em geral e de seus severos treinadores, os intelectuais, e sua espantosa falta de imaginação que faz que eles rejeitem tais comparações sem mais cerimônias. Uma sociedade livre não se opõe a tal atitude, mas tampouco permitirá que ela se transforme em uma ideologia básica.

x. *Uma sociedade livre insiste na separação da Ciência e da sociedade.* Mais sobre esse tema na Parte Dois.

3. Sobre a crítica cosmológica de padrões

A seguir ilustrarei alguns desses resultados ao mostrar como os padrões são e foram criticados na Física e na Astronomia, e como esse procedimento pode ser estendido a outros campos.

A Seção 2 começou com o problema geral da relação entre Razão e prática. Na ilustração, a Razão passa a ser racionalidade científica; a prática, a prática da pesquisa científica; e o problema, a relação entre a racionalidade científica e a pesquisa. Discutirei as respostas dadas pelo Idealismo, pelo Naturalismo e por uma terceira posição, ainda não mencionada, que chamarei de Anarquismo ingênuo.

Segundo o *Idealismo*, é racional (apropriado, de acordo com a vontade dos deuses – ou seja lá qual forem as palavras encorajadoras que estão sendo usadas para embriagar os nativos) fazer certas coisas – *independentemente do que acontecer*. É racional (apropriado etc.) matar os inimigos da fé, evitar hipóteses *ad hoc*, desprezar os desejos do corpo, remover inconsistências, apoiar programas progressistas de pesquisa e assim por diante. A racio-

---

[11] Cf. Mailer, 1970.

nalidade (a justiça, a Lei Divina) é universal, independente da disposição de ânimo, do contexto e das circunstâncias históricas e faz surgir regras e padrões igualmente universais.

Há uma versão do idealismo que parece ser um tanto mais sofisticada, mas, na verdade, não o é. Já não se diz que a racionalidade (o direito etc.) é universal, mas existem declarações condicionais universalmente válidas, que afirmam o que é racional em determinado contexto, e regras condicionais correspondentes.

Muitos críticos me consideraram um idealista no sentido que acabo de descrever, com a qualificação de que tento substituir as regras e padrões familiares por regras mais "revolucionárias", como a proliferação e a contraindução, e quase todos me atribuíram uma "metodologia" que teria "vale tudo" como seu único "princípio básico". No entanto, à página 32 [47] de CM digo bastante explicitamente que

> minha intenção não é substituir um conjunto de regras gerais por outro conjunto da mesma espécie: minha intenção, ao contrário, é convencer a leitura ou o leitor de que *todas as metodologias, até mesmo as mais óbvias, têm seus limites,*

ou, para expressar a mesma coisa nos termos que acabo de explicar, minha intenção é mostrar que o Idealismo, seja do tipo simples ou dependente do contexto, é a solução errada para os problemas da racionalidade científica. Esses problemas não são solucionados por uma mudança de padrões, mas pela adoção de uma visão completamente diferente de racionalidade.

O Idealismo pode ser dogmático e crítico. No primeiro caso, as regras propostas são consideradas finais e imutáveis; no segundo, há a possibilidade de discussão e mudança. Mas a discussão não leva em consideração as práticas – ela continua restrita ao domínio abstrato de padrões, regras e lógica.

A limitação de todas as regras e padrões é reconhecida pelo *anarquismo ingênuo*. Um anarquista ingênuo diz (a) que tanto as regras absolutas quanto as dependentes do contexto têm seus limites e infere (b) que todas as regras e padrões não têm qualquer valor e devem ser abandonados. A maioria dos críticos me considera um anarquista ingênuo neste sentido, não levando em conta as muitas passagens em que mostro como certos procedimentos *ajudaram* os cientistas em suas pesquisas. Pois em meus estudos de Galileu, da moção browniana e dos pré-socráticos não só tentei mostrar a *falta de sucesso* dos padrões familiares, mas também quais procedimentos não tão familiares realmente *tiveram sucesso*. Concordo com (a), mas não com (b). Argumento que todas as regras têm seus limites e que não há uma "racionalidade" abrangente; não defendo que devemos proceder sem regras ou padrões. Também argumento a favor de uma explicação contextual, mas, uma vez mais, as regras contextuais não devem *substituir* as regras absolutas, apenas *complementá-las*. Além disso, sugiro uma nova *relação* entre regras e práticas. É essa relação, e não uma regra-conteúdo específica, que caracteriza a posição que desejo defender.

Essa posição adota alguns elementos do *Naturalismo*, mas rejeita a filosofia naturalista. Segundo o Naturalismo, regras e padrões são obtidos por uma análise das tradições. Como vimos, o problema é qual tradição escolher. Os filósofos da Ciência irão, é claro, optar pela Ciência como sua tradição básica. Mas a Ciência não é *uma* tradição, e sim *muitas*, e, portanto, faz surgir diversos padrões parcialmente incompatíveis (expliquei essa dificuldade em minha discussão sobre Lakatos, CM, Capítulo 16).[12] Além disso, o procedimento torna impossível para o filósofo dar razões para sua escolha da Ciência em vez do mito ou de Aristóteles. O Naturalismo não pode solucionar o problema da racionalidade científica.

Como na Seção 2, agora podemos comparar as desvantagens do Naturalismo e do Idealismo e chegar a uma visão mais satisfatória. O primeiro diz que a razão é completamente *determinada pela* pesquisa. Disto nós mantemos a ideia de que a pesquisa pode mudar a razão. Já o Idealismo diz que a razão *governa a* pesquisa totalmente. Disto nós mantemos a ideia de que a razão pode mudar a pesquisa. Combinando os dois elementos, chegamos à ideia de *um guia que é parte da atividade, guiado e modificado por ela*. Isso corresponde à visão interacionista da Razão e da prática formulada na Seção 2 e ilustrada pelo exemplo do mapa. Ora, a visão interacionista assume duas entidades diferentes, um guia sem corpo de um lado e uma prática bem dotada do outro. Mas o guia parece sem

---

[12] Cf. também minha explicação complementar em Howson, 1976.

corpo apenas porque seu "corpo", isto é, a prática muito substancial que lhe é subjacente, não é percebido e a "prática" parece grosseira e precisando de um guia apenas porque não estamos conscientes das leis complexas e um tanto sofisticadas que ela contém. Uma vez mais o problema não é a interação de uma prática com algo diferente e externo, mas o desenvolvimento de uma tradição sob o impacto de outras. Um exame da maneira pela qual a Ciência trata seus problemas e revisa seus "padrões" confirma esse quadro.

Na Física, as teorias são usadas tanto como descrições de fatos quanto de padrões de especulação e de precisão factual. *Instrumentos de medida* são construídos de acordo com leis e suas leituras são testadas sob a premissa de que essas leis são corretas. De maneira semelhante, as teorias que dão origem aos princípios físicos fornecem padrões para avaliar *outras teorias*: teorias relativisticamente constantes são melhores que aquelas que não o são. Tais padrões não são intocáveis. Podem ser eliminados. O padrão da invariância relativista, por exemplo, pode ser eliminado quando descobrimos que a teoria da relatividade tem sérias deficiências. Tais deficiências são às vezes encontradas por um exame direto da teoria, por exemplo, um exame de sua matemática ou do sucesso de suas previsões. Mais provavelmente serão encontradas graças ao desenvolvimento de alternativas (cf. CM, Capítulo 3 [3]) – serão encontradas por uma pesquisa que viola os padrões a serem examinados.

A ideia de que a natureza é infinitamente rica, tanto de maneira qualitativa quanto quantitativa, leva ao desejo de fazer novas descobertas e, assim, a um princípio de aumento de conteúdo que nos dá outro padrão para avaliar as teorias: teorias que têm um conteúdo superior àquilo que já é conhecido são preferíveis àquelas que não o têm. Uma vez mais o padrão é intocável. Isso é problemático no momento em que descobrimos que habitamos um mundo finito. A descoberta é preparada pelo desenvolvimento de teorias "aristotélicas" que evitam ir além de um conjunto determinado de propriedades – é uma vez mais preparada pela pesquisa que viola o padrão.

O procedimento utilizado nos dois casos contém uma variedade de elementos e, portanto, há maneiras diferentes de descrevê-lo ou de reagir a ele.

Um dos elementos – e, em minha opinião, o mais importante deles – é *cosmológico*. Os padrões que usamos e as regras que recomendamos só fazem sentido em um mundo que tem determinada estrutura. Eles passam a ser inaplicáveis ou ficam ociosos em um domínio que não exibe essa estrutura. Quando as pessoas ouvem falar das novas descobertas de Colombo, Magalhães, Dias etc., compreendem que havia continentes, climas, raças que não estavam listados nos relatos antigos e imaginavam que poderia haver novos continentes de conhecimento também, que poderia haver uma "América do conhecimento", exatamente como havia uma nova entidade geográfica chamada "América", e tentavam descobri-la, aventurando-se além dos limites das ideias recebidas. Foi assim que a necessidade de aumento de conteúdo surgiu pela primeira vez. Esse aumento surgiu do desejo de descobrir mais e mais coisas de uma natureza que parecia ser infinitamente rica em extensão e qualidade. A necessidade não faz sentido em um mundo finito, que é composto de um número finito de qualidades básicas.

Como é que descobrimos a cosmologia que apoia ou deixa de apoiar nossos padrões? A resposta introduz o segundo elemento que entra na revisão dos padrões com relação à *teorização*. A ideia de um mundo finito torna-se aceitável quando temos teorias que descrevem um mundo assim e quando elas acabam sendo melhor que suas rivais infinitistas. O mundo não nos é dado diretamente, temos de captá-lo por meio das tradições; o que significa que até mesmo o argumento cosmológico refere-se a determinado estágio de competição entre as teorias, inclusive as teorias de racionalidade.

Ora, quando os cientistas se acostumam a tratar as teorias de certa maneira, quando eles se esquecem da razão para esse tratamento, mas simplesmente o consideram a "essência da Ciência" ou uma "parte importante daquilo que significa ser científico"; quando os filósofos os ajudam em seu esquecimento, sistematizando os procedimentos familiares e mostrando-lhes como eles fluem de uma teoria abstrata de racionalidade, então as teorias necessárias para mostrar as deficiências dos padrões subjacentes não serão introduzidas, ou, se já foram introduzidas, não serão levadas a sério. E não serão levadas a sério porque colidem com hábitos costumeiros e suas sistematizações.

Uma boa maneira de examinar a ideia de que o mundo é tanto qualitativa quanto quantitativamente finito, por exemplo, é desenvolver uma cosmologia aristotélica. Esse tipo de cosmologia fornece meios de descrição adaptados ao mundo finito, ao passo que a metodologia correspondente substitui a necessidade de aumento de conteúdo pela de descrições adequadas desse tipo. Suponha que introduzimos teorias que correspondem à cosmologia e as desenvolvemos de acordo com as novas regras. O que irá acontecer? Cientistas ficarão insatisfeitos porque as teorias têm propriedades não familiares. Os filósofos da Ciência ficarão insatisfeitos porque elas introduzem padrões sobre os quais ninguém de sua profissão ouviu falar. Por gostarem de rodear sua insatisfação com árias longas chamadas "razões", eles irão um pouco mais adiante. Dirão que não estão apenas insatisfeitos, mas que têm "argumentos" para sua insatisfação. Na maioria dos casos os argumentos são repetições e variações elaboradas dos padrões com os quais esses cientistas cresceram e, portanto, seu conteúdo cognitivo é do tipo "Mas a teoria é *ad hoc*!" ou "Mas as teorias foram desenvolvidas sem aumento de conteúdo!". E tudo o que ouvimos, quando perguntamos por que isso é tão mau assim, é que a Ciência agiu de maneira diferente pelo menos por 200 anos[13] ou que o aumento de conteúdo soluciona alguns *problemas da teoria de confirmação*.[14] No entanto, a pergunta não foi sobre o que a Ciência faz, mas como pode ser aprimorada e se a adoção de algumas teorias de confirmação é uma boa maneira de aprender sobre o mundo. Nenhuma resposta nos é dada. E, então, algumas possibilidades interessantes de descobrir os erros dos padrões populares são eliminadas, insistindo-se fortemente no *status quo*. É curioso ver que tal insistência torna-se mais determinada quanto mais "crítica" for a filosofia que se confronta com o problema. Nós, ao contrário, mantemos a lição de que *a validade, a utilidade e a adequação dos padrões populares só podem ser testadas pela pesquisa que as viola*.

Mais um exemplo, para ilustrar o argumento. A ideia de que a informação relacionada com o mundo externo viaja sem ser incomodada por meio dos sentidos até a mente leva ao padrão segundo o qual todo conhecimento deve ser verificado pela observação: teorias que estão de acordo com a observação são preferíveis àquelas que não o estão. No momento em que

---

[13] Para referências e críticas, cf. o artigo "On the Critique of Scientific Reason" (apud Howson, op. cit.), assim como o Capítulo 16 de CM.
[14] Cf. John Watkins em um artigo sobre Racionalismo Crítico.

descobrimos que a informação sensorial é distorcida de muitas maneiras, o padrão precisa ser substituído. Fazemos essa descoberta ao desenvolver teorias que entram em conflito com a observação e ao achar que elas são excelentes em muitos outros aspectos (nos capítulos 5 a 11 [5 a 10] de CM mostro como Galileu fez essa descoberta).

Finalmente, a ideia de que as coisas estão bem definidas e que não vivemos em um mundo paradoxal nos leva ao padrão de que nosso conhecimento deve ser coerente. Teorias que contêm contradições não podem ser parte da Ciência. Este padrão aparentemente básico que muitos filósofos aceitam com tão pouca hesitação, como os católicos em determinado momento aceitaram o dogma da concepção imaculada da Virgem, perde sua autoridade no momento em que descobrimos que existem fatos cuja única descrição adequada é inconsistente e que teorias inconsistentes podem ser produtivas e fáceis de manipular, enquanto a tentativa de fazê-las obedecer à exigência de consistência gera monstros inúteis e desajeitados.[15]

O último exemplo suscita novas perguntas que costumam ser formuladas como objeções a ele (e também contra a crítica de outros padrões, inclusive padrões de aumento de conteúdo).

Uma objeção é que a não contradição é um condição necessária da pesquisa. Um procedimento que não está de acordo com esse padrão não é pesquisa – é caos. Portanto, não é possível examinar a não contradição da maneira descrita no último exemplo.

A parte principal da objeção é a segunda afirmação e ela é normalmente apoiada pelo comentário de que uma contradição implica todas as afirmações. De fato, ela faz isso – mas apenas em sistemas lógicos bem simples. Ora, está claro que mudar padrões ou teorias básicas tem repercussões que precisam ser cuidadas. A admissão de velocidades maiores que a velocidade da luz na direção da relatividade – sem que haja mudanças em tudo o mais – nos fornece alguns resultados um tanto surpreendentes, tais como massas e velocidades imaginárias. A admissão de posições definidas e ímpetos na direção da teoria quântica – sem que haja mudanças em todo o resto – provoca estragos nas leis de interferência. A admissão de contradições em

---

[15] Para detalhes sobre este ponto, cf. Parte Três, Capítulo 4, Seção 2, Tese 4.

um sistema de ideias supostamente conectado pelas leis da lógica-padrão – sem que haja mudanças em todo o resto – faz que afirmemos todas as declarações. Obviamente, teremos de fazer algumas outras mudanças – por exemplo, no último caso, teremos de mudar algumas regras de derivação. A realização da mudança elimina os problemas e a pesquisa pode continuar como planejada.[16]

Mas – e com isso começa outra objeção: como serão avaliados os resultados dessa pesquisa se os padrões fundamentais foram eliminados? Por exemplo, que padrões mostram que a pesquisa, na violação do aumento de conteúdo, leva a teorias que são *"melhores* que suas rivais infinitistas" como eu disse poucos parágrafos atrás? Ou que padrões mostram que teorias em conflito com a observação têm algo a oferecer, enquanto suas rivais impecáveis em termos de observação não têm? Será que uma decisão de aceitar teorias pouco comuns e de rejeitar teorias familiares presume padrões e, portanto, não está claro que a investigação cosmológica não pode tentar fornecer alternativas para todos os padrões? Estas são algumas das perguntas que ouvimos com regularidade exaustiva na discussão de "princípios fundamentais", tais como consistência, aumento de conteúdo, adequação observacional, falsificabilidade e assim por diante. Não é difícil responder a elas.

Pergunta-se como deveremos avaliar a pesquisa que leva à revisão de padrões. Por exemplo, quando e com que justificativas ficaremos satisfeitos que a pesquisa, que contém inconsistências, revelou uma deficiência fatal do padrão da não contradição? Essa pergunta faz tão pouco sentido quanto aquela sobre que instrumentos de medida irão nos ajudar a explorar uma região ainda não especificada do Universo. Não conhecemos a região, não podemos dizer o que funcionará nela. Se estivermos realmente interessados, então devemos penetrar a região ou começar a fazer conjecturas sobre ela. Descobriremos, assim, que não é fácil encontrar uma resposta e que pode ser preciso bastante engenhosidade para chegar a sugestões que sejam metade satisfatórias (como exemplo, considere a pergunta sobre como medir a temperatura no centro do Sol, digamos, em mais ou menos

---

[16] Na Seção 3 do Capítulo 4 argumento que a pesquisa científica procede de acordo com uma lógica prática cujas regras de derivação não fazem que as contradições produzam tudo.

1820); no final, alguém pode propor uma solução totalmente inesperada, contrária às leis naturais e, ainda assim, ser bem-sucedido. O mesmo se aplica aos padrões. Padrões são instrumentos de medida intelectuais: eles nos dão leituras não só da temperatura, ou do peso, mas das propriedades de seções complexas do processo histórico. Supõe-se que as conheçamos mesmo antes de essas seções terem sido apresentadas em detalhe? Ou presume-se que a História, e especialmente a História de ideias, é mais uniforme que a parte material do Universo? Que o homem é mais limitado que o restante da natureza? É claro, a educação muitas vezes põe limites às mentes – mas nosso problema é a *adequação* desses limites e a avaliação *do que* devemos proceder além deles. Portanto, nos encontramos exatamente na mesma posição que o cientista com seus instrumentos de medida – não podemos solucionar nosso problema antes de conhecer seus elementos. Não podemos especificar os padrões antes de conhecer o assunto que supostamente irão avaliar. Eles não são árbitros eternos da pesquisa, da moralidade, da beleza preservada e apresentada por uma assembleia de altos sacerdotes que está protegida da irracionalidade da multidão de gente comum na Ciência, nas Artes e na Sociedade; eles são instrumentos fornecidos para certos propósitos por aqueles que estão familiarizados com as circunstâncias e que os examinaram em detalhes. Um cientista, um artista, um cidadão não é como uma criança que precisa da metodologia do pai e da racionalidade da mãe para lhe dar segurança e direção; ele pode cuidar de si mesmo, pois é o inventor não só de leis, teorias, quadros, peças, formas de música, meios de lidar com seu próximo e instituições, *mas também de visões inteiras do mundo; ele é o inventor de formas inteiras de vida.* As perguntas apenas revelam a desorientação daqueles que não estão familiarizados com a estrutura e com os problemas da pesquisa concreta.[17] Para estes a pesquisa é como um jogo infantil que prossegue de acordo com umas poucas regras simples conhecidas pelos pais que, portanto, podem de maneira gentil mas firme indicar sempre que houver uma violação das regras. Os filósofos da Ciência gostam de pensar que são como esses "pais". Logo, não é nenhuma surpresa que eles fiquem confusos quando sua autoridade é desafiada.

---

[17] Cf. Tese 5 da seção anterior e as explicações correspondentes.

O hábito – que começou com o Círculo de Viena e continuou com os racionalistas críticos – de "traduzir" problemas para "a linguagem formal" contribuiu muito para a proteção dos padrões básicos de racionalidade. Examinemos outra vez a questão da finitude *versus* a infinitude do mundo. Essa questão, pelo que parece, é factual, a ser resolvida por meio de pesquisa. Para "torná-la mais clara e mais precisa" (uma frase famosa usada pelos positivistas e racionalistas críticos quando substituíam problemas complexos que não entendiam por caricaturas simplistas que compreendiam), ela é "traduzida" para uma propriedade de sequências de explicações. No primeiro caso (universo finito), há uma explicação "básica" ou "última" da qual todas as outras explicações dependem. No segundo caso (mundo infinito), não temos uma explicação única, mas uma sequência infinita e que nunca termina. Os racionalistas críticos deram razões abstratas para justificar a preferência por essas sequências. Dizem que elas devem ser preferidas porque obedecem à "atitude crítica" recomendada por aquela escola. Ora, se esquecermos o contexto cosmológico, então isso já decide a questão: não há nenhuma explicação básica. Popper vai ainda mais longe. Ao declarar

> que o mundo de cada uma de nossas teorias pode ser explicado, por sua vez, por outros mundos que são descritos por outras teorias (Popper, 1963, p.115)

ele conclui que "a doutrina de uma realidade essencial ou última cai por terra". Ela cai por terra – por quê? Porque é inconsistente com a metodologia favorita de Popper. Mas, se o mundo é finito, então existe uma realidade última, e o racionalismo crítico é a filosofia errada para ela.

A questão entre realismo e instrumentalismo gera observações semelhantes. Será que os elétrons existem ou são meramente ideias fictícias para organizar as observações (dados sensoriais, eventos clássicos)? Pareceria que a questão precisa ser decidida pela pesquisa (cf. também os comentários na Seção 3 da Parte Três, Capítulo 4, a seguir). A *pesquisa* tem de decidir se existem apenas sensações neste mundo ou se o mundo contém também entidades mais complexas, como os átomos, os elétrons, os seres vivos e assim por diante. Se existem apenas sensações, então termos como "elétron" ou "Santo Agostinho" são auxiliares, destinados a trazer alguma ordem para nossas experiências. São como operadores na Matemática ou conectivos na Lógica, conectam afirmações sobre dados sensoriais e não se referem a coisas diferentes dos dados sensoriais. Realistas profissionais modernos não veem as coisas dessa maneira. Para eles a interpretação de teorias pode ser decidida de uma maneira puramente metodológica e independente da pesquisa científica. Não é nenhuma surpresa, portanto, que sua noção da realidade e a dos cientistas não tenha quase nada em comum.[18]

4. "Vale tudo"

Uma maneira de criticar padrões é fazer uma pesquisa que os infrinja (isso é explicado na Seção 3). Ao avaliar a pesquisa, podemos participar de uma prática ainda não especificada e não especificável (isso é explicado na Seção 2, Tese v.). Resultado: pesquisas interessantes nas Ciências (e, aliás, em qualquer área) muitas vezes levam a uma revisão imprevisível de padrões, embora esta talvez não seja sua intenção. *Se basearmos nossas avaliações em padrões aceitos*, a única coisa que podemos dizer sobre essa pesquisa, portanto, é que "vale tudo".

Observe o contexto da afirmação. "Vale tudo" *não* é o único "princípio" de uma nova metodologia, recomendada por mim. É a única maneira pela qual aqueles que estão firmemente comprometidos com padrões universais e desejam compreender a história em seus termos podem descrever minha explicação das tradições e das práticas de pesquisa como foram dadas nas seções 2 e 3. Se essa explicação é correta, então tudo que um *racionalista* poderá dizer sobre a Ciência (e sobre qualquer outra atividade interessante) é: vale tudo.

Isso não quer dizer que não existam partes da Ciência que nunca infringiram as regras adotadas. Afinal de contas, uma tradição pode ser simplificada (organizada, modernizada) por determinados procedimentos de lavagem cerebral e, após ser simplificada, irá conter princípios estáveis. Meu argumento é de que as tradições simplificadas não são muito frequentes e desaparecem em épocas revolucionárias. Afirmo também que as

---

[18] Para detalhes cf. Capítulo 5 de meu *Der Wissenschaftstheoretische Realismus und die Autorität der Wissenschaften*, 1978.

tradições simplificadas aceitam padrões sem examiná-los e que qualquer tentativa de examiná-los irá imediatamente introduzir a situação "vale tudo" (isso foi explicado na Seção 3).

Tampouco se nega que os proponentes da mudança podem ter argumentos excelentes para cada um de seus movimentos.[19] Mas seus argumentos serão *argumentos dialéticos*, envolverão uma racionalidade em mutação, e não um conjunto estabelecido de padrões, e muitas vezes são os primeiros passos para a introdução de tal racionalidade. Esta, incidentalmente, é também a maneira pela qual o raciocínio do senso comum inteligente age – ele pode começar de algumas regras e significados e terminar com algo completamente diferente. Não é nenhuma surpresa que a maioria dos revolucionários tenha desenvolvimentos fora do comum e, muitas vezes, se considere diletante.[20] É surpreendente ver que alguns filósofos que, em determinado momento, eram inventores de novas visões do mundo e que nos ensinaram a olhar através do *status quo* agora se transformaram em seus criados mais obedientes: *philosophia ancilla scientiae*.

5. A "Revolução Copernicana"

Em CM usei Galileu como uma ilustração dos princípios abstratos que acabo de explicar. Mas a "Revolução Copernicana" é um fenômeno muito complexo e não contém apenas Galileu. Para compreendê-la temos de dividir o conhecimento da época em componentes diferentes e muitas vezes bastante independentes; devemos examinar como grupos diferentes em épocas diferentes reagiram a cada componente e, assim, lentamente, construir o processo que hoje é chamado, de uma maneira um tanto sucinta, de "Revolução Copernicana". Só um estudo desse tipo, peça por peça, nos fornecerá informações sobre Razão e prática que não sejam meramente uma repetição de nossos sonhos metodológicos.

Também é necessário declarar abertamente o que queremos saber.

Escolhi as seguintes três perguntas que parecem ser de interesse geral.

---

[19] Cf. Seção 9 de "Consolations for the Specialist", 1970a.
[20] Bohr, Einstein e Born se consideravam diletantes e diziam isso com frequência.

A. Será que existem regras e padrões "racionais" – no sentido de concordarem com alguns princípios gerais plausíveis e de exigirem atenção sob todas as circunstâncias – que sejam seguidos por todos os bons cientistas quando fazem uma pesquisa de boa qualidade e cuja adoção explica eventos como a "Revolução Copernicana"?

A pergunta não é simplesmente se uma sequência de eventos tais como sugestão da teoria T – ocorrência de certos fenômenos – e aceitação da teoria concorda com alguns padrões; ela quer saber, além disso, se os padrões foram utilizados de maneira consciente pelos participantes. É pouco provável chamarmos de racionais pessoas que agem racionalmente em *nosso* sentido, mas que alcançam isso confundindo padrões que *elas* consideram importantes. O fato de Lakatos e Zahar terem negligenciado esse ponto é uma desvantagem decisiva no ensaio escrito por esses autores (1974), que é excelente em todos os demais aspectos.

B. Terá sido razoável, em determinado momento, aceitar o ponto de vista copernicano e quais foram os motivos para isso? Esses motivos variam de um grupo para outro? E de um período para outro?

C. Houve uma época em que passou a ser irracional rejeitar Copérnico? Ou há sempre um ponto de vista que nos permite achar que a ideia de uma Terra imóvel é aceitável?

Parece que a resposta para A é não, para B é sim (para todas as perguntas) e para C é um sim qualificado (para as duas perguntas). A seguir farei um esboço dos argumentos que levam a esse resultado.

Primeiro, o discurso geral de uma "revolução na Astronomia" deve ser substituído por uma análise dos elementos que podem ser identificados. Devemos distinguir:

1. A situação na Cosmologia
2. A situação na Física
3. A situação na Astronomia
4. A situação nas leis
5. A situação na Ótica
6. A situação na Teologia

As distinções não são feitas "para serem precisas" – elas refletem a situação histórica atual. Por exemplo, 1 dependia de 2, mas não totalmente.

Isso fica claro no século XVII. 3 era independente de 1 e 2 e também de 5; 4 dependia de 3, mas alguma informação adicional era necessária. Finalmente, 6 fornecia uma condição-limite para 1 e 2, mas não para 3.

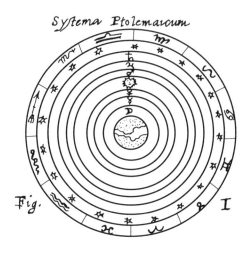

Figura I
Sistema Ptolomaico

A situação se reflete nos livros didáticos. Sacrobosco e seus imitadores apresentam um esboço de 1, mal mencionam 2, dão apenas uma explicação dos círculos principais do céu para 3 e omitem 4, 5 e 6. Manuais de Astronomia, como o próprio trabalho magnífico de Ptolomeu, contêm 3 e 4, mas mencionam apenas os elementos mais básicos de 1 e 2, e, ainda assim, de uma maneira extremamente superficial. O mesmo se aplica a 5. Os manuais de Física discutem 2, elementos de 1, mas não 3, 4, 5 ou 6. Os filósofos explicam que a tarefa de 2 é dar uma descrição verdadeira dos processos deste mundo e das leis que os orientam, ao passo que a tarefa de 3 é fornecer previsões corretas, por quaisquer meios possíveis. Diz-se que o astrônomo não está interessado na verdade, mas nas previsões.[21] Tudo o que ele pode reivindicar para as ideias que usa é que elas produzem tais previsões, mas não pode afirmar que são verdadeiras. Houve muitos pensadores, principalmente entre os árabes, que tentaram dar explicações físicas para o sucesso de certos dispositivos astronômicos. Até certo ponto

---

[21] Para um relato mais detalhado e muitas citações, veja Duhem, 1972.

podemos compará-los com aqueles que tentaram explicar as leis da termodinâmica fenomenológica com a ajuda da teoria atômica.

A premissa básica de 1 era o Universo simétrico central – a Terra no centro, rodeada por uma variedade de esferas, incluindo a esfera das estrelas fixas. A Terra está imóvel, não gira nem se mexe de qualquer outra maneira. Há dois tipos de movimentos básicos neste Universo, movimentos sublunares, isto é, movimentos de coisas abaixo da Lua

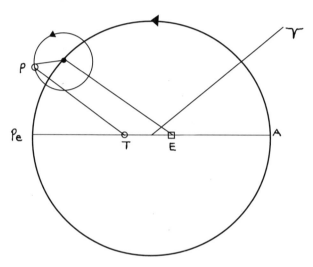

e movimentos supralunares, isto é, movimentos de coisas acima da Lua. Movimentos sublunares *que não sofrem interferência* dependem do elemento que se move: o fogo e o ar sobem, a água e a terra descem, embora com intensidades diferentes. O movimento de um corpo "misto" depende da porcentagem de seus elementos.[22] Todos os movimentos supralunares são circulares. Argumentos para essas afirmações são encontrados no próprio trabalho de Aristóteles, *On the Heavens* [Sobre os céus], e repetidos sem muito refinamento em livros posteriores.[23]

As premissas básicas de 2 são de que todos os objetos consistem de matéria e forma, que a mudança envolve um intercâmbio de formas, que ela é resultado de influências externas (se não há influência externa,

---

[22] Segundo essa teoria interessante um corpo é definido não por sua substância, mas por seu movimento. A física das partículas elementares moderna retomou essa abordagem.
[23] Cf. Kuhn, 1967.

então tudo permanece imutável) e proporcional à força dessa influência (e o inverso da resistência). As premissas são defendidas em *Física*, de Aristóteles, e uma vez mais repetidas sem muito refinamento em livros didáticos posteriores.[24]

A teoria do movimento da Física aristotélica compreende não só a locomoção, mas todos os tipos de mudança. Ela foi e ainda é usada em disciplinas como a Biologia, a Medicina, a Fisiologia e a Bacteriologia para descobrir "entidades perturbadoras", como ovos de moscas, bactérias, vírus e assim por diante. A lei da inércia de Newton não contribui em nada nessas áreas.

Mais uma vez as premissas básicas são apoiadas por argumentos empíricos, lógicos ou ambos. O objetivo principal dos argumentos é mostrar que a visão do senso comum do mundo, como expressa em nossa percepção e codificada em nossa linguagem, é basicamente correta, embora existam problemas que podem ser estudados e eliminados. A visão do senso comum não é simplesmente aceita, há *argumentos* para mostrar por que podemos confiar nela. Detalhes disto serão explicados na próxima seção.

As premissas básicas de 3 podem ser vistas no modelo citado. Presume-se que Vênus, Marte, Júpiter e Saturno se movimentam em um pequeno círculo, o chamado epiciclo, cujo centro se movimenta sobre um círculo maior, o chamado deferente. O movimento no deferente tem velocidade angular constante, não ao redor de seu centro, mas à volta do ponto E, o *equante*. O planeta é visto da Terra T, igualmente distante do centro como E, mas do outro lado dela. Ele se movimenta em seu epiciclo com velocidade angular constante, de tal forma que o raio vetor do centro do epiciclo até o planeta é paralelo à longitude média do Sol. Há um esquema desse tipo com constantes diferentes para cada um dos quatro planetas mencionados. O Sol, a Lua e Mercúrio são tratados de maneira distinta. A latitude planetária é determinada de forma independente, de acordo com um esquema que não mencionarei aqui.

Calculou-se (Price, 1959, p.197-218)[25] que, *dadas as constantes apropriadas*, esse esquema

---

[24] Mas há muitas discussões nos comentários. Cf. Clagett, 1964.
[25] Para a versatilidade do esquema ptolomaico veja também Hanson, 1960, p.150-8.

pode explicar todos os movimentos angulares dos planetas com uma precisão melhor que 6'... à exceção apenas da teoria especial necessária para explicar... Mercúrio e à exceção também do planeta Marte, que mostra desvios de até 30' da teoria. [Isso é] certamente melhor que a precisão de 10' que o próprio Copérnico declarou ser uma meta satisfatória para sua própria teoria

e que era difícil de testar, especialmente em virtude do fato de a refração (quase 1° no horizonte) não ser levada em conta à época de Copérnico e de a base observacional das previsões ser menos que satisfatória.

Para calcular 4 precisamos de constantes adicionais, como a latitude do lugar de onde as observações são feitas. Por isso, 4 talvez contenha erros que não podem ser atribuídos à teoria básica. As previsões ptolomaicas eram muitas vezes erradas em virtude de uma escolha incorreta de constantes. Portanto, não é razoável eliminar 3 por causa de conflitos flagrantes com a observação.

Quanto a 5, entrou na Astronomia apenas com o telescópio. A história foi contada em CM. Detalhes adicionais serão dados na próxima seção.

Os filósofos modernos quase nunca mencionam 6, embora tenha desempenhado um papel decisivo no debate. A atitude da Igreja não foi tão dogmática quanto muitas vezes se presume. As interpretações das passagens bíblicas tinham sido revistas à luz da pesquisa científica anterior. Todos consideravam a Terra esférica e achavam que ela flutuava de maneira livre no espaço, embora a Bíblia conte uma história bastante diferente. Mas os argumentos dos copernicanos, inclusive os de Galileu, simplesmente *não foram considerados* decisivos. E, como foi demonstrado em CM, realmente não *eram* decisivos. A Bíblia ainda desempenhava um papel importante para Newton, que usou tanto a obra em si quanto a palavra divina para explorar os planos de Deus.[26] No século XVI, a concordância com a palavra de Deus como estava contida na Escritura Sagrada era uma condição-limite importante e aceita universalmente da pesquisa física. Era um padrão comparável com o padrão "moderno" da precisão experimental.

---

[26] Cf. Manuel, 1974, onde uma bibliografia é incluída. Cf. também o capítulo sobre Newton em Koyré, 1964.

Havia três argumentos contra o movimento da Terra. O primeiro, o chamado argumento da torre (e outros argumentos do mesmo tipo), vinha da Física. Ele é explicado e discutido em CM, p.70ss [86ss]. O argumento se baseia na teoria do movimento de Aristóteles, que foi confirmada pela experiência.

O segundo argumento, já mencionado por Aristóteles, é o da paralaxe: se a Terra gira ao redor do Sol, então vestígios desse movimento devem ser encontrados nas estrelas, mas nada disso foi encontrado.

O terceiro argumento era de que o movimento da Terra estava em conflito com a Bíblia. No debate sobre Copérnico todos esses argumentos foram usados, mas o primeiro e o terceiro eram considerados mais importantes que o segundo.

Hoje temos as seguintes teorias da transição de Ptolomeu/Aristóteles para Copérnico/Galileu:

1. Empirismo ingênuo: na Idade Média prestava-se atenção à Bíblia, mas então as pessoas ergueram a cabeça, observaram o céu e descobriram que o mundo era diferente daquilo que tinham achado que era. Essa teoria praticamente desapareceu. De vez em quando a encontramos, como um aparte, em livros sobre a história da literatura.
2. Empirismo sofisticado: foram feitas novas observações que obrigaram os astrônomos a revisar uma Astronomia já empírica.
3. Convencionalismo: a antiga Astronomia tornou-se cada vez mais complicada e, por isso, foi finalmente substituída por uma explicação mais simples.
4. Falsificacionismo: novas observações refutaram algumas premissas decisivas da antiga Astronomia e, com isso, uma nova Astronomia teve de ser encontrada.
5. Teoria da Crise: a Astronomia estava em crise e era preciso lidar com ela. Esta é a teoria de Kuhn.
6. Explicação do programa de pesquisa: o programa de pesquisa ptolomaico degenerou, enquanto o programa de pesquisa copernicano progrediu.

Todas essas teorias têm certas premissas em comum. Elas podem ser criticadas já por essas premissas, pois são premissas bastante inadmissíveis.

Presume-se, por exemplo, que um processo complexo, envolvendo especialistas de áreas diferentes e parcialmente independentes com distintos padrões, pode ser explicado pela adoção de um único padrão. Presume-se também que este padrão foi aceito antes, durante e depois da conflagração, que foi o princípio que fez que os participantes se voltassem contra o *status quo* e os orientou em sua busca por algo melhor. A última premissa certamente não é correta. Os astrônomos ptolomaicos consideravam a degeneração não uma objeção, mas sim um sinal de excelência: o antigo princípio de que a Astronomia deve "salvar os fenômenos" significa que ela precisa se "degenerar" no sentido que Lakatos dá à palavra. Portanto, se o copernicanismo foi aceito porque era "progressista", então essa aceitação envolveu uma mudança das teorias *bem como* dos padrões e, por esse motivo, ele não era "racional" no sentido lakatiano (e no da teoria 6). Terceiro, a maioria das explicações considera apenas a Astronomia e desconsidera as outras disciplinas que participaram da mudança e se modificaram como resultado dela. Vemos: não é preciso uma pesquisa detalhada para suspeitar que as teorias propostas não podem, de forma alguma, ser verdadeiras. Um exame mais cuidadoso confirma essa suspeita.

As teorias 1, 2, 4 e 5 presumem que foram feitas novas observações na primeira terça parte do século XVI, que essas observações demonstraram a inadequação do esquema ptolomaico, que essas inadequações foram eliminadas por Copérnico e que essa foi a razão pela qual ele suplantou Ptolomeu. Essas premissas supostamente se aplicariam apenas à Astronomia e, portanto, só a Astronomia será discutida. Será verdade que existiram novas observações nessa Ciência, que as observações apresentaram problemas e que Copérnico solucionou esses problemas?

Uma maneira de responder a essa pergunta é examinar as *tabelas*. As tabelas pós-copernicanas seriam melhores que suas antecessoras? Gingerich, que examinou a questão (1974),[27] diz que não: os erros de média e máximos eram mais ou menos os mesmos, mas são distribuídos de maneiras distintas e mostram um padrão diferente. Isso já se percebia no século XVI: as *tabelas ptolomaicas* não eram muito melhores que as *tabelas de Alfonsine*.

---

[27] Gingerich compara as tabelas de Stoeffler com as de Stadius, Maestlin, Magini e Origanus.

Outra maneira de responder à pergunta é consultando os participantes. Ora, Copérnico, longe de criticar Ptolomeu por não conseguir fazer previsões corretas, diz que a teoria ptolomaica é "consistente com os dados numéricos" (apud Rosen, 1959a, p.57). E, em vez de enumerar as novas observações que o tinham incitado a rever a Astronomia, ele diz que

> devemos seguir os passos [dos gregos antigos] e agarrar-nos a suas observações, que nos foram legadas como uma herança. E se alguém, ao contrário, acha que os antigos não eram confiáveis nesse sentido, não há dúvida de que os portões dessa arte estão fechados para ele (Copérnico apud Rosen, 1959, p.99).

Nem as novas observações nem a incapacidade de Ptolomeu de cuidar das observações antigas foram a razão para a pesquisa de Copérnico. Isto põe fim às teorias 1, 2, 4 e 5, pelo menos no que diz respeito ao próprio Copérnico.

O empirismo ingênuo tem outras desvantagens. Ele ignora que Aristóteles seja um empirista proeminente e também o cuidado com que Copérnico, Thyco, Galileu e outros discutem os argumentos teológicos contra o movimento da Terra.

O convencionalismo não tem êxito porque o sistema final de Copérnico não é exatamente menos complicado (em termos de números de epiciclos) que o de Ptolomeu. Um exame dos desenhos dos dois sistemas deixa isso bem claro.[28]

A explicação do programa de pesquisa também não tem êxito porque os astrônomos e físicos não consideram e aceitam Copérnico pelas razões dadas por essa teoria. Além disso, a aceitação deveria ter começado assim que a obra principal de Copérnico ficou conhecida – mas isso não ocorreu. Ninguém então era "racional" no sentido de Lakatos e Zahar.

As teorias 3, 4 e 6 também omitem as dificuldades criadas pela Física e pela Teologia. Hoje, apenas poucas pessoas aceitariam uma teoria em conflito com a conservação de energia apenas por sua simplicidade. Por que os astrônomos do século XVI aceitaram uma teoria física e teologicamente

---

[28] Para os desenhos cf. a edição da Santillana do *Dialogue* de Galileu, 1964.

impossível apenas em virtude de sua simplicidade? Perguntas semelhantes podem ser feitas em relação a 4 e 6. Para 4 há o comentário adicional que diz que Copérnico foi refutado por fatos como o comportamento de pedras que caem, enquanto Ptolomeu e Aristóteles não o foram. Vemos que: as teorias até agora introduzidas para explicar a Revolução Copernicana são implausíveis em suas premissas gerais e falsas em seus detalhes. Estão baseadas em ideias errôneas referentes à relação entre razão e prática.

O fato de haver necessariamente algo errado com a crença de que a visão de Copérnico tinha vantagens sobre a de seus rivais e que essas vantagens foram percebidas à época fica claro quando lemos a seguinte passagem da obra "Diálogo sobre os dois máximos sistemas do mundo", de Galileu. Neste Diálogo, Salviati, que "faz o papel de Copérnico" (p.131 e 256), responde a Sagredo que tinha expressado sua surpresa pelo número reduzido de copernicanos. "Você se surpreende", diz ele,

> pelo fato de existirem tão poucos seguidores da opinião pitagórica [de que a Terra se movimenta], enquanto eu estou surpreendido pelo fato de não haver sequer uma pessoa que até hoje tenha abraçado e seguido essa opinião. E tampouco posso admirar o suficiente o acume extraordinário daqueles que se apoderaram dessa opinião e a aceitaram como verdadeira: por simples força do intelecto, eles fizeram tal violência contra os próprios sentidos, preferindo aquilo que a Razão lhes disse, em vez de aquilo que a experiência sensata claramente lhes mostrou ser diferente. Pois os argumentos contra o rodopio [a rotação] da Terra... são muito plausíveis como vimos; e o fato de os ptolomaicos, os aristotélicos e todos seus discípulos os terem considerado conclusivos é realmente um forte argumento a favor de sua efetividade. Mas as experiências que abertamente contradizem o movimento anual [o movimento da Terra ao redor do Sol] são realmente tão maiores em sua força aparente que, repito, não há limite para minha surpresa quando penso que Aristarco e Copérnico foram capazes de conquistar o senso de tal maneira que, em defesa deste último, o primeiro tornou-se dono de sua crença. (Ibid., p.328)

Um pouco mais tarde Galileu observa que "eles [os copérnicos] confiavam naquilo que sua Razão lhes dizia" (Ibid., p.335). E conclui sua breve explicação da origem do copernicanismo dizendo que com a Razão como seu guia ele [Copérnico] resolutamente continuou a afirmar aquilo que a experiência sensata parecia contradizer.

"Não consigo me refazer de meu assombro", Galileu-Salviati repete,

pelo fato de ele estar constantemente disposto a persistir em dizer que Vênus pode girar ao redor do Sol e estar mais de seis vezes longe de nós em outro momento e, ainda assim, ter igual aparência, quando deveria ter parecido quarenta vezes maior. (Ibid., p.339)[29]

Era assim que a questão parecia, mesmo no começo do século XVII.[30] É claro que a maioria das simples teorias filosóficas mencionadas anteriormente deve ser substituída por explicações diferentes e mais realistas.

Para chegar a essas explicações, vou prosseguir com passos curtos, consultando apenas os próprios escritos de Copérnico e aqueles contemporâneos que estavam familiarizados com eles.

Em primeiro lugar, Copérnico.[31] Parece que o motivo fundamental de Copérnico era a restauração da Astronomia grega.

As teorias planetárias dos ptolomaicos e da maioria de outros astrônomos... pareciam... apresentar uma dificuldade não muito pequena. Pois essas teorias não eram adequadas a menos que certos equantes também fossem concebidos; então parecia que um planeta se movimentava com uma velocidade uniforme nem ao largo de seu próprio deferente nem com relação a um centro real... Após ficar consciente desses defeitos eu muitas vezes considerei se poderia talvez ser encontrada uma organização mais razoável de círculos, dos quais toda a desigualdade aparente pudesse ser derivada e

---

[29] Galileu aqui se refere ao fato de Vênus, em virtude de suas várias distâncias da Terra, ter variado muito mais em seu brilho do que na verdade o fazia. Cf. o Apêndice I de CM sobre esse aspecto. De acordo com Galileu existiram, portanto, dois tipos de argumento contra o movimento da Terra: os argumentos dinâmicos, tirados da teoria de movimento de Aristóteles; e os argumentos óticos. Ele tentou excluir ambos.

[30] Mas não devemos ignorar a retórica de Galileu, que faz a dificuldade parecer mais premente a fim de fazer que sua solução pareça mais engenhosa.

[31] No que se segue aceito a explicação dada por Krafft, 1973. Tradução das passagens (do *Commentaribus*) feita por Rosen, op. cit., p.57, corrigidas por Krafft, idem, p.119.

nos quais tudo se movimentasse de maneira uniforme ao redor do próprio centro, como a regra do movimento perfeito exige...

Nessa citação temos uma distinção entre movimento aparente e movimento real e a tarefa da Astronomia é considerada a explicação do primeiro ("toda a aparente desigualdade") em relação ao segundo. Ptolomeu, diz Copérnico, não realiza essa tarefa, pois usa equantes. Os equantes preveem o movimento aparente (as desigualdades do planeta ao largo de seu deferente) não em termos do verdadeiro movimento, mas de outros movimentos aparentes em que "um planeta não se movimenta com velocidade uniforme nem ao largo de seu próprio deferente nem com relação ao centro real". O movimento celestial real para Copérnico, assim como para os antigos, é um movimento circular uniforme ao redor de um centro. É em relação a um movimento assim que as desigualdades devem ser explicadas.

Copérnico elimina excêntricos e equantes e os substitui por dois epiciclos para cada planeta. Tendo assim povoado o deferente, ele precisa tentar explicar a anomalia sinódica (as estações e retrocessos) de uma maneira diferente. Ao tentar encontrar uma nova explicação, Copérnico fez uso do fato de a anomalia sinódica sempre concordar com a posição do Sol.[32] Poderíamos, portanto, tentar explicá-la como uma aparência, criada por um movimento da Terra.

Uma explicação assim já não nos permite calcular cada órbita planetária em separado e de maneira independente das demais, pois ela liga todos os planetas ao Grande Círculo (a órbita da Terra ao redor do centro)[33] e, portanto, uns aos outros. Temos agora um *sistema* dos planetas e com ele um "desenho do Universo e a simetria definida de suas partes". "Pois todos esses fenômenos", escreveu Copérnico em sua obra mais tardia,[34]

---

[32] Do Sol médio, em Copérnico. Somente Kepler conseguiu a redução ao Sol verdadeiro.
[33] O centro do mundo não coincide com o Sol.
[34] (Copérnico, *De Revolutionibus*). Discurso ao Papa Paulo. Fritz Krafft (n.39) sugere que Copérnico descobriu a harmonia apenas no decorrer de sua tentativa de realizar o programa de movimento circular centrado. A Centralização de Circos era sua primeira intenção. A anomalia sinódica então passou a ser um problema. Este foi resolvido presumindo-se um movimento da Terra. Tal premissa ligou as órbitas planetárias em um sistema e, assim, fez surgir a "harmonia", que se tornou um segundo argumento e pouco depois o mais importante deles.

parecem estar conectados de uma maneira extremamente nobre, como por uma cadeia de ouro; e cada um dos planetas, por sua posição e ordem, e por todas as desigualdades de seu movimento, é testemunha de que a Terra se movimenta e de que nós que vivemos sobre o globo da Terra; em vez de aceitar suas mudanças de posição, acreditamos que os planetas vagueiam em todos os tipos de movimentos próprios.

É esta conectividade interna de todas as partes do sistema, junto com sua crença na natureza básica do movimento circular, que faz que Copérnico declare que o movimento da Terra é real.

O movimento da Terra está em conflito com a Cosmologia, com a Física e com a Teologia (no sentido em que essas disciplinas eram compreendidas à época – conforme citado). Copérnico elimina o conflito com a Teologia por meio de um artifício familiar: a palavra da Escritura nem sempre é entendida literalmente. Com a Física, ele soluciona o conflito, propondo sua própria teoria do movimento, que concorda com algumas partes da doutrina aristotélica, mas não com outras.[35] O argumento é rodeado de referências a crenças antigas, tais como o Hermetismo e a ideia do papel excepcional do Sol.[36]

O argumento é convincente apenas para aqueles que preferem a harmonia matemática a um acordo com os aspectos qualitativos da natureza, ou, para expressar a mesma coisa de maneira diferente, aqueles que tendem mais para uma interpretação platônica do que para uma interpretação aristotélica da natureza. A preferência é "objetiva" apenas se existirem razões "objetivas" para o platonismo e contra o aristotelismo.[37] Mas sabe-

---

[35] Copérnico relaciona o movimento da Terra com sua forma: a Terra é esférica, portanto pode (deve) girar e se movimentar em um círculo. Isto não explica os outros dois movimentos C atribuídos à Terra e de que ele necessita para a precessão (com trepidação) e o paralelismo do eixo da Terra. Tampouco explica a premissa, fundamental para a física de Copérnico, que partes da Terra participam de seu movimento mesmo quando separadas dele. A última premissa é uma aplicação direta dos princípios aristotélicos de movimento celestial para a Terra e isso anula a distinção entre os elementos e moções sublunares e supralunares.

[36] Cf. CM, p.95, n.12.

[37] Uso essa maneira abreviada de falar sem sugerir que as partes no debate adotaram uma posição platônica ou uma posição aristotélica em relação a esses autores e com pleno conhecimento de seu contexto intelectual.

mos muito bem que essa harmonia pode ser de aparências (cf. Platão sobre os escorços legais que eram compensados pelas "falsas" proporções das estátuas e colunas) e aprendemos, principalmente com a teoria quântica, que as relações matemáticas harmoniosas, tais como aquelas encontradas na teoria das micropartículas de Schrödinger,[38] não precisam refletir uma organização igualmente harmoniosa da natureza. Isso é o que os aristotélicos afirmavam; não é possível avaliar pela estrutura de uma teoria até que ponto ela reflete a natureza, mas a avaliação deve ser dada por uma teoria diferente que descreve a natureza diretamente, e a física de Aristóteles era desse tipo de teoria. No entanto, há inúmeras dificuldades em Aristóteles. Algumas delas estão relacionadas com fenômenos especiais, tais como o movimento de objetos lançados, e não eram consideradas objeções. Outras pareciam desacreditar o sistema aristotélico como um todo. Ao levantar objeções tão abrangentes, usamos interpretações de Aristóteles que tinham muito pouco a ver com o próprio autor, que atava bem todas as suas afirmações, teorias e argumentos em um sistema que era então enfraquecido por cada dificuldade que surgia. O peso dado à harmonia, ou a "Aristóteles", dependia, portanto, da atitude adotada com relação às dificuldades, e essa atitude, por sua vez, dependia das expectativas que tínhamos com respeito à possibilidade de sua eliminação. E como essas expectativas variavam de um grupo para outro, o argumento inteiro estava engastado em um contexto que só pode ser chamado de "subjetivo".[39]

Dessa forma, Copérnico, Rheticus e Maestlin tomaram o argumento da harmonia como básico e o mesmo fez Kepler. Tycho o mencionou, pareceu gostar dele, mas não o aceitou. Para ele as dificuldades físicas e teológicas decidiam a questão (1610, p.143-73). Os membros da escola de Wittenberg que estudaram Copérnico com algum detalhe não se impressionaram muito (Westman, 1972). Vários deles usavam o arranjo e as constantes copernicanas como pontos de partida, mas os resultados

---

[38] Falo agora da teoria original de Schrödinger, e não da forma que ela adotou quando foi incorporada à interpretação de Copenhagen.

[39] Poderíamos tentar "objetivar" as expectativas com referência a alguma "lógica de indução". Isto não faz justiça ao debate, já que as partes também tinham maneiras diferentes de avaliar suas suposições.

finais eram reduzidos à Terra imóvel. Todos elogiavam a restauração da circularidade.

Maestlin é um exemplo excelente de um astrônomo que se concentra nas relações matemáticas com quase nenhum interesse na "Física" de sua época. Os astrônomos não precisam examinar Aristóteles porque podem solucionar problemas de seu próprio jeito: "Copérnico escreveu seu livro inteiro não como um físico, mas como um astrônomo".[40] O raciocínio matemático não é apenas exato, ele tem os próprios critérios de realidade:

> Esse argumento [de harmonia] está inteiramente de acordo com a razão. Tal é a organização de toda essa máquina imensa, que ela permite demonstrações mais seguras: de fato, todo o Universo gira de tal maneira que nada pode ser trocado de posição sem confusão de suas [partes] e, por isso, por meio de tudo isso, os fenômenos de movimento podem ser demonstrados de uma maneira extremamente precisa, pois nada inadequado ocorre no curso de suas órbitas (*loc.cit.*).

A crença de Maestlin se fortaleceu ainda mais quando ele descobriu que o cometa de 1577 se movimentou na órbita copernicana de Vênus – uma prova excelente para a realidade dessas órbitas.[41]

A atitude de Maestlin com relação a Aristóteles é compartilhada por muitos pensadores, entre eles artesãos, acadêmicos com interesses mais amplos e leigos com amigos artesãos e acadêmicos. Por estarem familiarizados com as incríveis descobertas do século e com as dificuldades que essas descobertas criaram para o corpo de conhecimento que as acolheu, eles dão uma ênfase maior à transgressão de fronteiras do que à organização bem-ordenada da informação dentro delas. A descoberta da América os fez suspeitar da existência também de uma América do conhecimento e eles interpretaram cada dificuldade como evidência para esse novo continente, não como um "enigma" a ser solucionado por métodos aceitos.

---

[40] Os comentários de Maestlin à margem de *Rev.* citado em seguimento de "Michael Maestlin's adoption of the Copernican Theory" de Westman, 1975, p.59.

[41] Cf. Westman, 1972, p.7-30 para detalhes. Kepler aceitou o argumento, o que fez dele um copernicano.

Os problemas não eram tratados individualmente como era o hábito dos aristotélicos,[42] mas sim como partes de um modelo e eram ampliadas muito além da área de seu impacto, até domínios que aparentemente não eram afetados por elas. Foi assim que a localização da estrela nova de 1572 por Brahe[43] e sua descoberta de que os cometas se movimentam através das esferas celestiais ganhou uma importância que não teria tido se isso não tivesse ocorrido.[44] Para alguns, Aristóteles era um obstáculo não só para o conhecimento, mas também para a religião,[45] e com isso eles ficaram interessados em alternativas. Foi esse jogo de atitudes, descobertas e dificuldades que deu a Copérnico uma importância mais que astronômica e que, mais tarde, removeu Aristóteles de áreas que não só continham evidência para suas ideias, mas que estavam precisando de sua filosofia: sua retirada da Astronomia foi o bastante para que ele fosse considerado superado. Será que esse juízo pode ser aceito atualmente? Acho que não.

---

[42] É assim que a visão copernicana é tratada em *Almagestum Novum*, de Riccioli. Cada dificuldade individual para Ptolomeu/Aristóteles é discutida individualmente e "solucionada", cada argumento individual para a visão copernicana é examinado individualmente e refutado. Kepler, no entanto (carta a Herwarth citada por Caspar e Dick Johannes, 1930, p.68), enfatiza que, embora "tomadas individualmente cada uma dessas razões a favor de Copérnico só encontraria uma crença muito reduzida", seu efeito conjunto passa a ser um forte argumento. Cf. também seu *Conversations with Galileo's Sidereal Messenger*, 1965, p.14, em que Kepler fala da "evidência que se autossustenta mutuamente". *A transição de argumentos locais para argumentos que consideram uma "concordância de induções" (ou suposições) – como a questão foi chamada muito mais tarde – é um elemento importante da "Revolução Copernicana".* Sem ela o desenvolvimento teria sido muito mais lento e é possível que não tivesse sequer seguido a mesma direção.

[43] Ele a localizou na oitava esfera, entre as estrelas fixas.

[44] Muitos contemporâneos consideraram o cometa de 1577 de origem sobrenatural e, portanto, não uma objeção à doutrina de Aristóteles. Cf. Hellman, 1944, p.132, 152 e 172. Nem todas as pessoas foram influenciadas pelas descobertas da mesma forma e os argumentos que ouvimos hoje não eram os efetivos de então. De qualquer forma, eles precisavam do contexto descrito no texto anteriormente para causar impressão.

[45] O conflito entre Aristóteles e a Igreja começou muito mais cedo, quando os escritos aristotélicos foram gradativamente se tornando disponíveis em latim. Cf. Grant, 1974, p.42ss. Ao contrário das dificuldades teológicas de Copérnico, o conflito não era sobre interpretações literais *versus* interpretações não literais de *passagens escriturais*, e sim sobre *princípios básicos*. Assim, para Aristóteles, o mundo é eterno, enquanto para a Igreja ele é criado. Aristóteles presume princípios básicos da Física e de raciocínio, enquanto a Igreja presumiu que Deus poderia superar qualquer princípio que desejasse. E assim por diante.

6. Aristóteles, não um qualquer

A filosofia de Aristóteles é uma tentativa de criar uma forma de conhecimento que reflita a posição do ser humano no mundo e que o oriente em suas iniciativas. Para realizar essa tarefa ele usa as conquistas de seus antecessores. Ele as estuda detalhadamente e cria uma nova disciplina – a História das ideias. Usa também o senso comum, que considera uma fonte fidedigna de informação e que muitas vezes prefere às especulações dos intelectuais. Xenófanes, Parmênides e Melisso descobriram que conceitos podem estar conectados de maneiras especiais e construíram novos tipos de histórias (hoje nós os chamamos de "argumentos") sobre a natureza das coisas. Conceitos entravam nessas histórias apenas se pudessem contribuir para sua rápida finalização, o que significa que as histórias já não eram mais sobre as entidades familiares da tradição e da experiência, e sim sobre "entidades teóricas". As entidades teóricas foram introduzidas não porque sua existência havia sido descoberta enquanto a de seus antepassados tradicionais não; foram introduzidas porque se encaixavam bem nas histórias, ao passo que o mesmo não ocorria com seus antepassados tradicionais. O que decidiu sobre sua existência foi esse "encaixe", e não a tradição ou a experiência. Argumentar passou a ser bastante popular, especialmente porque logo levou a consequências absurdas[46] e, com isso, os novos conceitos também ganharam mais popularidade. Foi essa popularidade, e não qualquer exame mais profundo do assunto, que decidiu seu destino.

A seguir alguns exemplos dos argumentos utilizados.[47]

Deus, dizem eles, deve ser *uno*. Se houvesse muitos deuses, seriam iguais ou desiguais. Se fossem iguais, então seriam outra vez um único. Caso contrário, então alguns são, e esses são unos (primeira parte) ao passo que outros não o são, e esses últimos não contam. Ou: Deus não pode ter

---

[46] Para a popularidade dos argumentos, cf. Gershenson e Greenberg, 1964.
[47] Os argumentos ocorrem mais tarde entre os sofistas e com um propósito cético. São resumidos em *On Melissos, Xenophanes and Gorgias*, o que não poderia ter surgido antes do século I. Reinhardt considera a obra uma explicação essencialmente correta da dialética de Melisso e, portanto, também de Xenófanes. Suas razões são convincentes, mas não costumam ser aceitas. Mesmo assim o livro nos deixa alguns *insights* sobre as formas populares de pensamento.

começado a existir. Se o tivesse feito, teria surgido daquilo que é igual, ou daquilo que não é igual. Surgir daquilo que é igual significa permanecer a mesma coisa. Surgir daquilo que é desigual é impossível, pois o que é não pode vir de algo que não é. Deus, também, deve ser *todo-poderoso*: um deus todo-poderoso vem daquilo que é igual ou daquilo que não é igual. No primeiro caso, uma vez mais ele não surge, mas continua o mesmo. No segundo caso, ele vem daquilo que é mais forte ou daquilo que é mais frágil. Ele não pode vir daquilo que é mais forte, pois neste caso o mais forte ainda existiria. E não pode vir daquilo que é mais frágil, pois onde é que o fraco iria obter a força para criar o mais forte?

Dois elementos caracterizam esses argumentos. Primeiro, a *forma* que é: se A, então ou B ou C. Nem B nem C, portanto não A. Esta forma desempenha um papel tanto nas "Ciências" (Zeno!) e nas "Artes" (na *Oresteia*, de Ésquilo, Orestes se defronta com uma impossibilidade, a de matar ou não sua mãe; o enigma é lançado de volta para a estrutura da sociedade e resolvido pela introdução de uma assembleia que decide a questão).[48] O segundo elemento são os "princípios de conservação" usados na tentativa de estabelecer não B e não C. Segundo um desses princípios de conservação a única propriedade que um Deus possui (e que o faz diferente de outros deuses) é seu *ser* ou sua *força*. A diferença significa diferença em ser, isto é, não ser. Essa realmente é uma concepção muito diluída e quase desumana de uma divindade,[49] que discorda tanto da tradição quanto da experiência e das expectativas da época. Xenófanes ridiculariza os conceitos tradicionais chamando-os de antropomórficos ("Se as vacas tivessem mãos, elas pintariam seus deuses a sua imagem...") e, com isso, sustenta as tendências monoteístas que eram bem fortes à época. Mas o Deus Uno dos filósofos que surge gradativamente tem características que não são determinadas por sua relação com o homem e o Universo, e sim pela maneira como seu *conceito* se encaixa em alguns tipos simples de raciocínio abstrato. As exigências lúdicas do intelecto vêm à tona e determinam o que pode e o que não pode existir. Deus e o Ser tornam-se abstrações porque

---

[48] Cf. a excelente análise em Von Fritz, 1962.
[49] Schachermayr, 1966, p.45, fala da "concepção mais sublime de Deus" de Xenófanes, que mostra com bastante clareza o que um intelectual quer dizer com "sublime".

estas podem ser mais facilmente manipuladas pelo intelecto e porque é mais fácil extrair conclusões surpreendentes delas. Seria muito interessante acompanhar esse desenvolvimento em detalhes e descobrir como foi que uma nova maneira de brincar com as palavras poderia se tornar um perigo para a experiência e para a tradição.

Aristóteles aceita as conquistas de seus antecessores, inclusive alguns de seus métodos de prova. Mas não simplifica os conceitos como eles o fazem. Pelo contrário, aumenta sua complexidade a fim de se aproximar do senso comum enquanto, ao mesmo tempo, desenvolve uma teoria de objetos, mudança e movimento que pode lidar com os conceitos mais complexos. O senso comum novo e filosófico que surge dessa maneira é apoiado não só pela *autoridade prática* do senso comum familiar que orienta cada passo de nossas vidas, mas também pela *autoridade teórica* das considerações de Aristóteles.[50] O senso comum está dentro de nós e conosco, é a base prática de nossos pensamentos e ações, vivemos de acordo com ele, mas podemos agora também demonstrar sua racionalidade inerente e, assim, temos dois argumentos para isso, em vez de um só. Aristóteles logo acrescenta um terceiro: ampliando sua teoria de movimento para a interação entre o homem e o mundo ele descobre que o homem percebe o mundo como ele é e, portanto, mostra como as considerações teóricas e as ações práticas (processos, percepções) estão intimamente conectadas umas com as outras. Esse trabalho delicado e complexo de encaixe que confirma a crença original na harmonia do ser humano com a natureza é o pano de fundo para as ideias mais concretas de Aristóteles sobre o conhecimento e o ser.[51] Resumindo, as ideias são as seguintes:

Segundo Aristóteles, os universais *surgem* das experiências sensoriais e os princípios são testados comparando-os com observações. Essa é uma *teoria física* – ela descreve o processo físico que molda a mente e estabelece universais em seu interior. O processo depende de particulares, bem como dos "universais de baixo nível" já impressos (*An. Post.* 100a3ss, esp.100b2). Uma história idiossincrática da percepção irá, portanto, levar a percepções idiossincráticas mais tarde. Usamos a experiência dessa forma constituída para

---

[50] O senso comum e a razão vão por caminhos diferentes em Hume, mas não em Aristóteles.
[51] O que se segue não é uma explicação histórica da obra de Aristóteles, mas uma explicação filosófica daquilo que pode ser feito com ela (e foi feito com ela, por exemplo, por São Tomás de Aquino).

descobrir os princípios que pertencem a cada disciplina. Na Astronomia, por exemplo, foi a experiência astronômica que forneceu os princípios da ciência, pois apenas quando os fenômenos tinham sido entendidos de forma adequada as provas na Astronomia foram descobertas. E o mesmo se aplica a qualquer Ciência, seja ela qual for (*An. Pr.* 46a17ss).

Da mesma maneira, "a perda de qualquer um dos sentidos implica a perda da porção correspondente do conhecimento" (*An. Post.* 81a38). Os princípios não consistentes com a observação

> são presumidos erroneamente... [pois]... os princípios precisam ser avaliados por seus resultados e, em particular, por seu produto final. E no caso do conhecimento aquele produto é o fenômeno perceptual que é confiável quando ocorre (*De Coelo* 306a7).[52]

Não é aconselhável

> forçar... as observações e tentar acomodá-las às nossas teorias e opiniões... buscando confirmação da teoria em vez da confirmação dos fatos de observação (*De Coelo* 293a27).[53]

Tampouco é aconselhável

> transcender a percepção sensorial e desconsiderá-la com a justificativa de que "deveríamos acompanhar o argumento" (*De gen. et. corr.* 325a13).[54]

A melhor coisa a fazer é

> adotar o método já mencionado, começar com os fenômenos... e, quando isso for feito, prosseguir afirmando as causas daqueles fenômenos e tratando de seu desenvolvimento.

---

[52] Tradução de Owens.
[53] Parece muito com Newton!
[54] Contra Parmênides.

As exigências metodológicas são combinadas com uma teoria de percepção que as torna plausíveis e lhes dá força. "As faculdades sensíveis e cognitivas da alma", diz Aristóteles (*De anima* 431b26ss),

> são potencialmente esses objetos, a saber o sensato e o reconhecível. As faculdades, então, precisam ser identificadas ou com os próprios objetos ou com suas formas. Ora, elas não são idênticas aos objetos; pois a pedra não existe na alma, mas apenas a forma da pedra.
>
> O sujeito senciente, como dissemos, é potencialmente, da mesma maneira que o objeto do sentido é verdadeiramente. Portanto, durante o processo em que se está agindo sobre ele, ele é diferente, mas no fim do processo já se tornou igual àquele objeto e compartilha sua qualidade (418a2ss).
>
> *Aquilo que vê em um sentido possui cor;*[55] pois cada órgão sensorial é receptivo do objeto percebido, mas sem sua matéria. É por isso que, mesmo quando os objetos da percepção se vão, as sensações e as imagens mentais ainda estão presentes no órgão sensorial (425b23ss).

No ato de percepção as próprias formas da natureza estão presentes na mente, não apenas as imagens delas. Portanto, ir contra a percepção significa ir contra a própria natureza. Seguir a percepção significa dar uma verdadeira descrição da natureza.[56] A teoria geral da mudança de Aristóteles, que contribuiu para a Ciência até o século XIX[57] e que foi sustentada por evidência do tipo mais convincente, torna essa explicação extremamente plausível.

---

[55] Há, no entanto, uma diferença entre a maneira pela qual uma propriedade surge em um órgão sensorial e em um corpo físico. O aquecimento de um corpo físico envolve a destruição do frio nele. A produção da sensação de calor significa concretizar uma potencialidade sem destruição (cf. *De anima* 417b2ss, assim como Brentano, 1867, p.81). A razão para a diferença é que um sentido não é simplesmente um corpo físico, mas uma relação entre estados extremos (424a6ss).

[56] Isso não é "indução". Não há qualquer "inferência" da "evidência" para algo diferente dela porque a "evidência" já é a coisa procurada.

[57] A lei da inércia de Aristóteles, por exemplo (um corpo só permanece em movimento se uma força externa estiver atuando sobre ele), que é repetida por Descartes, *Princ. Phil*, seção 37, ajudou os biólogos em suas pesquisas até o começo deste século (descoberta de ovos de insetos, bactérias, vírus etc.). A lei de Newton teria sido completamente inútil nessas áreas.

No entanto, não é afirmado que cada ato individual de percepção concorda com a natureza. A teoria aristotélica descreve o que ocorre durante a percepção *no caso normal*. Mas o caso normal pode ser distorcido e até completamente oculto por transtornos externos. "O erro... parece ser mais natural para os seres viventes e a alma passa mais tempo nele" (De an. 427b3ss). Os transtornos devem ser estudados e eliminados antes que o conhecimento possa ser adquirido.

Vimos que o processo pelo qual os universais são "estabelecidos" na alma depende de particulares e de "universais de baixo nível" já impressos nela. Uma história idiossincrática da percepção, portanto, levará a percepções idiossincráticas mais tarde. Também os sentidos, estando familiarizados com nosso ambiente cotidiano, provavelmente fazem relatórios enganadores dos objetos fora de seu domínio. Isso é demonstrado pela aparência do Sol e da Lua; na Terra, objetos grandes, mas distantes, em ambientes familiares como as montanhas são vistos como grandes, mas distantes. A Lua e o Sol, no entanto,

> parecem medir apenas 30 centímetros mesmo para homens saudáveis e que estão cientes de [suas] medidas reais (Aristóteles, *De somn.* 458b28).[58]

A discrepância é resultado da imaginação que é "algum tipo de movimento... causado pela sensação real" (*De an.* 428b12ss). O movimento "reside em nós e lembra sensações" (429a5), mas "pode ser falso... especialmente quando o objeto sensível" aparece em condições incomuns, como longa distância (428b30f), e está afastado da supervisão pelo "sentido controlador" (*De somn.* 460b17). Uma combinação de condições incomuns e ausência de controle leva a ilusões; por exemplo, padrões em uma parede são vistos às vezes como sendo animais (460b12).[59]

---

[58] Cf. *De an.* 428b4ss.
[59] Cf. também *Met.* 1010b14 sobre a percepção de objetos que são "estrangeiros" ou "estranhos" ao sentido que os percebe, bem como *De Part. Animal* 644b25, onde se diz que os objetos da Astronomia, "embora excelentes e incomparáveis e divinos, são menos acessíveis ao conhecimento. A evidência que poderia lançar luzes sobre eles e sobre os problemas relacionados a eles é muito pouco fornecida pela observação" e, portanto, é muito provável que surjam erros.

Lendo essas passagens, vemos que Aristóteles estava ciente das dificuldades da observação astronômica,[60] que ele sabia que os sentidos, usados sob circunstâncias excepcionais, podem dar informações excepcionais e errôneas; sabia também como explicar essas informações e por isso não teria ficado nada surpreso com os problemas das primeiras observações telescópicas. Comparados com ele, os observadores "modernos", e em especial Galileu, abordaram a questão com uma confiança grande e bastante ingênua. Ignorantes dos problemas psicológicos da visão telescópica, sem estarem familiarizados com as leis físicas que controlam a luz em um telescópio, eles foram adiante e mudaram nossa visão do mundo. Isso foi percebido muito claramente por Ronchi e alguns de seus seguidores.[61]

Além das condições incomuns, o erro também pode ser resultado da reação dos próprios sentidos (*De Somn.* 460b24), pode vir de processos como a imaginação, que são iniciados pelas sensações (*De Anima* 428a10), de "erros na operação da natureza" comparáveis às "monstruosidades" na biologia (*Phys.* 199a38), pode ocorrer porque os sentidos estão fatigados demais –

> a excitação é muito forte, (...) a proporção do ajuste (entre o sentido e o ambiente circundante) é destruída (*De An.* 425b25),

ou quando a emoção, a doença, uma longa distância ou outras condições incomuns interferem no funcionamento adequado dos sentidos (*De somn.* 460b11).[62] Há estímulos subliminares (*De divin. per somn.* 463a8), que produzem ações de grande escala do organismo afetado (463a29), e há eventos imperceptíveis (*Meteor.* 355b20), que ainda têm seus efeitos. Objetos não apropriados para o sentido pelo qual são percebidos têm mais probabilidade de provocar erros do que os objetos que são apropriados para o sentido

---

[60] Essa consciência pode ser o motivo pelo qual ele nunca reviu o sistema homocêntrico e nunca mencionou suas dificuldades observacionais. Para essas dificuldades e seu uso posterior, cf. CM, Apêndice I.

[61] O problema da observação telescópica é discutido nos capítulos 10ss [9ss] de CM.

[62] Os exemplos usados aqui e suas explicações mostram que Aristóteles poderia ter dado uma explicação perfeitamente aceitável dos estranhos fenômenos descritos nas primeiras observações telescópicas.

envolvido (cor, no caso da visão – Met. 1010b14; De anima 428b18), mas, mesmo neste caso, podemos ter "erros nas operações da natureza", como já vimos. Confundidos por eventos assim podemos ficar inclinados a acreditar em uma teoria falsa como "baseada na experiência" e ser obrigados a rejeitá--la "porque não podemos ver nenhuma causa racional por que ela deveria ser assim" (De divin. per somn. 462b14); Aristóteles está disposto "a conciliar um fato recalcitrante com uma hipótese empírica" (Owen, 1967, p.171). Tudo isso refuta a afirmação de Randall de que Aristóteles "não tinha noção da possibilidade da correção por meios de observação mais precisos"(Ibid., p.57). Mostra também que o empirismo de Aristóteles era mais sofisticado do que seus críticos ou até alguns de seus seguidores pareciam perceber.

A diferença entre o empirismo aristotélico e o empirismo implícito na Ciência moderna (ao contrário do empirismo que aparece nos pronunciamentos mais filosóficos de cientistas) não reside no fato de o primeiro ignorar o erro observacional enquanto o último está consciente dele. *A diferença reside no papel que se permite ao erro desempenhar.* Em Aristóteles, o erro anuvia e distorce as percepções particulares, *ao mesmo tempo que deixa as características gerais do conhecimento perceptual intocadas.* Por maior que seja o erro, essas características gerais sempre podem ser restauradas e é delas que recebemos a informação sobre o mundo que habitamos.[63] A filosofia aristotélica corresponde ao senso comum. O senso comum também admite o erro, descobriu meios de lidar com ele, incluindo algumas formas de ciência, mas nunca admitirá que é completamente falso. O erro é um *fenômeno local*, não distorce nossa *visão total.* A Ciência moderna, por sua vez (e as filosofias de Platão e Demócrito que ela absorveu), postulou exatamente esse tipo de *distorções globais*. Quando surgiu nos séculos XVI e XVII,

> ela questionou todo um sistema, não apenas um detalhe particular; além disso, ela foi um ataque não apenas aos físicos, mas a quase todas as ciências e todas foram alvo de opiniões... (*Physics* 253a31ss)[64]

---

[63] A isso corresponde o tratamento individual das dificuldades sobre o qual comentamos na nota 41.
[64] Ao falar sobre Parmênides. A isso correspondem a tendência de perceber anomalias como se exibissem um padrão e a tentativa de obter visões inteiramente novas baseadas delas.

Em CM e em seções anteriores do presente livro, discuti alguns aspectos dessa mudança global. Indiquei que os *argumentos* que contribuem para ela eram eficientes apenas porque certas *mudanças de atitude* também tinham ocorrido. Essas mudanças eram em parte resultados de outros argumentos, em parte de reações não intelectuais às novas circunstâncias históricas. Os seguidores perdidos de "Aristóteles" e os discursos antiaristotélicos tiveram sucesso em virtude da incompetência de muitos aristotélicos, por causa das novas tendências religiosas que reviveram o conflito anterior entre Aristóteles e o Cristianismo,[65] por causa de uma nascente repulsa contra a autoridade,[66] por causa da crença de que haveria uma América do conhecimento exatamente como havia um novo continente geográfico, a "América". Eles tiveram sucesso em virtude do apoio que receberam das visões filosóficas e religioso-místicas e ocasionalmente algumas ideias um tanto não científicas sobre o homem e o mundo. Havia a crença na perfectibilidade infinita do homem e uma desconfiança correspondente do senso comum. Presumia-se que tanto a alma quanto o corpo eram magníficos e mutáveis, capazes de serem influenciados por treinamento, instrumentos e aprendizado de coisas novas (e velhas). Seria de grande interesse saber até que ponto atitudes como essas, que foram estudadas durante bastante tempo,[67] ampliaram as dificuldades técnicas bem conhecidas (mudanças na oitava esfera; problemas dos cometas; descoberta do vácuo, da superfície áspera da Lua, das luas de Júpiter) e as transformaram, fazendo que, em vez de *enigmas* a serem resolvidos dentro do antigo arcabouço, passassem a ser *antecipações* de um novo mundo. Algumas das dificuldades estavam fora de moda. Plutarco e, depois, Oresme argumentaram em defesa da superfície áspera da Lua, Oresme exatamente da mesma maneira que Galileu, mas o argumento só teve repercussão no século XVII – uma excelente demonstração de que argumentos sem atitudes não conseguem nada. Havia também *novos padrões metodológicos*. A filosofia aristotélica podia incorporar novas ideias de duas

---

[65] Cf. nota 44 e texto.
[66] Os elementos variavam de lugar para lugar, de maneira que uma explicação adequada terá de analisar a "Revolução Copernicana" única dividindo-a em muitos processos de pensamento diferentes, mas relacionados. Cf. também Johnson, 1937.
[67] Para detalhes cf., por exemplo, Kristeller, [s. d.].

maneiras. Podia absorvê-las em suas premissas básicas ou usá-las como instrumentos de previsão ("fenômenos salvadores"). Nunca havia qualquer mudança na filosofia básica. A necessidade de "previsões novas" passou a ser importante. As pessoas não estavam satisfeitas com descrições que *se encaixavam perfeitamente* com a situação do momento descrita e com as teorias que poderiam *acomodar* essas descrições, elas também queriam "ficar mais sábias", queriam ir além do horizonte das coisas conhecidas e conhecíveis. Encontramos essa nova necessidade em algumas das críticas mais tardias de Aristóteles. Essas críticas não produzem *argumentos* contra o senso comum e, para as filosofias que vão além dele, elas simplesmente *presumem* que tais filosofias são melhores e *insultam* Aristóteles por não estar no mesmo nível que elas. Já vimos como Copérnico e alguns de seus seguidores preferiam a harmonia matemática à "física" – que significava, para eles, Aristóteles. Combinando a Matemática com a hipótese mecânica, Leibnitz criticou os aristotélicos por não conseguirem dar explicações. "Eu gostaria que vocês pensassem em uma coisa", escreveu ele em sua carta a Conring no dia 19 de março de 1687,[68]

> que, a menos que as coisas físicas possam ser explicadas por leis mecânicas, Deus não pode, mesmo que decida fazê-lo, revelar e explicar a natureza para nós. Ou o que é que ele iria dizer, eu lhe pergunto, sobre a visão e a luz? Que a luz é a ação de um corpo potencialmente transparente?[69] *Nada é mais verdadeiro, embora seja quase verdadeiro demais.* Mas isso nos faria mais sábios? Poderíamos usar isso para explicar por que o ângulo de reflexão da luz é igual ao ângulo de incidência ou por que um raio deve estar mais inclinado na direção da perpendicular em um corpo transparente mais denso, embora possa parecer que o oposto devesse ocorrer? (...) Como podemos esperar explicar as causas de tais coisas a não ser por leis mecânicas, isto é, por Matemática ou Geometria concretas aplicadas ao movimento?

A necessidade de transcender o senso comum é claramente *insinuada* nesse discurso, mas a única coisa que lembra *um argumento* é uma per-

---

[68] Citado por Loemker, 1969, p.189. Grifo meu.
[69] Essa é a definição de Aristóteles em *De anima* 418b9s.

gunta retórica envolvendo as palavras "sábio" e "explicar". Ora, no senso comum (aristotélico) a "explicação" tem um bom sentido, embora ela não inclua nada como modelos mecânicos. É, portanto, *insinuado*, embora não *afirmado*, que a ciência precisa de profundidade. Mas *essa* necessidade é respondida e rejeitada nos argumentos de Aristóteles contra Parmênides e os atomistas. E a teoria de Matemática de Aristóteles solucionou problemas que se originam precisamente da premissa de que o contínuo matemático tem uma "estrutura de profundidade". A pergunta retórica de Leibnitz, portanto, não faz as coisas progredirem nem um pouco.[70]

Ora, se compararmos a diferença entre Aristóteles e a ideologia da Ciência moderna como expressa em Leibnitz com os argumentos da Seção 3, perceberemos uma diferença subjacente de cosmologias. O cosmos de

---

[70] Hoje a situação é essencialmente a mesma, a não ser pelo fato de a filosofia defendida ter passado a ser o *status quo* e possuir muitos problemas (também Leibnitz era uns poucos graus de magnitude mais inteligente que seus imitadores modernos). Para ter uma pequena ideia da qualidade dos argumentos "modernos", examinemos aquilo que alguns "racionalistas críticos" escreveram sobre o assunto. Há o comentário de que a maneira aristotélica de incorporar fatos novos envolve "uma evasão degenerante de problemas". Para começar, isto não é um argumento, é uma simples afirmação. A afirmação consiste de duas partes, a saber: uma *descrição* daquilo que é feito, usando uma terminologia especial ("degenerante" etc.), e uma *avaliação* dos eventos e procedimentos assim descritos. É interessante notar que a descrição *insinua* a avaliação (quem estaria disposto a elogiar uma "degeneração"?) e com isso cria uma confusão norma-fato, uma questão que os popperianos deploram sempre que ela ocorre na retórica de seus oponentes, mas a cultivam quando eles próprios precisam dela para exibições retóricas próprias. Contudo, deixemos de lado agora essa tentativa bastante legítima de forjar *palavras*, transformando-as em armas para pôr o oponente em nocaute, e nos perguntemos que motivos existem para a *avaliação*: por que o procedimento aristotélico é inaceitável? Ninguém nos dá uma resposta. Imre Lakatos rejeita Aristóteles porque sua filosofia não está de acordo com os padrões da metodologia dos programas de pesquisa. E como é que esses padrões são obtidos? Da ciência dos "dois últimos séculos": Aristóteles é rejeitado porque sua filosofia não é a filosofia da Ciência moderna. Mas este é exatamente o ponto em questão (para detalhes, cf. Capítulo 16 de CM bem como meu artigo em Howson, 1976). O próprio Popper não tem nada a contribuir com essa questão. Ele desenvolve uma metodologia que supostamente refletiria a ciência moderna e que ele usa contra todas as outras formas de conhecimento. Mas, a fim de encontrar um argumento contra Aristóteles, ele teria de encontrar neste dificuldades que fossem *independentes* do fato de Aristóteles não usar os métodos da Ciência moderna. Nenhuma dificuldade desse tipo é mencionada. Assim, o "argumento" no final das contas é: Aristóteles não é igual a nós – que Aristóteles vá para o inferno! Típico Racionalismo crítico!

Aristóteles é finito, tanto qualitativa quanto quantitativamente (embora haja a *possibilidade*, por exemplo, de subdivisão infinita), é visto por um observador que pode captar sua estrutura básica se ele for deixado em seu estado normal e cujas aptidões são fixas e também finitas. O observador pode usar a Matemática e outros artifícios conceituais e físicos – mas estes não têm quaisquer implicações ontológicas. O cosmos da Ciência moderna é um mundo infinito, matematicamente estruturado, compreendido pela mente, embora nem sempre pelos sentidos, e visto por um observador cujas aptidões mudam de uma descoberta para a outra. Não há qualquer equilíbrio estável entre o homem e o mundo, embora existam períodos de estase quando o observador pode se estabelecer, por umas poucas décadas, em um lar temporário. A filosofia aristotélica se enquadra no primeiro caso, a ciência moderna e sua filosofia, no segundo.[71] Portanto, uma pergunta é: em que tipo de mundo vivemos?

Há uma segunda pergunta; ela é raramente feita pelos intelectuais, mas é bastante importante, muito mais que a primeira, e só veio à tona há pouco tempo, depois de a Ciência ter tomado quase todas as partes da vida pública e grande parte da vida privada. É a seguinte: suponha que o homem tem ingredientes que podem ser revelados, um a um, por meio da pesquisa progressiva do segundo tipo, usando a Matemática e os modelos da Física, da Química, da Microbiologia. Devemos ir em frente e revelá-los? E, tendo-os revelado, devemos então ver o homem à luz deles? Ou será que esse procedimento não iria substituir pessoas pelos constituintes não humanos da humanidade e nos fazer ver tudo em termos destes últimos? E, se isso for verdade, não seria melhor deixar a pesquisa e a descrição realista pararem no nível do senso comum e considerar os elementos restantes como instrumentos complexos de previsão? Especialmente em virtude do fato de a microexplicação omitir ou ignorar as relações globais, que são essenciais para nossa visão dos outros e que desempenham um papel amplo (e bastante bem-sucedido) nos sistemas não científicos da Medicina (o atraso de grande parte da pesquisa "científica" do câncer é resultado precisamente de um descaso dessas relações). Perguntas semelhantes

---

[71] O que chamo de "segundo caso" é, obviamente, algo muito mais recente do que a filosofia mecânica de Descartes-Leibnitz-Newton, que logo foi transformada em outro *sistema*.

surgem sobre a relação entre o homem e a natureza. Aqui, uma vez mais, (a consciência das) relações globais que conectavam o homem à natureza foram destruídas com efeitos desastrosos. Em determinado momento o homem possuía um conhecimento complexo com relação a seu lugar na natureza e, com isso, estava seguro e livre. O conhecimento foi substituído por teorias abstratas que ele não compreende e é obrigado a confiar no que dizem os especialistas. Mas será que os seres humanos não deveriam ser capazes de entender os constituintes básicos de suas vidas? Será que cada grupo, cada tradição não deve ser capaz de influenciar, reverenciar, preservar tais constituintes de acordo com seus desejos? A separação atual de especialistas e seguidores, não será uma razão para o desequilíbrio social e psicológico tão deplorado? E não será importante ressuscitar uma filosofia que estabeleça uma clara distinção entre *um conhecimento natural* que é acessível a todos e os oriente em suas relações com a natureza e com seu próximo e os tumores intelectuais, também chamados de "conhecimento", que se juntaram a seu redor e fizeram que ele quase desaparecesse?

Considerações como estas encontram sustentação em novos desenvolvimentos relacionados à primeira pergunta. Alguns intérpretes da teoria quântica indicaram que há um limite natural além do qual a Matemática deixa de refletir o mundo e passa a ser um instrumento para a organização de fatos, e que esse limite natural é dado pelo senso comum como melhorado (embora sem ser basicamente transformado) pela Mecânica clássica. Para Heisenberg (1964) isso significa um retorno parcial às ideias aristotélicas. Sabemos que a medicina tribal, a medicina popular, formas tradicionais da Medicina na China, que permanecem próximas à visão do senso comum do homem e da natureza, muitas vezes têm meios mais eficientes de diagnóstico e terapia que a medicina científica. Também sabemos que formas "primitivas" de vida resolveram problemas da existência humana que eram inacessíveis ao tratamento "racional".[72] Novos desenvolvimentos na teoria de sistemas dão ênfase às relações globais que usam todos os instrumentos da ciência moderna, mas com as propriedades e funções socionaturais do homem fortemente em mente. Todos esses desenvolvimentos devem ser considerados quando tentamos chegar a uma decisão

---

[72] Cf. Jantsch, 1975.

sobre Aristóteles. Uma vez mais, o que é necessário para essa decisão não são apenas argumentos, mas também uma nova atitude, uma nova visão do homem e da natureza, uma nova religião que dê força aos argumentos exatamente como foi necessária uma nova Cosmologia para dar força aos argumentos dos copernicanos.

O que me traz ao último ponto desta seção. Na seção anterior fiz três perguntas:

A. Existem regras e padrões que sejam "racionais" no sentido de concordarem com alguns princípios gerais plausíveis e exigirem atenção sob todas as circunstâncias, que sejam obedecidas por todos os bons cientistas quando fazem pesquisas de boa qualidade e cuja adoção explique eventos como a "Revolução Copernicana"?
B. Foi razoável, em determinada época, aceitar Copérnico e quais foram os motivos para isso? Esses motivos variavam de um grupo para outro? De um período para outro?
C. Houve um tempo em que passou a ser não razoável rejeitar Copérnico? Ou há sempre um ponto de vista que nos permite considerar a ideia de uma Terra imóvel como uma ideia razoável?

Creio que está claro tanto pela Seção 2 quanto pelas seções 5 e 6 que a resposta para A deve ser não. Esta, obviamente, foi também a conclusão de CM.

A resposta para B é sim, com a condição de que argumentos diferentes convençam diversas pessoas dotadas com atitudes distintas. Maestlin gostava de Matemática e Kepler também. Ambos ficaram impressionados com a harmonia do sistema global de Copérnico. Gilbert, tendo examinado os movimentos dos imãs, também estava disposto a adotar o movimento da Terra. Guericke ficou impressionado com as propriedades físicas do novo sistema e Bruno, com o fato de ele poder facilmente tornar-se parte de uma infinidade de sistemas. Não uma única razão, não apenas um método, mas uma variedade de razões ativadas por uma variedade de atitudes criadas pela "Revolução Copernicana". As razões e atitudes convergiram, mas a convergência foi acidental e é inútil tentar explicar todo o processo pelos efeitos de regras metodológicas simplistas.

Para responder à pergunta C temos de lembrar como Copérnico começou. No começo sua visão era tão pouco razoável quanto a ideia de uma Terra imóvel deve ter sido em 1700. No entanto, essa visão levou a desenvolvimentos que agora queremos aceitar. Portanto, foi razoável introduzi-la e tentar mantê-la viva. E, portanto, é sempre razoável introduzir e tentar manter vivas visões não razoáveis.

7. Incomensurabilidade

Na Seção 2 descobrimos como algumas tradições escondem elementos estruturais sob características aparentemente acidentais, enquanto outras as exibem para que todos as vejam mas escondem a maquinaria que transforma a estrutura em uma linguagem e em uma explicação da realidade. Descobrimos também que os filósofos muitas vezes consideravam as tradições do primeiro tipo como material bruto a ser modelado pelas tradições do segundo tipo. Continuando dessa maneira eles confundiam fácil acesso com a presença e a dificuldade da descoberta com a ausência de elementos estruturais, além de ainda cometerem o erro de presumir que elementos estruturais formulados explicitamente são os únicos ingredientes operativos de uma linguagem. O erro é a razão principal pela qual os filósofos da Ciência se contentavam com a discussão de fórmulas e regras simples e pela qual acreditavam que esse tipo de discussão iria eventualmente revelar tudo aquilo que precisava ser conhecido sobre as teorias científicas. O grande mérito de *Wittgenstein* foi o de ter reconhecido e criticado esse procedimento e o erro a ele subjacente e ter enfatizado que a ciência contém não apenas fórmulas e regras para sua aplicação, mas *tradições* inteiras. *Kuhn* ampliou essa crítica e a tornou mais concreta. Para ele, *um paradigma* é uma tradição que contém características facilmente identificáveis ao lado de tendências e procedimentos que não são conhecidos, mas orientam a pesquisa de uma forma subterrânea e são descobertos contrastando-os com outras tradições. Ao introduzir a noção de paradigma, Kuhn expôs, mais que tudo, *um problema*. Ele nos explicou que a Ciência depende de circunstâncias que não são descritas nas explicações normais, não ocorrem nos manuais de Ciência e têm de ser identificadas de uma maneira indireta.

A maioria de seus seguidores, especialmente nas Ciências Sociais, não perceberam esse problema, mas consideravam a explicação de Kuhn a apresentação de um novo *fato* claro, a saber: o fato que a palavra "paradigma" identifica. Usando um termo que ainda precisa de uma explicação por meio da pesquisa, como se essa explicação já tivesse sido completada, eles deram início a uma nova e ainda mais deplorável tendência de ignorância loquaz (é diferente no caso de Lakatos, que tenta identificar algumas das características relevantes). Na presente seção farei uns poucos e breves comentários sobre a noção de incomensurabilidade, que é a natural consequência de identificar teorias com tradições, e também explicarei algumas diferenças entre a noção de incomensurabilidade de Kuhn e a minha.[73]

Kuhn observou que paradigmas diferentes (A) usam *conceitos* que não podem ser introduzidos nas relações lógicas normais de inclusão, exclusão e sobreposição; (B) nos fazem ver as coisas de uma maneira diferente (pesquisadores em vários paradigmas não só têm conceitos diferentes, mas também *percepções* diferentes[74]); e (C) contêm *métodos* diferentes (instrumentos de pesquisa intelectuais e também físicos) para preparar a pesquisa e avaliar seus resultados. A substituição da noção amorfa de uma *teoria* que tinha até então dominado as discussões na Filosofia da Ciência pela noção muito mais complexa e sutil de um *paradigma* que poderíamos chamar de *teoria em ação* e que incluiu alguns dos aspectos dinâmicos da Ciência foi um grande progresso. Segundo Kuhn, a colaboração dos elementos A, B e C torna os paradigmas bastante imunes às dificuldades e incomparáveis entre si.[75]

Ao contrário de Kuhn, minha pesquisa começou de certos problemas na área A e referindo-se apenas a teorias.[76] Tanto em minha tese (1951)

---

[73] Outros comentários sobre incomensurabilidade serão encontrados na Parte Três, Capítulo 3, nota 38.
[74] Esta parte foi argumentada com vigor e muitos exemplos pelo falecido Hanson, 1958.
[75] Prof. Stegmüller, usando certos métodos de Snee'd tentou reconstruir a ideia de Kuhn sobre paradigmas, mudanças de paradigma e incomensurabilidade, mas não teve sucesso. Cf. minha revisão do assunto em BJPS (*The British Journal for the Philosophy of Science*), dez. 1977.
[76] Originalmente, sob a influência de Wittgenstein, considerei coisas muito semelhantes a paradigmas ("jogos de linguagem" e "formas de vida" foram os termos que utilizei então) e as julguei como contendo elementos de A, B e também C: jogos de linguagem diferentes

quanto em meu primeiro trabalho em inglês sobre o assunto,[77] perguntei como as afirmações da observação devem ser interpretadas. Rejeitei duas aplicações relacionadas com a "teoria pragmática", segundo a qual o significado de uma afirmação de observação é determinado por seu uso e pela "teoria fenomenológica", segundo a qual ela é determinada pelo fenômeno que faz que a declaremos verdadeira. Interpretei as linguagens da observação pelas teorias que explicam aquilo que observamos. Tais interpretações mudam assim que as teorias mudam (Ibid., p.163). Percebi que as interpretações desse tipo podem tornar impossível estabelecer relações dedutivas entre teorias rivais e tentei encontrar meios de comparação que fossem independentes de tais relações.[78] Nos anos que se seguiram ao meu trabalho de 1958 (que precedeu *Structure*, de Kuhn, e foi publicado no mesmo ano que *Patterns*, de Hanson), tentei especificar as condições sob as quais duas teorias "na mesma área" seriam dedutivamente disjuntas.[79] Tentei

---

com regras diferentes fariam surgir conceitos distintos, formas diferentes da avaliação de afirmações, percepções diversas e, portanto, seriam incomparáveis. Expliquei essas ideias na casa de Anscombe em Oxford, no outono de 1952, diante de Hart e Von Wright. "Fazer uma descoberta", disse eu, "muitas vezes não é igual a descobrir a América, mas sim como despertar de um sonho". Mais tarde descobri que era necessário delimitar a pesquisa para poder fazer afirmações mais específicas. O livro de Kuhn e especialmente as reações de Lakatos a ele então me encorajaram a retomar a abordagem mais geral. Os resultados podem ser encontrados nos capítulos 16 e 17 [16] de CM. No entanto, para tristeza de meus colegas, na filosofia da ciência nunca usei a estreita noção de "teoria". Cf. minha explicação no n. 5 de "Reply to Criticism", 1965b.

[77] "An attempt at a Realistic Interpretation of Experience", 1958, p.143ss. Publicado em alemão com um anexo histórico em *Der wissenschafitstheoretische Realismus und die Autorität der Wissenschaften*, 1978.

[78] Assim, em meu trabalho de 1958, tentei dar uma interpretação de experimentos cruciais que fosse independente de significados compartilhados. Melhorei essa explicação em *Criticism and the Growth of Knowledge*, p.226.

[79] As condições lidam apenas com teorias e suas relações lógicas e, dessa forma, pertencem à área A das diferenças de paradigma observadas por Kuhn. Acreditei, durante algum tempo, que as diferenças conceituais seriam sempre acompanhadas por diferenças perceptuais, mas abandonei essa ideia em "Reply to Criticism" op. cit. texto da nota de rodapé 50ff. Motivo: a ideia não está de acordo com os resultados da pesquisa psicológica. Em *AM* p.238ff eu já prevenia contra "uma inferência do estilo (linguagem) para a cosmologia e o modo de percepção" e especifiquei as condições em que essa inferência poderia ser feita. Para evitar a dificuldade que surge quando queremos dizer que as teorias da incomensurabilidade "falam sobre as mesmas coisas", restringi a discussão a teorias não instanciais

também encontrar métodos de comparação que sobrevivessem apesar da ausência de relações dedutivas. Assim, enquanto Ik era a incomparabilidade de paradigmas que resulta da colaboração de A, B e C, minha versão, If, é disjunção dedutiva e nada mais e eu nunca inferi incomparabilidade com base nele. Pelo contrário, tentei encontrar meios de comparar essas teorias. Comparação por *conteúdo*, ou *verossimilitude*, estava, é claro, fora de questão. Mas certamente havia outros métodos.[80]

Ora, o que é interessante sobre esses "outros métodos" é que a maioria deles, embora razoável no sentido de concordarem com os desejos de um número bastante amplo de pesquisadores, é arbitrária ou "subjetiva", no sentido de ser muito difícil encontrar argumentos independentes do desejo para sua aceitabilidade.[81] Além disso, esses "outros métodos" na

---

(*Minnesota Studies*, v.III, 1962, p.28) e enfatizei que a mera *diferença* de conceitos não é suficiente para tornar as teorias incomensuráveis no meu sentido. A situação deve ser armada de tal maneira que as condições de formação de conceito em uma teoria proíbam a formação dos conceitos básicos da outra (cf. a explicação em CM p.269 [264] e a razão, dada ali, por que tais explicações precisam continuar imprecisas; cf. também a comparação das mudanças teóricas que levam à incomensurabilidade com mudanças teóricas que não o fazem em "On the 'Meaning' of Scientific Terms", *Journ. Philos.* 1965, section 2). É claro, as teorias podem ser interpretadas de diferentes maneiras: podem ser incomensuráveis em algumas interpretações e não incomensuráveis em outras. Ainda assim, há pares de teorias que, em sua interpretação normal, acabam sendo incomensuráveis no sentido em questão aqui. Exemplos disso são a física clássica e a teoria quântica, a relatividade geral e a mecânica clássica, a física homérica agregada e a física de substância dos pré-socráticos.

[80] Existem *critérios formais*: uma teoria linear é preferível a uma não linear porque as soluções podem ser obtidas mais facilmente. Esse foi um dos principais argumentos contra a eletrodinâmica não linear de Mie, Born e Infeld. O argumento foi também utilizado contra a teoria geral da relatividade até que o desenvolvimento de computadores de alta velocidade simplificou cálculos numéricos. Ou: uma teoria "coerente" é preferível a uma não coerente (esse foi um dos motivos de Einstein para preferir a relatividade geral a outras explicações). Uma teoria que usa muitas aproximações ousadas para alcançar "seus fatos" pode ser menos agradável que uma teoria que usa apenas poucas aproximações seguras. O número de fatos preditos pode ser outro critério. *Critérios não formais* normalmente requerem conformidade com uma teoria básica (invariância relativista; acordo com as leis quânticas básicas) ou com princípios metafísicos (tais como o "princípio de realidade" de Einstein).

[81] Tomemos a simplicidade, ou a coerência; por que uma teoria coerente deveria ser preferível a uma teoria não coerente? Ela é mais difícil de manipular, as derivações das previsões costumam ser mais elaboradas e, se o diabo é senhor desta Terra e inimigo dos cientistas (por que razão ele deveria ser eu não posso imaginar – mas presumamos que seja), então ele tentará confundi-los para que a simplicidade e a coerência não sejam mais indicações confiáveis.

maior parte do tempo dão resultados conflitantes: uma teoria pode ser preferível porque faz inúmeras previsões, mas estas podem estar baseadas em aproximações um tanto ousadas. Por sua vez, uma teoria pode parecer atraente em virtude de sua coerência, mas essa "harmonia interna" pode fazer que seja impossível aplicá-la a resultados em áreas que sejam muito diferentes. Assim, a transição para critérios que não envolvem conteúdo faz que a escolha de teoria deixe de ser uma rotina "racional" e "objetiva" e passe a ser uma decisão complexa que envolve preferências conflitantes, e a propaganda desempenhará um papel predominante nessa escolha, como faz em todos os casos que envolvem elementos arbitrários.[82] A soma das áreas (B) e (C) fortalece o componente subjetivo, ou "pessoal", da mudança de teoria.

Para evitar tais consequências os defensores do aumento da objetividade e do conteúdo arquitetaram interpretações que transformam teorias incomensuráveis em mensuráveis. Eles ignoram que as interpretações, que tão alegremente deixam de lado, foram introduzidas para solucionar uma variedade de problemas físicos, e que a incomensurabilidade foi apenas um efeito colateral dessas soluções. Logo, a interpretação-padrão da teoria quântica foi planejada para explicar a penetração de barreiras potenciais, a interferência, as leis da conservação, o efeito Compton e o efeito fotoelétrico de uma forma coerente. E uma interpretação importante da teoria da relatividade foi introduzida para torná-la independente das ideias clássicas. Não é assim tão difícil imaginar interpretações que transformam teorias incomensuráveis em comensuráveis, mas nem um único filósofo até hoje conseguiu deixar sua interpretação solucionar todos os problemas solucionados pela interpretação que ela supostamente iria substituir. Na maioria dos casos esses problemas não são nem conhecidos. Além disso, os filósofos até agora quase nunca trataram das áreas B e C. Na maior parte do tempo eles simplesmente presumem que a mudança de teoria deixa os métodos inalterados. Questões de percepção nem chegam a ser consideradas. Aqui Kuhn está muito à frente de todos os positivistas.

---

[82] A questão entre coerência, por um lado, e proximidade a resultados experimentais, do outro, desempenhou um papel importante nos debates sobre a interpretação da teoria quântica.

A incomensurabilidade também mostra que certa forma de realismo não apenas é muito restrita como também está em conflito com a prática científica. Os positivistas acreditavam que a Ciência lida essencialmente com observações. Ela organiza e classifica as observações, mas nunca vai além delas. A mudança científica é uma mudança de esquemas classificatórios inflados por uma reificação errada dos esquemas. Os críticos do Positivismo mostraram que o mundo contém muito mais do que observações. Há organismos, campos, continentes, partículas elementares, assassinos, diabos e assim por diante. A Ciência, segundo os críticos, gradativamente descobre essas coisas, determina suas propriedades e suas relações mútuas. Ela faz as descobertas sem modificar os objetos, as propriedades e as relações descobertas. Esta é a essência da posição realista.

Agora, o Realismo pode ser interpretado como uma *teoria específica* sobre a relação entre o homem e o mundo, e pode ser interpretado como uma *pressuposição da Ciência* (e conhecimento em geral). Parece que a maioria dos realistas filosóficos adota a segunda alternativa – são dogmatistas. Mas até a primeira alternativa agora pode ser criticada e mostrada como incorreta. Para isso só precisamos mostrar com que frequência o mundo mudou em virtude de uma mudança na teoria básica. Se as teorias são comensuráveis, então não surge qualquer problema – simplesmente temos um acréscimo ao conhecimento. É diferente no caso de teorias incomensuráveis. Pois nós certamente não podemos presumir que duas teorias incomensuráveis tratem de uma única e mesma situação objetiva (para admitir isso teríamos de presumir que ambas pelo menos *se referem* à mesma situação objetiva. Mas como podemos afirmar que "ambas" se referem à mesma situação quando "ambas" nunca fazem sentido juntas? Além disso, as afirmações sobre aquilo a que se refere ou não só podem ser verificadas se as coisas a que se referem são descritas de forma adequada, mas então nosso problema surge outra vez com força renovada). Portanto, a menos que queiramos presumir que elas não tratam de coisa alguma, temos de admitir que elas tratam de mundos diferentes e que a mudança (de um mundo para outro) foi trazida por um desvio de uma teoria para outra. É claro, não podemos dizer que o desvio foi *causado pela* mudança de teoria (embora as questões não sejam tão simples assim: despertar traz novos princípios de ordem ao jogo e, desse modo, faz que percebamos um mundo desperto em vez de um mundo de sonho). Contudo, desde a análise de Bohr do caso de Einstein, Podolsky e Rosen, sabemos que existem mudanças que não são resultado de uma interação causal entre objeto e observador, mas de uma mudança das próprias condições que nos permitem falar de objetos, situações e eventos. Apelamos para mudanças do último tipo quando dizemos que uma mudança de princípios universais provoca uma mudança do mundo inteiro. Falando dessa forma já não presumimos um mundo objetivo que permanece inalterado por nossas atividades epistêmicas, a não ser quando está se movimentando dentro dos limites de um ponto de vista particular. Reconhecemos que nossas atividades epistêmicas podem ter uma influência decisiva até mesmo sobre a peça mais sólida do espaço cósmico – elas fazem que deuses desapareçam e os substituem por montes de átomos no espaço vazio.[83]

---

[83] Para uma explicação mais detalhada, cf. Var, 1975.

Parte Dois
A Ciência em uma sociedade livre

1. Duas perguntas

Há duas perguntas que surgem no decorrer de qualquer discussão sobre a Ciência. São elas:

A. *O que é Ciência?* – como ela atua, quais são seus resultados, de que maneira seus padrões, procedimentos e resultados diferem dos padrões, procedimentos e resultados de outras áreas?

B. *O que é tão importante com relação à Ciência?* – o que faz que a Ciência seja preferível a outras formas de existência, que, consequentemente, usam padrões diferentes e obtêm resultados distintos? O que faz que a Ciência moderna seja preferível à Ciência dos aristotélicos ou à Cosmologia dos Hopi?

Observem que, ao tentar responder à pergunta (B), não nos é permitido avaliar as alternativas à Ciência por padrões científicos. Ao tentar responder à pergunta (B) estamos *examinando* esses padrões e, portanto, não podemos fazer deles a base de nossas avaliações.

A pergunta A não tem apenas uma resposta, mas muitas. Cada escola na Filosofia da Ciência dá uma descrição diferente daquilo que é Ciência e como ela funciona. Além disso, há descrições feitas por cientistas, políticos e pelos chamados porta-vozes do público em geral. Não estamos muito longe da verdade quando dizemos que a natureza da Ciência ainda está envolta em escuridão. Ainda assim, a questão é discutida e há uma chance de que algum conhecimento modesto sobre a Ciência venha a surgir um dia.

Praticamente ninguém faz a pergunta B. A excelência da ciência é *presumida*, ninguém *argumenta* a seu favor. Aqui cientistas e filósofos da Ciência agem exatamente como os defensores da Uma e Única Igreja Romana agiram antes deles: a doutrina da Igreja é verdadeira, tudo o mais é um absurdo pagão. Na verdade, certos métodos de discussão e de insinuação, que em determinado momento eram tesouros da retórica teológica, agora encontram um novo lar na Ciência.

Este fenômeno, embora extraordinário e um tanto deprimente, não chegaria a incomodar uma pessoa sensata se fosse restrito a um pequeno número dos fiéis: em uma sociedade livre existe espaço para muitas crenças, doutrinas e instituições estranhas. Mas a premissa da superioridade inerente da Ciência foi além da própria Ciência e passou a ser um artigo de fé para quase todo mundo. Além disso, a Ciência já não é uma instituição particular; ela agora é parte do tecido básico da democracia exatamente como a Igreja foi, em uma época, parte do tecido básico da sociedade. É claro, a Igreja e o Estado agora estão cuidadosamente separados. O Estado e a Ciência, no entanto, trabalham rigorosamente juntos.

Somas imensas são gastas com o desenvolvimento de ideias científicas. Disciplinas bastardas, como a Filosofia da Ciência, que compartilham com a Ciência o nome, mas quase nenhuma outra coisa, lucram com o sucesso das ciências. As relações humanas estão sujeitas a tratamento científico como é demonstrado pelos programas educacionais, propostas para reforma de presídios, treinamento militar e assim por diante. O poder da profissão médica sobre todas as fases de nossa vida já supera o poder que, certa vez, era exercido pela Igreja. Quase todas as disciplinas científicas são matéria obrigatória em nossas escolas. Embora os pais de uma criança de seis anos possam decidir se ela vai ou não ser instruída nos rudimentos do Protestantismo, ou nos rudimentos da fé judaica, ou se o ensino religioso vai ser esquecido completamente, eles não têm uma liberdade semelhante no caso das ciências. Física, Astronomia, História *precisam* ser ensinadas; não podem ser substituídas por mágica, Astrologia ou por um estudo de lendas.

Tampouco ficamos satisfeitos com uma mera apresentação *histórica* dos fatos e princípios físicos (astronômicos, biológicos, sociológicos etc.). Não dizemos: *algumas pessoas acreditam* que a Terra gira ao redor do Sol, enquanto outros acham que a Terra é uma esfera oca que contém o Sol, os planetas e as estrelas fixas. Dizemos: a Terra *gira* ao redor do Sol – dizer qualquer outra coisa é absurdo.

Finalmente, a maneira pela qual aceitamos ou rejeitamos ideias científicas é radicalmente diferente dos procedimentos decisórios democráticos. Aceitamos leis e fatos científicos, ensinamo-los em nossas escolas, fazemos deles a base de decisões políticas importantes, mas sem antes tê-los examinado e sem tê-los submetido a um voto. Os *cientistas* não os submetem a um voto, ou pelo menos é isso que eles nos dizem, e os leigos certamente não os submetem a um voto. Propostas concretas são discutidas de maneira ocasional e sugere-se uma votação (iniciativas sobre reatores nucleares). Mas o procedimento não é estendido às teorias gerais e aos fatos científicos. A sociedade moderna é copernicana não porque Copérnico foi um dos candidatos à votação, discutido de uma maneira democrática e eleito com uma maioria simples; ela é copernicana porque *os cientistas* são copernicanos e porque aceitamos sua cosmologia de uma maneira tão pouco crítica quanto aquela com que aceitamos a Cosmologia dos bispos e dos cardeais.

Até mesmo pensadores ousados e revolucionários se dobram diante das opiniões da Ciência. Kropotkin quer romper todas as instituições existentes, mas não toca na Ciência. Ibsen vai muito longe em sua crítica da sociedade burguesa, mas mantém a Ciência como uma medida de verdade. Lévi-Strauss nos fez compreender que o pensamento ocidental não é o cume isolado das realizações humanas que em determinado momento achávamos que era, mas ele e seus seguidores excluem a Ciência de sua relativização de ideologias.[1] Marx e Engels estavam convencidos de que a

---

[1] Lévi-Strauss (1966, p.16ss.) nega que o mito, sendo "o produto da 'faculdade humana de criar mitos' vira as costas para a realidade". Ele vê no mito uma abordagem à natureza que complementa a Ciência e é caracterizada por um "universo de instrumentos [que está] fechado", enquanto o cientista tentará novos procedimentos para obter novos resultados. Nunca pode haver um conflito entre os resultados da Ciência e o mito e, portanto, a questão de seu mérito relativo nunca pode ocorrer. As coisas parecem diferentes a alguns críticos marxistas. Assim, Godelier (1971) deixa o mito transformar os "inúmeros dados objetivos

Ciência iria ajudar os trabalhadores em sua busca por libertação mental e social.

Esse tipo de atitude fazia sentido perfeito nos séculos XVII, XVIII e até XIX, quando a Ciência era uma das muitas ideologias que competiam entre si, quando o Estado ainda não tinha se declarado a seu favor e quando sua atividade determinada era mais do que contrabalançada por visões e instituições alternativas. Naqueles anos a ciência era uma força libertadora, não porque tivesse encontrado a verdade, ou o método certo (embora os defensores da Ciência presumissem que essa era *a* razão), mas porque limitava a influência de outras ideologias e, com isso, dava ao indivíduo espaço para pensar. Tampouco era necessário naqueles anos insistir em uma consideração da pergunta B. Os opositores da Ciência, que ainda estavam bem vivos, tentaram mostrar que ela estava na trilha errada, subestimavam sua importância, e os cientistas tinham de reagir a esse desafio. Os métodos e conquistas da Ciência eram submetidos a um debate crítico. Nessa situação fazia muito sentido comprometer-se com a causa da Ciência. As próprias circunstâncias em que esse compromisso ocorria faziam dele uma força libertadora.

Isso não significa que o compromisso tenha um efeito libertador nos dias de hoje. Não há nada na Ciência ou em qualquer outra ideologia que as faça inerentemente libertadoras. Ideologias podem se deteriorar e se transformar em religiões dogmáticas (exemplo: o Marxismo). Elas começam a se deteriorar quando têm muito sucesso e se transformam em dogmas no momento em que a oposição é destruída: seu triunfo é sua ruína. O desenvolvimento da Ciência nos séculos XIX e XX e, em especial, depois da Segunda Guerra Mundial é um bom exemplo. Aquele mesmo empreendimento que em um momento deu ao homem as ideias e a força para se libertar dos medos e preconceitos de uma religião tirânica agora faz dele um escravo de seus interesses. E não nos deixemos enganar pela retórica libertária e pelo grande espetáculo de tolerância que alguns propagandistas da Ciência estão montando para nosso benefício. Perguntemo-nos se eles estariam preparados para dar, digamos, às visões dos Hopi o mesmo papel

---

sobre a natureza em uma explicação 'imaginativa' da realidade" em que os "dados objetivos" são os dados da Ciência. A Ciência, uma vez mais, tem o controle.

na educação fundamental que a Ciência tem atualmente; perguntemos a um membro da AMA (American Medical Association – Associação Médica Americana) se ele permitiria a entrada de curandeiros em hospitais públicos e logo veremos quão estreitos são realmente os limites dessa tolerância. E, note bem, esses limites não são os resultados da pesquisa; eles são impostos de maneira bem arbitrária, como veremos mais tarde.

2. A prevalência da Ciência, uma ameaça à democracia

Essa simbiose do Estado e de uma Ciência não examinada gera um problema interessante para os intelectuais e, especialmente, para os liberais.

Os intelectuais liberais estão entre os principais defensores da democracia e da liberdade. Em alto e bom tom eles persistentemente proclamam e defendem a liberdade de pensamento, de expressão, de religião e, às vezes, de algumas formas bastante sem sentido de ação política.

Esses intelectuais também são "racionalistas". E consideram o Racionalismo (que, para eles, coincide com a Ciência) não apenas uma visão entre muitas, mas uma base para a sociedade. A liberdade que eles defendem é, portanto, concedida sob condições que já não estão submetidas a ela. Ela é concedida somente àqueles que já aceitaram parte da ideologia[2] racionalista (isto é, científica).

Por muito tempo esse elemento dogmático do Liberalismo quase não foi percebido, muito menos comentado. Há várias razões para este descuido. Quando negros, índios e outras raças oprimidas surgiram pela primeira vez em plena luz da vida cívica, seus líderes e simpatizantes entre os brancos exigiam igualdade. Mas a igualdade, inclusive a "racial", não significava então *igualdade de tradições*; significava igualdade de *acesso a uma tradição específica* – a tradição do homem branco. Os brancos que apoiavam a demanda abriram a Terra Prometida – mas era uma Terra Prometida construída com suas próprias especificações e mobiliada com seus próprios brinquedos favoritos.

---

[2] Veja nota 10 da parte 1.

A situação logo mudou. Um número cada vez maior de indivíduos e grupos tornou-se crítico dos benefícios oferecidos.[3] Eles ou ressuscitaram as próprias tradições ou adotaram outras que eram diferentes tanto do Racionalismo quanto das tradições de seus antepassados. Nesse momento os intelectuais começaram a desenvolver "interpretações". Afinal de contas, eles estudavam tribos e culturas não ocidentais há bastante tempo. Muitos descendentes de sociedades não ocidentais têm uma dívida – seja lá qual for o conhecimento que têm de seus ancestrais – com o trabalho de missionários, aventureiros e antropólogos brancos, alguns deles com uma visão liberal.[4] Quando, mais tarde, os antropólogos coletaram e sistematizaram esse conhecimento, o transformaram de uma maneira interessante: deram ênfase ao significado psicológico, às funções sociais, à mistura existencial de uma cultura, mas ignoraram suas implicações ontológicas. Segundo eles, oráculos, danças da chuva, o tratamento da mente e do corpo *expressam* as necessidades dos membros de uma sociedade, *funcionam* como uma cola social, *revelam* estruturas básicas do pensamento e podem até levar a uma *consciência* maior das relações entre os seres humanos e entre estes e a natureza, mas sem um *conhecimento* complementar de eventos distantes, chuva, mente, corpo. Tais interpretações só muito raramente eram resultado de pensamento crítico – na maior parte do tempo eram apenas uma consequência das tendências antimetafísicas populares combinadas com uma firme crença na excelência, primeiro, do Cristianismo e, depois, da Ciência. Foi assim que os intelectuais, inclusive marxistas, ajudados pelas forças de uma sociedade que é democrática em palavras,

---

[3] Cristãos brancos de classe média (e liberais, racionalistas, até marxistas) sentiram enorme satisfação quando finalmente ofereceram aos índios algumas das maravilhosas oportunidades da grande sociedade que eles acham que habitam e ficaram aborrecidos e ofendidos quando a reação foi desapontamento, não gratidão abjeta. Mas por que um índio, que nunca sonhou em impor sua cultura a um homem branco, deveria ficar grato por ter a cultura branca imposta a ele? Por que ele deveria estar agradecido ao homem branco que, tendo roubado suas possessões materiais, sua terra e sua moradia, agora quer roubar sua mente também?

[4] Missionários cristãos ocasionalmente tinham um melhor conhecimento da racionalidade inerente das formas de vida "bárbaras" do que seus sucessores científicos e eram também muito mais humanitários. Como exemplo o leitor deve consultar a obra de Las Casas como descrita em Hanke, 1974.

quase conseguiram ter as vantagens dos dois lados: podiam posar como amigos compreensivos das culturas não ocidentais sem pôr em perigo a supremacia de sua própria religião: a Ciência.

A situação mudou outra vez. Agora há indivíduos, alguns cientistas muito talentosos e imaginativos entre eles, que estão interessados em um retorno genuíno não apenas das exterioridades das formas não científicas de vida, mas também das visões e práticas de mundo (navegação, medicina, teoria da vida e da matéria) que, em determinado momento, estavam conectadas com eles. Há sociedades, tais como a China continental, em que procedimentos tradicionais foram combinados com ideias científicas, levando a uma melhor compreensão da natureza e a um tratamento melhor da disfunção individual e social. E, com isso, o dogmatismo oculto de nossos modernos amigos da liberdade é revelado: os princípios democráticos como são praticados hoje são incompatíveis com a existência, o desenvolvimento e o crescimento inalterados de culturas especiais. Uma sociedade racional-liberal (-marxista) não pode conter uma cultura negra no sentido completo da palavra. Nem pode conter uma cultura judaica no pleno sentido da palavra. Não pode conter uma cultura medieval no pleno sentido da palavra. Ela só pode conter essas culturas como enxertos secundários em uma estrutura básica que é uma aliança profana da Ciência, do Racionalismo (e do Capitalismo).[5]

Mas – os que creem no Racionalismo e na Ciência com certeza irão exclamar impacientemente – esse procedimento não é legítimo? Não existe uma diferença enorme entre a Ciência, de um lado, e a religião, a mágica e

---

[5] O Professor Agassi, veja a Parte Três, Capítulo 1, interpretou essa passagem como se estivesse sugerindo que os judeus *deveriam* retornar à tradição de seus ancestrais, que os índios norte-americanos *deveriam* retomar seus modos antigos, inclusive as danças da chuva, e comentou sobre o caráter "reacionário" dessas sugestões. Reacionário? Isso presume que o passo na direção da Ciência e da Tecnologia não foi um erro – que é a questão que estamos discutindo. Também presume, por exemplo, que as danças da chuva não funcionam – mas quem examinou essa questão? Além disso, não estou fazendo as sugestões que Agassi me atribui. Não estou dizendo que os índios norte-americanos (por exemplo) *devem* retomar seus modos antigos; o que digo é que aqueles *que queiram retomá-los* deveriam ser capazes de fazê-lo, primeiro, porque em uma democracia todos devem ser capazes de viver como julgam apropriado e, segundo, porque nenhuma ideologia e nenhum modo de vida é tão perfeito que não possa aprender por meio de uma comparação com alternativas.

o mito, de outro? Será que essa diferença não é tão grande e tão óbvia que passa a ser desnecessário apontar para ela e uma tolice negá-la? A diferença não consiste no fato de as visões do mundo mágicas, religiosas e místicas *tentarem* entrar em contato com a realidade, enquanto a Ciência *já teve sucesso* nesse empreendimento e, portanto, supera seus antecessores? Por isso, não é apenas defensável, como também uma necessidade, remover do centro da sociedade uma religião ontologicamente potente, um mito que afirma descrever o mundo, um sistema de mágica que se diz uma alternativa para a Ciência e substituí-los pela Ciência? Estas são algumas das perguntas que o liberal "culto" (e o marxista "culto") usará para se opor a qualquer forma de liberdade que interfira com a posição central da Ciência e do Racionalismo (liberal ou marxista).

Três premissas estão contidas nessas perguntas retóricas.

Premissa A: o Racionalismo científico é preferível às tradições alternativas.

Premissa B: ele não pode ser aprimorado por meio de uma comparação e/ou combinação com as tradições alternativas.

Premissa C: ele deve ser aceito, transformado na base da sociedade e da educação em virtude de suas vantagens.

No que se segue tentarei mostrar que nem a premissa A nem a B concordam com os fatos quando os "fatos" são definidos de acordo com o tipo de Racionalismo implícito em A e B: *os racionalistas e os cientistas não conseguem argumentar racionalmente (cientificamente) em defesa da posição incomparável de sua ideologia favorita.*

No entanto, presumindo que eles consigam – será que por essa razão sua ideologia deve agora ser imposta a todos (pergunta C)? Pelo contrário, não seria o caso de as tradições que dão substância às vidas das pessoas deverem receber direitos iguais e acesso igual às posições-chave na sociedade, *não importa o que outras tradições pensem delas?* Não devemos exigir que as ideias e procedimentos que dão substância à vida das pessoas se tornem membros efetivos de uma sociedade livre, *não importa o que outras tradições pensem delas?*

Há muitas pessoas que consideram essas perguntas um convite ao *Relativismo*. Reformulando-as em seus próprios termos favoritos, elas nos perguntam se gostaríamos de dar à falsidade os mesmos direitos que à verdade, ou se gostaríamos que sonhos fossem tratados com a mesma seriedade que relatos da realidade. Desde o começo da civilização ocidental insinuações como estas foram usadas para defender uma visão, um procedimento, uma maneira de pensar e de agir à exclusão de tudo o mais.[6] Por isso, vamos agarrar o touro à unha e examinar mais de perto esse monstro terrível: o Relativismo.

3. O espectro do Relativismo

Com a discussão sobre Relativismo entramos em um território cheio de trilhas traiçoeiras, armadilhas e emaranhamentos, um território no qual os apelos à emoção contam como argumentos e no qual os argumentos são de uma simploriedade comovente. O Relativismo é atacado muitas vezes não porque encontramos uma falha nele, mas porque temos medo dele. Os intelectuais o temem porque ele ameaça seu papel na sociedade, assim como o Iluminismo em uma época ameaçou a existência de padres e teólogos. E o público em geral, que é educado, explorado e tiranizado pelos intelectuais, aprendeu há muito tempo a identificar o Relativismo com decadência cultural (social). Assim o Relativismo foi atacado na Alemanha do Terceiro Reich, e é dessa forma que ele é atacado uma vez mais hoje em dia por fascistas, marxistas e racionalistas críticos. Até as pessoas mais tolerantes não ousam dizer que rejeitam uma ideia ou um modo de vida porque não gostam dela ou dele – o que poria a culpa totalmente nelas

---

[6] Em *Life of Solon*, de Plutarco, encontramos a seguinte história: "Quando a companhia de Thespis começou a exibir tragédia, e sua novidade estava atraindo o populacho, mas ainda não tinha chegado a ser uma competição pública, Solon, gostando de ouvir e de aprender e, em sua velhice, bastante interessado em lazer e diversões, e até mesmo em festas com bebida e música, foi ver Thespis atuar na própria peça, como era costume nos tempos antigos. Solon se aproximou dele após o espetáculo e lhe perguntou se não estava envergonhado de contar tantas mentiras para tantas pessoas. Quando Thespis disse que não havia nada terrível em representar tais obras e ações como diversão, Sólon bateu no chão violentamente com sua bengala: 'Se aplaudirmos essas coisas por diversão', disse ele, 'logo nos veremos dignificando-as a sério'. Assim começou a 'longa briga entre a poesia e a filosofia'" (Platão, *Republic*, 607b6s.), isto é, entre aqueles que veem tudo em termos de verdade e falsidade e as outras tradições.

próprias –; elas precisam acrescentar que existem razões *objetivas* para sua ação – o que põe pelo menos parte da culpa na coisa rejeitada e naqueles encantados com ela. Qual é a do Relativismo que parece colocar o medo de Deus em todas as pessoas?

É a compreensão de que o ponto de vista pelo qual temos mais carinho pode acabar sendo apenas uma das várias maneiras de organizar a vida, importante para aqueles que foram criados na tradição correspondente, mas totalmente desinteressante e talvez até um obstáculo para os demais. Só umas poucas pessoas estão satisfeitas por serem capazes de pensar e viver de uma maneira agradável para elas próprias e nem sequer sonhariam em fazer de sua tradição uma obrigação para todos. Para a grande maioria – e isso inclui cristãos, racionalistas, liberais e um bom número de marxistas – só existe uma verdade e ela deve prevalecer. Tolerância não significa aceitação de falsidade lado a lado com a verdade; significa tratamento humano daqueles que infelizmente estão presos na falsidade.[7] O Relativismo poria um fim a esse exercício confortável de superioridade – daí a aversão.

O temor do caos moral e político aumenta a aversão ao acrescentar desvantagens práticas às inconveniências intelectuais. Os relativistas, dizem, não têm qualquer motivo para respeitar as leis da sociedade a que pertencem, não têm nenhum motivo para cumprir suas promessas, honrar seus contratos de negócios, respeitar a vida alheia. São como feras seguindo o capricho do momento e, como tais, constituem um perigo para a vida civilizada.

É interessante observar quão estreitamente essa descrição reflete as queixas de cristãos que testemunharam a remoção gradual da *religião* do centro da sociedade. Os medos, as insinuações e as previsões eram exatamente as mesmas – no entanto, não se concretizaram. A substituição da religião pelo Racionalismo e pela Ciência não criou um paraíso – longe disso –, mas tampouco criou caos.

E não criou caos, salientam alguns, porque o Racionalismo é ele próprio uma filosofia disciplinada. Uma ordem foi substituída por outra. Mas o relativismo quer remover *todos os* ingredientes ideológicos (exceto aqueles que são convenientes, por enquanto). Será possível ter uma sociedade assim? Ela funcionaria? Como? Estas são as perguntas a que temos de responder.

---

[7] Cf. Kamen, 1967.

Começando com as dificuldades intelectuais (ou semânticas) relacionadas com a insinuação de que o Relativismo significa dar os mesmos direitos à verdade e à falsidade (razão e insanidade, virtude e vício e assim por diante), precisamos apenas lembrar ao leitor das teses i. e ii. da Seção 2, Parte Um, e das explicações a elas associadas. Vimos então que classificar as tradições como verdadeiras ou falsas (... etc. ...) significa projetar o ponto de vista de outras tradições sobre elas. As tradições não são nem boas nem más – apenas são. Elas obtêm propriedades desejáveis ou indesejáveis apenas para um agente que participa de outra tradição e projeta os valores desta tradição sobre o mundo. As projeções *parecem "objetivas"*, isto é, independentes de uma tradição, e as afirmações que expressam seus juízos também *parecem "objetivas"* porque o sujeito e a tradição que ele representa não aparecem em parte alguma desses juízos. Mas elas *são "subjetivas"* porque a não ocorrência é resultado de um descuido. O descuido é revelado quando o agente adota outra tradição: seus juízos de valor mudam. Tentando explicar a mudança, o agente precisa rever o conteúdo de todas suas afirmações de valor, exatamente como os físicos tiveram de rever o conteúdo até mesmo da afirmação mais simples sobre o comprimento quando foi descoberto que este depende do sistema de referência. Aqueles que não executam essa revisão não podem se orgulhar de formar uma escola de filósofos especialmente astutos que suportaram a investida do Relativismo moral exatamente como aqueles que ainda se agarram aos comprimentos absolutos não podem se orgulhar de formar uma escola de físicos especialmente astutos que suportaram a investida da relatividade. São apenas teimosos, ou mal informados, ou as duas coisas. Mas não viam o Relativismo em termos de direitos iguais para a falsidade, a irracionalidade, o vício e assim por diante?

O fato de o apelo à verdade e à racionalidade ser retórico e sem conteúdo objetivo fica claro com a falta de articulação de sua defesa. Na Seção 1 vimos que a pergunta "O que é tão importante sobre a Ciência?" quase nunca é feita e não tem nenhuma resposta satisfatória. O mesmo se aplica a outros conceitos básicos.[8] Os filósofos investigam a natureza da verdade,

---

[8] Será que posso usar "verdade" quando estou criticando seu uso não crítico? É claro que posso, assim como podemos usar o alemão para explicar as desvantagens do alemão e as vantagens do latim para um público alemão.

ou a natureza do conhecimento, mas quase nunca se perguntam por que a verdade deve ser buscada (a pergunta surge apenas na linha de fronteira entre tradições – por exemplo, surgiu na linha limítrofe entre a Ciência e o Cristianismo). As próprias noções de Verdade, Racionalidade e Realidade, que supostamente eliminariam o Relativismo, estão rodeadas por uma vasta área de ignorância (que corresponde à ignorância que o argumentador tem da tradição que fornece o material para suas exibições retóricas).

Não há, portanto, quase nenhuma diferença entre os membros de uma tribo "primitiva" – que defendem suas leis porque elas são as leis de seus deuses, ou de seus ancestrais, e que divulgam essas leis em nome da tribo – e um racionalista, que apela para padrões "objetivos", a não ser o fato de os primeiros saberem o que estão fazendo e os últimos, não.[9]

---

[9] As regras de uma Ciência racional, dizem os intelectuais liberais, não envolvem interesses especiais. Elas são "objetivas" no sentido que enfatizam a verdade, a razão etc., coisas que são independentes das crenças e dos desejos de grupos de interesse especiais. Distinguindo entre a *validade* de uma demanda, de uma regra, de uma sugestão e o fato de essa demanda, regra ou sugestão *ser aceita*, os racionalistas críticos parecem transformar o conhecimento e a moralidade de ideologias tribais na representação de circunstâncias independentes da tribo. Mas as ideologias tribais não deixam de ser ideologias tribais apenas por não terem sido abertamente caracterizadas como tais. As demandas que os racionalistas defendem e as noções que usam *falam* "objetivamente", e não em nome de Sir Karl Popper ou do professor Gerard Radnitzky, porque *foram forçadas a falar dessa maneira*, e não porque os interesses de Sir Karl ou do professor Radnitzky já não estão sendo levados em consideração; e elas foram forçadas a falar dessa maneira para lhes garantir um público mais amplo, para manter a aparência de libertarianismo e porque os racionalistas têm pouca sensibilidade para aquilo que chamaríamos de qualidades "existenciais" da vida. Sua "objetividade" não é em nada diferente da "objetividade" de um funcionário colonial que, tendo lido um livro ou dois, agora deixa de se dirigir aos nativos em nome do Rei e se dirige a eles em nome da Razão ou da "objetividade" de um sargento instrutor que, em vez de gritar "Agora, seus cachorros, ouçam o que estou dizendo – isso é o que quero que façam e Deus tenha misericórdia de vocês se não fizerem exatamente o que estou mandando!", fala mansinho "Bem, eu acho que o que devemos fazer é...". A obediência às ordens e à ideologia do orador é exigida nos dois casos. A situação fica ainda mais clara quando examinamos como os racionalistas argumentam. Eles postulam uma "verdade" e métodos "objetivos" para encontrá-la. Se os conceitos e métodos necessários não são conhecidos por todas as partes do debate, então nada mais precisa ser dito. O debate pode começar imediatamente. Mas se uma das partes não conhece os métodos, ou usa métodos próprios, então ela precisa ser *instruída*, o que significa que *ela não é levada a sério* a não ser que seu procedimento coincida com o do racionalista. Os argumentos são centrados na tribo e o racionalista é o senhor.

Isso conclui a parte intelectual ou "semântica" do debate sobre o Relativismo.

Voltando-nos agora para os problemas políticos, podemos começar mostrando que muitos deles são totalmente imaginários. A premissa de que afligem somente os relativistas e resistem a uma solução, exceto no arcabouço de uma tradição específica (Cristianismo, Racionalismo), é puro boato – apoiado por análises insuficientes. Pois devemos distinguir entre Relativismo político e Relativismo filosófico e separar a atitude psicológica dos relativistas dos dois grupos. O *Relativismo político* afirma que todas as tradições têm *direitos* iguais: o mero fato de algumas pessoas terem organizado a vida de acordo com certa tradição é suficiente para dar a essa tradição todos os direitos básicos da sociedade em que ela ocorre. Um argumento "mais filosófico" pode apoiar um procedimento assim ao mostrar que as tradições não são boas nem más, mas simplesmente são (Parte Um, Seção 2, Tese i), que elas assumem qualidades positivas ou negativas apenas quando vistas sob o ponto vista de outras tradições (Tese ii) e que devemos dar preferência à opinião daqueles que vivem de acordo com a tradição. O *Relativismo filosófico* é a doutrina de que todas as tradições, teorias e ideias são igualmente verdadeiras ou falsas, ou, em uma formulação ainda mais radical, que qualquer distribuição de valores da verdade acima das tradições é aceitável. Essa forma de relativismo não é defendida em parte alguma deste livro. Não afirmamos, por exemplo, que Aristóteles é tão bom quanto Einstein; o que se afirma e argumenta é que "Aristóteles é verdadeiro" é um juízo que pressupõe certa tradição, é um juízo relacional que *pode* mudar quando a tradição subjacente for mudada. *Pode* existir uma tradição para a qual Aristóteles é tão verdadeiro quanto Einstein, mas existem outras tradições para as quais Einstein é muito desinteressante e não merece ser examinado. Os juízos de valor não são "objetivos" nem podem ser usados para empurrar para o lado as opiniões "subjetivas" que emergem das diferentes tradições. Argumento também que a aparência de objetividade associada com alguns juízos de valor vem do fato de uma tradição específica ser *usada,* mas não *reconhecida*: a ausência da impressão de subjetividade não é prova de "objetividade", mas de um descuido.

Voltando-nos agora para as *atitudes* de relativistas, devemos distinguir entre (a) membros de uma sociedade relativista e (b) relativistas filosóficos. Entre os primeiros encontraremos todas as atitudes desde puro dogmatismo combinado com uma forte ânsia de catequizar até um liberalismo/cinismo total. O Relativismo político faz afirmações sobre *direitos* (e sobre estruturas protetoras que defendem esses direitos) – não acerca de crenças, atitudes etc. Os relativistas filosóficos, por sua vez, podem mais uma vez ter todos os tipos de atitudes, inclusive obediência escrupulosa à lei.

Agora parecemos presumir que a aceitação do relativismo político irá aumentar drasticamente o número daqueles que só querem satisfazer a si próprios e que todos os demais estarão submetidos a seus caprichos. Considero essa premissa extremamente implausível. Somente algumas das tradições de uma sociedade relativista não terão leis – a maioria delas arregimentará seus membros ainda mais fortemente do que é feito nas chamadas "sociedades civilizadas" de nossos dias. A premissa também insinua que é a falta de doutrinação, e não a falta de escolha, a responsável pelo aumento drástico do índice de crimes que observamos hoje, de forma que não é medo de retaliação, e sim uma educação adequada, que faz que as pessoas se comportem de maneira decente – uma teoria bastante implausível. O Cristianismo pregava amor pela humanidade e queimou, matou e mutilou centenas de milhares de pessoas. A Revolução Francesa pregava a Razão e a Virtude e acabou em um oceano de sangue. Os Estados Unidos foram construídos sobre o direito à liberdade e a busca da felicidade para todos – e, no entanto, houve escravidão, repressão, intimidação. Poderíamos, é claro, insistir que os fracassos foram resultado de métodos ineficientes de educação – mas métodos "mais eficientes" não seriam nem mais sábios nem mais humanos. Erradica-se a capacidade de matar – e as pessoas podem perder sua paixão. Erradica-se a capacidade de mentir – e a imaginação que sempre vai contra a verdade do momento pode desaparecer também (cf. nota 6). Uma "educação" na virtude pode facilmente tornar as pessoas incapazes de serem más, fazendo-as também incapazes de serem pessoas – um preço muito alto a pagar por resultados que podem ser obtidos de outras maneiras. E o fato de existirem outros meios é abertamente admitido pelos antirrelativistas. Longe de confiar na força da ideologia, cuja importância enfatizam com tanta paixão, eles protegem a sociedade por meio de leis, tribunais, presídios e uma força policial eficiente. Mas uma força policial também pode ser usada pelos relativistas, pois – e, com isso, chegamos à segunda parte da premissa no começo deste parágrafo – tal sociedade não ficará e não pode ficar sem esquemas de proteção. Devemos admitir que falar de polícia, presídios, proteção não soa bem aos ouvidos daqueles preocupados com a liberdade. No entanto, um treinamento universal em virtude e racionalidade, que destrua as tradições e provavelmente crie pessoas apáticas e resignadas, é uma ameaça ainda maior à liberdade. Que tipo de proteção é melhor – a ineficiente que resulta de uma interferência na alma ou a *externa*, muito mais eficiente, que *deixa as almas intactas* e só restringe nossos movimentos?

Uma sociedade relativista, portanto, irá conter uma *estrutura básica de proteção*. Isso nos leva ao próximo argumento em defesa do Racionalismo (ou alguma ideologia central protetora semelhante): a estrutura não deve ser "justa"? Ela não deve ser protegida de influências indevidas? Não deve haver uma maneira "objetiva" de resolver disputas sobre ela? – o que significa: não há, uma vez mais, uma necessidade de racionalismo que esteja acima das tradições específicas?

Para responder a essa pergunta precisamos apenas perceber que arcabouços protetores não são introduzidos do nada, mas em uma situação histórica concreta, e que é essa situação, e não uma discussão abstrata sobre "justiça" ou "racionalidade", que determina o processo. As pessoas que vivem em uma sociedade que não dá à sua tradição os direitos que acham que ela merece vão trabalhar pela mudança. Para realizar a mudança, elas usarão os meios mais eficientes disponíveis. Usarão as leis existentes, se isso for ajudar sua causa; irão "argumentar racionalmente", quando o argumento racional for necessário; irão se envolver em um debate aberto (cf. as explicações para a Parte Um, Seção 2, Tese viii) em que os representantes do *status quo* não tenham uma opinião estabelecida ou qualquer procedimento estabelecido; e irão organizar uma rebelião, se lhes parecer que não há outro meio. Exigir que elas limitem seus esforços àquilo que é racionalmente admissível pode, naquele momento, ser tão sensato quanto querer argumentar com uma parede. Além disso, por que elas deveriam se preocupar com "objetividade" quando sua meta é se fazer ouvir em um ambiente unilateral, ou seja, "subjetivo"?

A situação é diferente quando tribos, culturas e pessoas que não são parte de qualquer Estado mudam para uma mesma área e agora têm de viver juntas. Um exemplo são os babilônios, os egípcios, os gregos, os mitanis, os hititas e os muitos outros povos que tinham interesses na Ásia Menor. Eles aprenderam uns com os outros e criaram o "Primeiro Internacionalismo" (Brestead), de 1600 a 1200 a.C. A tolerância de tradições e credos diferentes era considerável e excedia em muito a tolerância que os cristãos mostraram mais tarde para com formas alternativas de vida. O Yassaq, ou lei de costume, de Gengis Khan, que proclamava os mesmos direitos para todas as religiões, mostra que a História nem sempre avança e que a "mente moderna" pode estar muito atrás de alguns "selvagens" com relação à razoabilidade, praticabilidade e tolerância.

O terceiro caso é aquele da sociedade relativista com uma estrutura de proteção já instalada. Esse é o caso que os racionalistas parecem ter em mente. Queremos melhorar a estrutura de proteção. A melhora, dizem os racionalistas, não pode ser feita arbitrariamente, não deve haver influência indevida, padrões objetivos devem determinar cada passo. Mas por que os padrões que orientam um intercâmbio entre tradições devem ser impostos de fora? Na Parte Um, vimos que a relação entre Razão e Prática é dialética: as tradições são orientadas por padrões que, por sua vez, são avaliados pela maneira como influenciam as tradições. Isso também se aplica aos padrões que orientam o intercâmbio entre as várias tradições de uma sociedade livre. Esses padrões são, também, determinados, aprimorados, refinados, eliminados pelas próprias tradições ou, para usar termos explicados no mesmo lugar – *o intercâmbio entre tradições é um intercâmbio aberto, não um intercâmbio racional.* Insinuando que os negócios internos de uma sociedade devem seguir regras "objetivas" e indicando que eles são os principais inventores, guardiães e polidores de regras, os intelectuais só conseguiram até agora se interpor entre as tradições envolvidas e seus problemas. Conseguiram impedir uma democracia mais direta, em que os problemas são solucionados e as soluções são avaliadas por aqueles que sofrem com os problemas e têm de conviver com as soluções, e eles engordaram com os recursos que foram assim desviados em sua direção. Chegou a hora de perceber que eles são apenas um grupo especial e um tanto ambicioso que se mantém junto por uma tradição especial e bastante agressiva igual em direitos aos cristãos, taoístas, canibais, muçulmanos negros, mas muitas vezes sem ter a compreensão que estes têm de questões humanitárias. Chegou a hora de perceber que a Ciência, também, é uma tradição especial e que sua predominância deve ser revogada por um debate aberto do qual todos os membros da sociedade participem.

No entanto – e assim vamos para a pergunta A da Seção 2 –, esse debate não descobrirá logo a esmagadora excelência da Ciência e, assim, devolverá seu *status quo*? E se não o fizer – não estará mostrando a ignorância e a incompetência dos leigos? E se isso for verdade, então não será melhor deixar as coisas como estão em vez de perturbá-las com mudanças inúteis que desperdiçam nosso tempo?

4. Juízos democráticos invalidam a "Verdade" e o parecer de especialistas

Há dois aspectos com relação a essa pergunta. Um envolve os *direitos* dos cidadãos e das tradições em uma sociedade livre, o outro, as consequências (talvez desvantajosas) de um *exercício* desses direitos.

Em uma democracia um cidadão individual tem o direito de ler, escrever e fazer propaganda para seja lá o que for que lhe agrade. Se ficar doente, ele tem o direito de ser tratado de acordo com seus desejos, por curandeiros, se acreditar na arte da cura pela fé, ou por médicos cientistas, se tiver mais confiança na Ciência. E ele não tem apenas o direito de aceitar ideias, viver de acordo com elas e divulgá-las *como um indivíduo*; pode também *formar associações* que apoiem seu ponto de vista, contanto que as possa financiar ou encontrar pessoas que estejam dispostas a lhe dar apoio financeiro. Esse direito é dado ao cidadão por duas razões: primeiro, porque todas as pessoas devem ser capazes de buscar aquilo que *acham* que é a verdade, ou o procedimento correto; e, segundo, porque a única maneira de chegar a uma avaliação útil daquilo que é supostamente a verdade, ou o procedimento correto, é familiarizar-se com o maior número possível de alternativas. As razões foram explicadas por Mill em seu ensaio imortal "Sobre a liberdade". Não é possível aprimorar seus argumentos.

Presumindo esse direito, o cidadão tem o poder de dar uma opinião sobre a administração de qualquer instituição para a qual ele contribui financeiramente, de forma privada ou como contribuinte: colégios e universidades públicas, instituições de pesquisa sustentadas com o dinheiro público, tais como a National Science Foundation, estão sujeitas à avaliação dos contribuintes, e isso se aplica a todas as escolas de ensino básico. Se os contribuintes da Califórnia quiserem que suas universidades públicas ensinem magia negra, medicina popular, astrologia, cerimônias da dança da chuva, então é isso que as universidades terão de ensinar. O parecer de especialistas, é claro, será levado em consideração, mas eles não terão a última palavra. A última palavra é a decisão de comitês democraticamente constituídos e, nesses comitês, os leigos têm o controle.

Mas será que os leigos possuem o conhecimento necessário para decisões desse tipo? Não irão cometer erros sérios? E, portanto, não é necessário deixar as decisões fundamentais para os especialistas?

Certamente não em uma democracia.

Uma democracia é um conjunto de pessoas maduras e não uma coleção de ovelhas guiadas por um pequeno grupo de sabe-tudo. A maturidade não é encontrada largada pelas ruas, ela precisa ser aprendida. E não é aprendida nas escolas, pelo menos não nas escolas atuais em que o aluno depara com *cópias* dessecadas e falsificadas de *decisões passadas;* ela é adquirida por meio da *participação ativa* em decisões que ainda precisam ser tomadas. A maturidade é mais importante que o conhecimento especializado e deve ser buscada mesmo que essa procura interfira nas charadas dos cientistas. Afinal, temos de decidir como é que as formas especiais de conhecimento devem ser aplicadas, até que ponto podem ser confiáveis, qual é sua relação com a *totalidade* da existência humana e, portanto, com outras formas de conhecimento. Os cientistas, é claro, presumem que não há nada melhor do que a Ciência. Os cidadãos de uma democracia não podem se satisfazer com essa fé piedosa. A participação de leigos nas decisões fundamentais é, portanto, exigida, *mesmo que isso possa reduzir o índice de sucesso das decisões.*

A situação que acabo de descrever tem muitas semelhanças com a situação no caso de uma guerra. Em uma guerra um Estado totalitário tem plenos poderes. Considerações humanitárias não limitam suas táticas; as únicas restrições são as de material, engenhosidade e efetivo. Uma democracia, por sua vez, deve supostamente tratar o inimigo de uma forma humana, *mesmo que isso diminua as chances de vitória*. É verdade que apenas umas poucas democracias mantêm esses padrões, mas as que o fazem dão uma importante contribuição para o progresso de nossa civilização. No campo do pensamento a situação é exatamente a mesma. Devemos compreender que há coisas mais importantes neste mundo do que ganhar uma guerra, fazer progredir a Ciência, encontrar a Verdade. Além disso, não há nenhuma garantia de que tirar as decisões fundamentais das mãos dos especialistas e deixá-las para os leigos irá reduzir seu índice de sucesso.

5. O parecer de especialistas é muitas vezes preconceituoso, não confiável e precisa de controle externo

Para começar, os especialistas com frequência chegam a resultados diferentes, tanto em assuntos fundamentais quanto em sua aplicação. Quem não conhece pelo menos um caso na família quando um médico recomendou certa operação, outro é contra ela e um terceiro sugere um procedimento totalmente diferente? Quem não leu sobre os debates com respeito à segurança nuclear, ao estado da economia, aos efeitos de pesticidas, aos sprays de aerossol, à eficiência dos métodos de ensino, à influência da raça na inteligência? Duas, três, cinco e até mais opiniões surgem nesses debates e é possível encontrar partidários científicos para todas elas. Às vezes, quase temos vontade de dizer: quanto mais cientistas, mais pareceres. Há, é claro, áreas em que os cientistas estão de acordo – mas isso não pode aumentar nossa confiança. A unanimidade é muitas vezes resultado de uma decisão *política*: os dissidentes são suprimidos ou permanecem em silêncio para preservar a reputação da Ciência como uma fonte de conhecimento confiável e quase infalível. Em outras ocasiões, a unanimidade é resultado de preconceitos compartilhados: as posições são tomadas sem um exame detalhado do assunto sob inspeção e infundidas com a mesma autoridade que vem da pesquisa detalhada. A atitude com relação à Astrologia que irei discutir dentro em pouco é um exemplo. Assim, mais uma vez, a unanimidade pode indicar uma redução de consciência crítica: a crítica permanece fraca enquanto apenas uma opinião está sendo considerada. Esta é a razão pela qual uma unanimidade que depende apenas de considerações "internas" acaba sendo errônea.

Tais erros *podem ser* descobertos por leigos e diletantes, e muitas vezes *foram realmente* descobertos por eles. Inventores construíram máquinas "impossíveis" e fazem descobertas "impossíveis". A Ciência progrediu graças a pessoas alheias a ela ou a cientistas com uma formação pouco comum. Einstein, Bohr e Born eram todos diletantes e o disseram em inúmeras ocasiões. Schliemann, que refutou a ideia de que o mito e a lenda não têm conteúdo factual, começou sua vida como um homem de negócios bem-sucedido; Alexander Marshack, que refutou a ideia de que o homem da Idade da Pedra era incapaz de pensamentos complexos, era um jornalista. Robert Ardrey era dramaturgo e veio para a Antropologia em virtude de sua crença na íntima relação entre Ciência e poesia. Colombo não tinha educação universitária e teve de aprender o latim bem tarde na vida. Robert Mayer sabia apenas as linhas mais gerais da Física do início do século XIX. E os comunistas chineses dos anos 1950, que obrigaram a Medicina tradicional a voltar para as universidades e com isso começaram linhas de pesquisa bastante interessantes no mundo todo, tinham apenas um pequeno conhecimento das complexidades da Medicina científica. Como isso é possível? Como é possível que o ignorante ou o mal informado possa ocasionalmente ter melhor resultado que aqueles que conhecem uma disciplina a fundo?

Uma resposta está relacionada à própria *natureza do conhecimento*. Todo conhecimento contém elementos valiosos ao lado de ideias que impedem a descoberta de coisas novas. Tais ideias não são simplesmente erros. Elas são necessárias para a pesquisa: o progresso em uma direção não pode ser obtido sem bloquear o progresso em outra. Mas a pesquisa naquela "outra" direção pode revelar que o "progresso" conseguido até então era apenas uma quimera. E pode solapar seriamente a autoridade daquela área como um todo. Assim, a Ciência precisa tanto da *intolerância* que coloca obstáculos no caminho da curiosidade sem limites e da *ignorância* que ou desconsidera os obstáculos ou é incapaz de percebê-los.[10] A Ciência precisa tanto do especialista quanto do diletante.[11]

Outra resposta é que os cientistas com bastante frequência simplesmente não sabem o que estão dizendo. Têm opiniões fortes, conhecem alguns argumentos-padrão para essas opiniões, podem até conhecer alguns resultados fora da área específica em que estão pesquisando, mas, na maior parte do tempo, dependem, e têm de depender (em virtude da especialização), de *boatos* e *rumores*. Nenhuma inteligência especial ou conhecimento técnico são necessários para descobrir isso. Qualquer pessoa com alguma perseverança pode fazer essa descoberta e irá então descobrir também que muitos dos rumores apresentados com tanta certeza não são nada mais que meros erros.

Assim, R. A. Milikan, ganhador do Prêmio Nobel de Física, escreve em *Reviews of Modern Physics* (1949, p.344):

---

[10] A ignorância das doutrinas das escolas estabelecidas ajudou Galileu em sua pesquisa. A ignorância fez que outros adotassem os resultados de sua pesquisa, apesar das dificuldades observacionais e conceituais sérias. Isso é mostrado nos capítulos de 9 a 11 [8 a 20] e no Apêndice 2 de CM.

[11] É interessante observar que as exigências da nova Filosofia experimental surgida no século XVII eliminaram não só hipóteses ou métodos, mas *os próprios efeitos*, cuja ilegitimidade foi supostamente provada pela pesquisa científica mais tarde: efeitos parapsicológicos e efeitos que mostram a harmonia entre o microcosmo e o macrocosmo dependem de um estado mental (e, no caso de fenômenos em larga escala, da sociedade) que é eliminado pela exigência de "observadores neutros e imparciais"; esses efeitos aumentam com a excitação, uma abordagem global e uma correlação íntima entre as agências espirituais e materiais. Eles diminuem e quase desaparecem quando uma abordagem fria e analítica é adotada ou quando a religião e a teologia são separadas do estudo da matéria inerte. Assim, o Empirismo científico eliminou seus rivais espiritualistas, os seguidores de Agrippa de Nettesheim, de John Dee e de Robert Fludd, não por dar uma explicação melhor de um mundo *que existia independentemente de qualquer uma das duas visões*, mas por usar um método que não permitia que os efeitos "espirituais" surgissem. *Eliminou* tais efeitos e depois descreveu o mundo empobrecido *insinuando que nenhuma mudança tinha ocorrido*. James I, que não se sentia muito confortável com espíritos, só pôde acolher com alegria esse desenvolvimento, e temos razões para presumir que "cientistas" que ansiavam pelo patrocínio real organizaram sua ciência de acordo com isso. A atitude de Bacon com relação à mágica também deve ser vista sob esse aspecto: cf. Yates, 1974.

Einstein fez um apelo a todos nós – 'vamos simplesmente aceitar isso (o experimento de Michelson) como um fato experimental estabelecido e dali continuar para descobrir suas consequências inevitáveis' – e ele próprio dedicou-se a essa tarefa com uma energia e uma capacidade que poucas pessoas na Terra possuem. Assim nasceu a teoria especial da relatividade.

A citação sugere que Einstein começa com a descrição de um experimento, que insiste para que deixemos de lado ideias anteriores e nos concentremos apenas naquele experimento, que ele próprio abandona essas ideias e que, usando esse método, chega à teoria especial da relatividade. Basta ler o ensaio de Einstein de 1905 para perceber que ele age de uma maneira totalmente diferente. Não há nenhuma menção do experimento de Michelson-Morley ou, quanto a isso, de qualquer experimento específico. O ponto de partida do argumento não é um experimento, mas uma "conjectura", e a sugestão de Einstein não é que eliminemos a "conjectura", e sim que "façamos dela um princípio" – exatamente o oposto daquilo que Milikan diz que Einstein estaria fazendo. Isso pode ser verificado por qualquer pessoa que saiba ler, mesmo sem qualquer conhecimento especial de Física, pois a passagem ocorre na primeira parte não matemática do ensaio de Einstein.

Outro exemplo mais técnico é a chamada *prova de Neumann*. Nos anos 1930 existiam duas interpretações principais da teoria quântica. Segundo a primeira interpretação, a teoria quântica é uma teoria estatística, como mecânica estatística, e as incertezas são de conhecimento, não de natureza. De acordo com a segunda interpretação, as incertezas não expressam apenas nossa ignorância, elas são inerentes na natureza: estados que sejam mais definitivos do que o indicado pelas relações de incerteza simplesmente não existem. A segunda interpretação era defendida por Bohr, que ofereceu uma variedade de argumentos qualitativos, e por Heisenberg, que a ilustrou com exemplos simples. Além disso, havia uma prova um tanto complicada de Von Neumann, que supostamente mostrava que a Mecânica Quântica era incompatível com a primeira interpretação. Ora, em reuniões até os anos 1950 a discussão normalmente era assim: primeiro, os defensores da segunda interpretação apresentavam seus argumentos.

A seguir, os oponentes expunham suas objeções. As objeções costumavam ser bastante difíceis e não podiam ser respondidas facilmente. Então alguém dizia "mas Von Neumann demonstrou..." e com isso a oposição era silenciada e a segunda interpretação, salva. Era salva não porque a prova de Neumann fosse assim tão conhecida, mas porque o simples nome "Von Neumann" era uma autoridade capaz de invalidar qualquer objeção. Era salva em virtude da força de um *rumor* peremptório.

Neste ponto a semelhança entre a Ciência "moderna" e a Idade Média torna-se um tanto surpreendente. Quem não se lembra de como as objeções eram invalidadas por referência a Aristóteles? Quem não ouviu falar dos muitos rumores (tais como o de que o filhote de leão nasce morto e a mãe o revive lambendo-o) que eram passados de geração em geração e formaram partes decisivas do conhecimento medieval? Quem não leu com indignação como as observações eram rejeitadas por referência a teorias que eram apenas outros rumores e quem não pontificou ou ouviu outros pontificarem sobre a excelência da Ciência moderna a esse respeito? Os exemplos mostram que a diferença entre a Ciência moderna e a Ciência "medieval" é quando muito uma questão de grau e que os mesmos fenômenos ocorrem em ambas. A semelhança aumenta quando consideramos como as instituições científicas tentam impor sua vontade ao restante da sociedade.[12]

6. O estranho caso da Astrologia

Para fazer que o argumento fique ainda mais claro, vou discutir rapidamente a "Declaração de 186 cientistas importantes" contra a Astrologia, que foi publicada na revista *Humanist*, de set./out. 1975. Essa declaração é dividida em quatro partes. Primeiro, há a declaração propriamente dita, que ocupa mais ou menos uma página. Depois vêm 186 assinaturas de astrônomos, físicos, matemáticos, filósofos e indivíduos com profissões não especificadas, entre eles dezoito ganhadores do Prêmio Nobel. A seguir,

---

[12] Inúmeros exemplos em Jungk, 1977.

temos dois artigos que explicam a posição contra a Astrologia de maneira bastante detalhada.

Ora, o que surpreende o leitor cuja imagem da Ciência foi formada pelos elogios costumeiros que enfatizam a racionalidade, a objetividade, a imparcialidade e assim por diante é o tom religioso do documento, a ignorância dos "argumentos" e a maneira autoritária com que eles são apresentados. Os eruditos senhores têm convicções muito fortes e usam sua autoridade para divulgar essas convicções (por que 186 assinaturas se a pessoa tem argumentos?), sabem algumas frases que soam como argumentos, mas certamente não sabem do que estão falando.[13]

Vejamos a primeira frase da "Declaração". Ela diz: "Cientistas em uma variedade de áreas estão ficando preocupados com a crescente aceitação da Astrologia em muitas partes do mundo".

Em 1484, a Igreja Católica Romana publicou o *Malleus Maleficarum*, o importante manual sobre bruxaria. Trata-se de um livro muito interessante, dividido em quatro partes: fenômenos, etiologia, aspectos jurídicos e aspectos teológicos da bruxaria. A descrição dos fenômenos é suficientemente detalhada para nos permitir identificar os distúrbios mentais que acompanhavam alguns casos. A etiologia é pluralista, não há apenas a explicação oficial, mas também outras explicações, inclusive algumas puramente materialistas. É claro, no fim, somente uma das explicações oferecidas é aceita, mas as alternativas são discutidas e, dessa forma, é possível avaliar os argumentos que levam à sua eliminação. Essa característica torna o *Malleus* superior a quase todos os manuais de Física, Biologia e Química atuais. Até a Teologia é pluralista, as visões heréticas não são silenciadas nem ridicularizadas; são descritas, examinadas e eliminadas por argumento. Os autores

---

[13] Isso é uma verdade bastante literal. Quando um representante da BBC quis entrevistar alguns dos ganhadores do Prêmio Nobel, eles declinaram o convite com o comentário de que nunca tinham estudado Astrologia e não tinham ideia de seus detalhes. O que não os impediu de amaldiçoá-la em público. No caso de Velikowski a situação foi exatamente a mesma. Muitos dos cientistas que tentaram impedir a publicação do primeiro livro dele, ou que escreveram contra ele depois de sua publicação, nunca tinham lido uma única página do livro, mas confiavam nos boatos ou nas reportagens dos jornais. Isso é uma questão de arquivo. Cf. De Grazia, (1966), bem como os ensaios em *Velikowsky Reconsidered* (1976). Como sempre ocorre, a maior certeza anda de mãos dadas com a maior ignorância.

conhecem o tema, conhecem seus oponentes, dão uma descrição correta da posição desses oponentes, argumentam contra essas posições e usam o melhor conhecimento disponível à época em seus argumentos.

O livro tem uma introdução, uma bula do papa Inocêncio VIII, publicada em 1484. A bula diz: "Realmente chegou a nossos ouvidos, não sem nos afligir com amarga tristeza, que, em..." – e a seguir vem uma longa lista de países e condados –

> muitas pessoas de ambos os sexos, sem se importar com a própria salvação, se extraviaram da Fé Católica e se entregaram aos diabos...,

e assim por diante. As palavras são quase as mesmas que as do começo da "Declaração", e isso também ocorre com os sentimentos expressos. Tanto o papa quanto os "186 cientistas importantes" deploram a crescente popularidade daquilo que eles consideram ideias indecorosas. Mas que diferença na maneira de escrever e na erudição!

Comparando o *Malleus* com descrições de conhecimento contemporâneo, o leitor pode facilmente se dar conta de que o papa e seus eruditos autores sabiam do que estavam falando. Mas isso não pode ser dito de nossos cientistas. Eles não conhecem o assunto que atacam, a Astrologia, nem as partes da própria Ciência que prejudicam seu ataque.

O professor Bok, no primeiro artigo que é um dos anexos à declaração, escreve o seguinte:

> Tudo o que posso fazer é declarar clara e inequivocamente que os conceitos modernos de Astronomia e de Física espacial não dão qualquer apoio – melhor dizendo, dão apoio negativo – aos princípios da Astrologia,

isto é, à premissa de que eventos celestiais, tais como as posições dos planetas, da Lua e do Sol, influenciam as questões humanas. Ora, "conceitos modernos de Astronomia e Física espacial" incluem grandes plasmas planetários e uma atmosfera solar que vai muito além da Terra no espaço. Os plasmas interagem com o Sol e uns com os outros. A interação leva a uma dependência da atividade solar nas posições relativas dos planetas. Observando os planetas, podemos prever certas características da atividade solar com grande precisão. Tal atividade influencia a qualidade dos sinais de ondas curtas e, portanto, flutuações nessa qualidade também podem ser previstas pela posição dos planetas.[14]

A atividade solar tem uma influência profunda na vida. Isso é sabido há muito tempo. O que não se sabia era quão delicada essa influência é realmente. Variações no potencial elétrico de árvores dependem não só da atividade *bruta* do Sol, mas também dos *clarões individuais* e, portanto, uma vez mais, da posição dos planetas.[15] Piccardi, em uma série de investigações que se estenderam por mais de trinta anos, descobriu variações na taxa de reações químicas padronizadas que não podiam ser explicadas por condições laboratoriais ou meteorológicas. Ele e outros cientistas trabalhando nessa área tendem a acreditar

> que os fenômenos observados estão primordialmente relacionados com mudanças da estrutura da água utilizada nos experimentos.[16]

A ligação química na água é de cerca de um décimo da força das ligações químicas médias, de forma que a água é

---

[14] Nelson, 1951, p.26ss.; 1952, p.421ss. Muitos dos estudos científicos relevantes para nosso caso são descritos e listados em Watson, 1973. A maioria desses estudos foi desconsiderada (sem qualquer crítica) pela opinião científica ortodoxa.

[15] Isso foi descoberto por H. S. Burr. Referência em Watson, op. cit.

[16] Tromp, 1972, p.243. O artigo contém um levantamento da obra iniciada por Piccardi, que começou estudos de longo alcance sobre as causas de certos processos físico-químicos não reprodutíveis na água. Algumas das causas estavam relacionadas a erupções solares, outras a parâmetros lunares. Referência a esse tipo de estímulos extraterrestres é rara entre cientistas do meio ambiente e os problemas correspondentes são "muitas vezes esquecidos ou negligenciados" (p.239). No entanto, "apesar de certa resistência por parte de alguns cientistas ortodoxos, nos últimos anos um avanço pode ser observado entre os pesquisadores mais jovens" (p.245). Há centros especiais de pesquisa, tais como o Biometeorological Research Center em Leiden e o Stanford Research Center em Menlo Park, Califórnia, que estudam aquilo que em determinado momento foi chamado de influência dos céus sobre a Terra e encontraram correlações entre processos orgânicos e inorgânicos e parâmetros lunares, solares e planetários. O artigo de Tromp contém um levantamento e uma vasta bibliografia. O Biometeorological Research Center publica listas periódicas de publicações (monografias, relatórios, publicações em jornais científicos). Parte do trabalho feito no Stanford Research Institute e em instituições relacionadas é descrito em Mitchell, 1974.

sensível a influências extremamente delicadas e capaz de se adaptar às circunstâncias mais variadas em um grau que não é alcançado por nenhum outro líquido (Piccardi, 1962).

É bastante possível que os clarões solares tenham de ser incluídos entre essas "mais variadas circunstâncias"[17] que, uma vez mais, levariam a uma dependência das posições planetárias. Considerando o papel que a água e os coloides orgânicos (Tromp, loc.cit.) desempenham na vida, podemos supor que é

> por meio da água e do sistema aquoso que as forças externas são capazes de atuar sobre os organismos vivos (Piccardi, loc.cit.).

O alto grau de sensibilidade dos organismos já foi demonstrado em uma série de ensaios de F. R. Brown. As ostras abrem e fecham suas conchas de acordo com as marés. E continuam essa atividade quando trazidas para a terra e dentro de um recipiente escuro. Eventualmente, elas adaptam seu ritmo ao novo local, o que significa que pressentem as marés muito fracas em um tanque de laboratório em terra firme (1954, p.510ss). Brown estudou também o metabolismo de tubérculos e descobriu um período lunar, embora as batatas tivessem sido mantidas a temperatura, pressão, umidade e iluminação constantes: a capacidade do homem para manter condições constantes é menor que a capacidade de uma batata em captar os ritmos lunares (1957, p.285),[18] e a afirmação feita pelo professor Bok de que "as paredes da sala de parto nos protegem efetivamente de muitas radiações conhecidas" acaba sendo apenas mais um caso de uma forte convicção baseada na ignorância.

A "Declaração" dá muita ênfase ao fato de "a Astrologia ser parte integrante de uma visão de mundo mágica" e o segundo artigo que foi anexado a ela oferece uma "refutação final", mostrando que "a Astrologia surgiu da mágica". De onde será que o erudito cavalheiro tirou *essa* informação? Até onde sabemos, não há um único antropólogo entre eles e tenho bas-

---

[17] Cf. Verfaillie, 1969, p.113ss.
[18] O efeito poderia também ser resultado da sincronicidade. Cf. Jung, 1960, p.419ss.

tante dúvida se qualquer um deles está familiarizado com os resultados mais recentes dessa disciplina. O que eles conhecem são algumas ideias *mais antigas* daquilo que podemos chamar de período "ptolomaico" da Antropologia, quando o homem ocidental pós-século XVII era supostamente o único possuidor de conhecimento sólido, quando estudos de campo, a Arqueologia e um exame mais detalhado do mito ainda não tinham levado à descoberta do conhecimento surpreendente que tanto o homem antigo quanto os "primitivos" modernos possuem, e quando era presumido que a História consistia de uma simples progressão de ideias mais primitivas para outras menos primitivas. O que vemos é que: a avaliação dos "186 cientistas principais" depende de uma Antropologia antediluviana, da ignorância de resultados mais recentes em suas próprias áreas (Astronomia, Biologia e a conexão entre as duas), assim como de uma incapacidade de perceber as implicações dos resultados que eles realmente conhecem. Ela mostra até que ponto cientistas estão preparados para fazer valer sua autoridade mesmo em áreas sobre as quais eles não têm o menor conhecimento.

Há muitos erros menores. "A Astrologia", dizem, "recebeu um sério golpe mortal" quando Copérnico substituiu o sistema ptolomaico. Observem a maravilhosa linguagem: será que o escritor erudito acredita na existência de "golpes mortais" que não sejam "sérios"? E com relação ao conteúdo só podemos dizer que exatamente o oposto foi verdadeiro. Kepler, um dos primeiros copernicanos, usou as novas descobertas para aprimorar a Astrologia, descobriu nova evidência para ela e a defendeu contra seus oponentes.[19] Há uma crítica do dito que as estrelas favorecem, mas não obrigam. A crítica esquece que a teoria hereditária moderna (por exemplo) funciona com favorecimentos em toda sua extensão. Algumas afirmações específicas, que são parte da Astrologia, são criticadas ao usar citações da evidência que as contradiz; mas toda teoria moderadamente interessante está sempre em conflito com inúmeros resultados experimentais. Nesse sentido a Astrologia é semelhante a programas científicos de

---

[19] Cf. Herz, 1895, assim como as passagens relevantes das obras completas de Kepler. Kepler se opõe à Astrologia tropical e mantém a Astrologia sideral, mas apenas para fenômenos de massa como guerras, epidemias etc.

pesquisa respeitados. Há uma citação bastante longa de uma declaração feita por psicólogos que diz:

> Os psicólogos não encontram qualquer evidência de que a Astrologia tem qualquer valor como um indicador de tendências passadas, presentes ou futuras de nossa vida pessoal...

Considerando que astrônomos e biólogos não encontraram evidência *que já está publicada, e por pesquisadores em suas próprias áreas,* isso não pode exatamente ser um argumento válido.

> Ao oferecer ao público o horóscopo como um substituto para um pensamento honesto e sustentável, os astrólogos têm sido culpados de brincar com a tendência humana de escolher caminhos fáceis em vez dos difíceis,

mas e o que dizer da psicanálise e da dependência de testes psicológicos que há muito tempo passaram a ser um substituto para "um pensamento honesto e sustentável" na avaliação das pessoas de todas as idades?[20] E, com relação à origem mágica da Astrologia, precisamos apenas mencionar que a Ciência, em determinado momento, estava intimamente relacionada com a mágica e, portanto, deve também ser rejeitada se a Astrologia precisar ser rejeitada por essas razões.

Os comentários não devem ser interpretados como uma tentativa de defender a Astrologia *como ela é praticada atualmente* pela grande maioria de astrólogos. A Astrologia moderna é, em muitos aspectos, semelhante à antiga Astronomia medieval: herdou ideias interessantes e profundas, mas as deturpou e as substituiu por caricaturas mais adaptadas à compreensão limitada de seus praticantes.[21] As caricaturas não são usadas para pesquisa: não há qualquer tentativa de progredir para novas áreas ou ampliar nosso conhecimento de influências extraterrestres; elas apenas servem como um reservatório de regras e frases ingênuas apropriadas para

---

[20] A objeção do livre-arbítrio não é nova; ela foi feita pelos fundadores da Igreja. Isso também se aplica à objeção gêmea.
[21] Sobre Astrologia, veja CM, p.100n [114n].

influenciar os ignorantes. No entanto, essa não é a objeção feita por nossos cientistas. Eles não criticam o ar de estagnação que permitiram que obscurecesse as premissas básicas da Astrologia; eles criticam as próprias premissas básicas e, ao fazê-lo, transformam suas próprias disciplinas em caricaturas. É interessante observar como as duas partes estão próximas em ignorância, presunção e no desejo de ter um controle fácil sobre as mentes.[22]

7. Os leigos podem e devem supervisionar a Ciência

Esses exemplos, que não são de forma alguma atípicos,[23] mostram que não só seria insensato, *mas uma irresponsabilidade total*, aceitar a avaliação de cientistas e físicos sem um exame mais profundo. Se a questão é importante, seja para um pequeno grupo ou para a sociedade como um todo, *então essa avaliação deve ser submetida ao mais minucioso dos exames*. Comitês de leigos devidamente eleitos precisam examinar se a teoria da evolução está realmente tão bem estabelecida quanto os biólogos nos querem fazer crer, se o fato de estar estabelecida na opinião deles resolve a questão, e se ela deve substituir outras ideias nas escolas. Eles devem examinar a segurança de reatores nucleares em cada caso individual e dar acesso a *todas* as informações relevantes. Esses comitês precisam examinar se a Medicina científica merece a posição incomparável de autoridade teórica, o acesso a recursos e os privilégios de mutilação de que desfruta hoje em dia ou se métodos não científicos de cura não são, com frequência, superiores; e devem encorajar comparações relevantes: as tradições de Medicina tribal devem ser recuperadas e praticadas por aqueles que as preferem, em parte porque é seu desejo, em parte porque assim nós obtemos alguma informação sobre a eficiência da Ciência (cf. também os comentários na Seção 9 a seguir). Os comitês também devem examinar se a mente das pessoas é avaliada de forma adequada pelos testes psicológicos, o que se deve dizer sobre reformas nos presídios – e assim por diante. Em

---

[22] Cf. CM, p.208n.
[23] Damos outros exemplos em CM.

todos os casos a última palavra não será a dos especialistas, mas das pessoas diretamente envolvidas.[24]

O fato de erros de especialistas poderem ser descobertos por pessoas comuns, contanto que elas estejam dispostas a "trabalhar duro", é a premissa básica de qualquer julgamento por um júri. A lei exige que especia-

---

[24] Cientistas, educadores e físicos devem ser supervisionados quando envolvidos em empregos *públicos*, mas também devem ser observados cuidadosamente quando são chamados para solucionar *os problemas de um indivíduo* ou de uma família. Todo mundo sabe que bombeiros, carpinteiros, eletricistas nem sempre são confiáveis e que é uma boa ideia vigiá-los. Começamos comparando várias firmas diferentes, escolhendo aquela que dá as melhores sugestões e supervisiona cada passo do trabalho de seus funcionários. Isso também se aplica às chamadas profissões "superiores": um indivíduo que contrata um advogado, consulta um meteorologista, solicita um relatório sobre os alicerces de sua casa não pode dar tudo por certo de antemão ou vai se ver com uma enorme conta nas mãos e problemas ainda maiores do que aqueles para os quais chamou o especialista. Tudo isso é bastante conhecido. Mas há algumas profissões que ainda parecem ser isentas de dúvidas. Muitas pessoas confiam em um médico ou em um professor como teriam confiado em um padre nos velhos tempos. Mas médicos fazem diagnósticos incorretos, prescrevem remédios perigosos, cortam, fazem raios X e mutilam à menor provocação, em parte porque são incompetentes, em parte porque não lhes importa e até agora conseguiram escapar impunes, em parte porque a ideologia básica da profissão médica que foi formada como consequência da revolução científica só pode tratar de certos aspectos restritos do organismo humano, mas, ainda assim, tenta cobrir tudo com o mesmo método. De fato, o escândalo dos tratamentos inapropriados chegou a tal ponto que os próprios médicos agora aconselham seus pacientes a não se satisfazerem com um único diagnóstico, mas a procurar vários médicos e supervisionar o próprio tratamento. É claro, uma segunda opinião não deve ser restrita à profissão médica, pois o problema pode não ser a incompetência de um único médico, ou de um grupo de médicos; o problema pode ser a *incompetência da medicina científica de um modo geral*. Assim, todo paciente deve ser o supervisor de seu tratamento, assim como se deve permitir a cada grupo de pessoas e a cada tradição que avalie os projetos que o governo deseja realizar em seu meio e ser capaz de rejeitar aqueles projetos que não considerarem adequados.

No caso de educadores a situação é ainda pior. Pois, enquanto é possível determinar se um tratamento *físico* teve sucesso, não temos meios acessíveis para determinar o sucesso de um tratamento mental, da chamada educação. Ler, escrever, fazer contas e o conhecimento de fatos básicos podem ser avaliados. Mas o que pensar de um treinamento que transforma as pessoas em existencialistas de segunda mão ou filósofos da ciência? O que pensar das idiotices propagadas por nossos sociólogos e das atrocidades consideradas "produções críticas" por nossos artistas? Eles podem nos impingir suas ideias com impunidade, a menos que os alunos comecem a verificar seus professores assim como os pacientes começaram a verificar seus médicos: o conselho em todos os casos é *usar especialistas*, mas nunca *confiar neles* e certamente nunca *depender deles* inteiramente.

listas sejam interrogados minuciosamente e que seu depoimento seja submetido à avaliação de um júri. Ao fazer essa exigência, a lei presume que os especialistas afinal são humanos, que cometem erros, mesmo bem no centro de sua especialidade, que tentam esconder qualquer fonte de incerteza que possa diminuir a credibilidade de suas ideias, que sua *expertise* não é tão inacessível quanto muitas vezes se insinua. E ela presume também que um leigo pode adquirir o conhecimento necessário para compreender seus procedimentos e descobrir seus erros.

Essa premissa é confirmada continuamente em julgamentos. Acadêmicos presunçosos e intimidadores, cobertos com títulos honorários, cátedras universitárias, presidências de sociedades científicas, levam uma rasteira de um advogado que tem o talento para ver através do jargão mais impressionante e expor a incerteza, a indefinição, a ignorância monumental por trás da exibição mais fascinante de onisciência: *a Ciência não está além do alcance da sagacidade natural da raça humana*. Sugiro que essa sagacidade seja aplicada a todas as questões sociais importantes que agora estão nas mãos dos especialistas.

8. Argumentos metodológicos não estabelecem a excelência da Ciência

As considerações apresentadas até aqui podem ser criticadas ao admitir que a Ciência, sendo um produto do esforço humano, tem seus *defeitos*, mas acrescentando que, ainda assim, ela é melhor que meios alternativos de adquirir conhecimento. A Ciência é superior por dois motivos: ela usa o *método* correto para obter resultados; e há muitos *resultados* para provar a excelência do método. Examinemos esses motivos mais de perto.

A resposta ao primeiro motivo é simples: não existe nenhum "método científico"; não há nenhum procedimento único, ou conjunto de regras, que esteja presente em todas as pesquisas e garanta que é "científico" e, portanto, confiável. Cada projeto, cada teoria, cada procedimento precisa ser avaliado por seus próprios méritos e pelos padrões adaptados aos processos com os quais lida. A ideia de um *método* universal e estável que seja uma medida imutável de adequação e até a ideia de uma *racionalidade* universal e estável é tão irreal quanto a ideia de um instrumento de medida universal e estável que meça qualquer magnitude, não importa as circunstâncias. Os cientistas revisam seus padrões, seus procedimentos, seus critérios de racionalidade à medida que vão seguindo adiante e entrando em novas áreas de pesquisa. O argumento principal para essa resposta é histórico: não há uma única regra, por mais plausível e por mais firmemente baseada na Lógica e na Filosofia geral, que não seja infringida em um momento ou outro. Tais violações não são eventos acidentais nem resultados da ignorância e desatenção que poderiam ter sido evitados. Dadas as condições em que ocorreram, elas foram necessárias para o progresso ou para qualquer outra característica que pudéssemos achar desejável. Na verdade, uma das características mais surpreendentes da discussão recente na História e na Filosofia da Ciência é a compreensão de que eventos como a invenção do atomismo na antiguidade, a Revolução Copernicana, o surgimento do atomismo moderno (Dalton; teoria cinética; teoria da dispersão; estereoquímica; teoria quântica), a emergência gradativa da teoria da onda de luz só ocorreram porque alguns pensadores *decidiram* não ficar limitados por certas regras "óbvias" ou porque *involuntariamente* as infringiram. De maneira contrária, podemos mostrar que a maioria das regras hoje defendidas por cientistas e filósofos da ciência como sendo um "método científico" uniforme ou são inúteis – não produzem os resultados que deveriam supostamente produzir – ou debilitantes. É claro, é possível que um dia encontremos uma regra que nos ajude a vencer todas as dificuldades, exatamente como é possível também que um dia encontremos uma teoria que possa explicar tudo em nosso mundo. Uma ocorrência desse tipo não é provável, e estaríamos quase inclinados a dizer que ela é logicamente impossível, mas ainda assim não quero excluí-la por completo. O ponto é que essa ocorrência ainda *não começou*; *hoje* temos de fazer Ciência sem sermos capazes de depender de qualquer "método científico" bem definido e estável.

Os comentários que fizemos até aqui não significam que a pesquisa é arbitrária e desgovernada. Existem padrões, mas eles surgem do próprio processo da pesquisa, e não de visões abstratas de racionalidade. É preciso engenhosidade, tato, conhecimento de detalhes para chegar a uma avaliação bem fundamentada dos padrões existentes e para inventar novos, bem como é preciso tudo isso para chegar a uma avaliação bem fundamentada das teorias existentes e para inventar novas. Mais sobre isso na Seção 3 da Parte Um e Seção 3 do Capítulo 4 da Parte Três.

Existem autores que concordam com a explicação dada até aqui e, ainda assim, insistem em um tratamento especial para a Ciência. Polanyi, Kuhn e outros são contra a ideia de que a Ciência deve se adaptar a padrões externos e insistem – como eu faço – que padrões sejam desenvolvidos e examinados pelo mesmo processo de pesquisa que devem avaliar. Esse processo, dizem eles, é uma maquinaria extremamente delicada. Ele tem a própria Razão e determina a própria Racionalidade. E, portanto, acrescentam eles, deve ser deixado em paz. Os cientistas só terão sucesso se estiverem orientados totalmente pela pesquisa, se lhes permitirem buscar apenas aqueles problemas que consideram importantes e usar somente procedimentos que lhes pareçam eficientes.

Essa defesa engenhosa de apoio financeiro sem as obrigações correspondentes não pode ser mantida. Para começar, a pesquisa nem sempre é bem-sucedida e muitas vezes produz monstruosidades. Pequenos erros, envolvendo áreas restritas, talvez possam ser corrigidos internamente, mas erros abrangentes que envolvem a "ideologia básica" da área podem ser e com frequência só são revelados por estranhos ou por cientistas com uma história pessoal incomum. Ao fazer uso de novas ideias, esses estranhos corrigiram os erros e, com isso, mudaram a pesquisa de uma maneira fundamental. Ora, o que conta e o que não conta como erro depende da tradição que faz a avaliação: para uma tradição analítica (digamos, na Medicina), o importante é encontrar elementos básicos e mostrar como tudo é construído a partir deles. Falta de sucesso imediato é sinal da complexidade do problema e da necessidade de cada vez mais pesquisas eficientes *do mesmo tipo*. Para uma tradição holística, o importante é encontrar conexões em grande escala. Falta de sucesso imediato da tradição analítica hoje é sinal de sua inadequação (parcial), e novas estratégias de pesquisa podem ser sugeridas (isso, incidentalmente, é mais ou menos a situação em certas partes da pesquisa sobre o câncer). No começo as sugestões serão consideradas interferências indesejadas, assim como a mistura de argumentos astronômicos e físicos foi considerada interferência indesejada pelos físicos aristotélicos dos séculos XVI e XVII. O que nos leva a mais uma crítica da visão de Kuhn e Polanyi: ela presume que as distinções e separações implícitas em certa fase histórica são irrepreensíveis e têm de ser mantidas. Mas diferentes programas de pesquisa foram muitas vezes unidos ou um deles absorvido pelo outro com a mudança resultante de competências. Não há qualquer motivo pelo qual o programa de pesquisa *Ciência* não deva ser absorvido pelo programa de pesquisa *sociedade livre*, e as respectivas competências alteradas e redefinidas de acordo com isso. A mudança é necessária – as possibilidades de liberdade não serão exauridas sem ela –, não há nada inerente na Ciência (a não ser o desejo que os cientistas têm de fazer o que querem em detrimento dos demais) que proíba isso; muitos desenvolvimentos científicos, embora em uma escala menor, foram exatamente do mesmo tipo e, além disso, uma Ciência independente já foi há muito substituída pela Ciência *comercial*, que vive à custa da sociedade e fortalece suas tendências totalitárias. Isso nos livra da objeção de Polanyi e Kuhn.

9. A Ciência tampouco é preferível em virtude de seus resultados

De acordo com o segundo motivo, a Ciência merece uma posição especial em virtude de seus *resultados*.

Isso só é um argumento se for possível demonstrar que (a) nenhuma outra visão jamais produziu qualquer coisa comparável e (b) os resultados da ciência são autônomos, não devem nada a agências não científicas. Nenhuma das duas premissas sobrevive a um exame minucioso.

É bem verdade que a Ciência fez contribuições maravilhosas para nossa compreensão do mundo e que essa compreensão levou a conquistas práticas ainda mais maravilhosas. É também verdade que a maioria dos rivais da Ciência ou já desapareceram ou foram mudados, de forma que um conflito com a Ciência (e, portanto, a possibilidade de resultados que difiram dos resultados da Ciência) já não ocorre: as religiões foram desmistificadas com o objetivo explícito de torná-las aceitáveis para uma idade científica, e os mitos foram "interpretados" de uma maneira que eliminou suas implicações ontológicas. Algumas características desse desenvolvimento não são nada surpreendentes. Mesmo em uma competição justa uma ideologia muitas vezes acumula sucessos e supera suas rivais. Isso não significa que os rivais derrotados não tenham mérito ou que deixaram de ser capazes de fazer uma contribuição para nosso conhecimento; significa apenas que temporariamente eles estão sem fôlego. Podem retornar e causar a derrota daqueles que os tinham vencido. A Filosofia do atomismo é um exemplo excelente. Ela foi introduzida (no Ocidente) na Antiguidade com o objetivo de "salvar" macrofenômenos, tais como o fenômeno do movimento. Foi superada pela Filosofia dinamicamente mais sofisticada dos aristotélicos, retornou com a revolução científica, foi repelida com o desenvolvimento de teorias da continuidade, voltou uma vez mais no final do século XIX e foi novamente limitada pela complementaridade. Ou tomemos a ideia do movimento da Terra. Ela surgiu na Antiguidade, foi vencida pelos argumentos poderosos dos aristotélicos, considerada uma ideia "incrivelmente ridícula" por Ptolomeu e, ainda assim, encenou um retorno triunfante no século XVII. O que é verdade sobre as teorias também o é sobre os métodos: o conhecimento era baseado em especulação e lógica; Aristóteles introduziu um procedimento mais empírico, que foi substituído pelos métodos mais matemáticos de Descartes e Galileu, que, por sua vez, foram combinados com um empirismo bastante radical pelos membros da Escola de Copenhagen. A lição a ser extraída desse esboço histórico é que um revés temporário para uma ideologia (que é um grupo de teorias combinadas com um método e um ponto de vista filosófico mais geral) não deve ser considerado um motivo para eliminá-la.

 No entanto, isso é precisamente o que ocorreu com formas mais antigas da Ciência e com pontos de vista não científicos após a revolução científica: foram eliminados, primeiro, da própria Ciência, depois da sociedade, até chegarmos à situação atual, em que sua sobrevivência está em perigo não só em virtude do preconceito geral a favor da Ciência, mas também por meios institucionais: a Ciência agora se tornou parte do tecido básico da democracia, como vimos. Nessas circunstâncias, como podemos nos surpreender com o fato de a Ciência reinar sobre tudo e ser a única ideologia conhecida por ter resultados que valem a pena? Ela reina sobre todos porque *sucessos passados* levaram a medidas institucionais (ensino; papel dos especialistas; papel de grupos de poder como a AMA) que impedem um retorno dos rivais. Em resumo, mas não de forma incorreta: *hoje a Ciência prevalece não em virtude de seus méritos comparativos, mas porque o show foi armado a seu favor.*

Há outro elemento envolvido nesse mecanismo de "armação" e não devemos ignorá-lo. Eu disse anteriormente que as ideologias podem ficar para trás mesmo em uma competição justa. Nos séculos XVI e XVII, houve uma competição (mais ou menos) justa entre a Ciência e Filosofia ocidentais antigas e a nova Filosofia científica; nunca houve qualquer competição justa entre todo esse complexo de ideias e os mitos, as religiões e os procedimentos das sociedades não ocidentais. Esses mitos, religiões e procedimentos desapareceram ou deterioraram não porque a Ciência era melhor, mas *porque os apóstolos da Ciência eram os conquistadores mais determinados* e porque *suprimiram materialmente* os portadores de culturas alternativas. Não houve qualquer pesquisa. Não houve qualquer comparação "objetiva" de métodos e realizações. Houve colonização e supressão das ideias das tribos e nações colonizadas. As ideias foram substituídas, primeiro, pela religião do amor fraternal e, depois, pela religião da Ciência. Alguns poucos cientistas estudaram as ideologias tribais, mas, por serem preconceituosos e insuficientemente preparados, foram incapazes de encontrar qualquer evidência de superioridade ou mesmo de igualdade (e provavelmente não teriam admitido essa evidência se a tivéssemos encontrado). Uma vez mais a superioridade da Ciência não é resultado de pesquisas ou argumentos, mas de pressões políticas, institucionais e até militares.

Para ver o que ocorre quando essas pressões são removidas ou usadas contra a Ciência, basta examinarmos brevemente a história da Medicina tradicional na China.

A China foi um dos poucos países que escapou da dominação intelectual do Ocidente até o século XIX. No começo do século XX, uma nova geração, cansada das velhas tradições e das restrições nelas implícitas e impressionada com a superioridade material e intelectual do Ocidente, importou a Ciência. Esta logo conseguiu marginalizar todos os elementos tradicionais. A Medicina herbórea, a acupuntura, a moxibustão, a dualidade *yin/yang*, a teoria do *chi* foram ridicularizadas e retiradas das escolas e hospitais, e a Medicina ocidental foi considerada o único procedimento sensato. Essa foi a atitude até mais ou menos 1954. Então, o partido, percebendo a necessidade de uma supervisão política de cientistas, ordenou que a Medicina tradicional voltasse para os hospitais e universidades. A ordem restaurou a livre competição entre a Ciência e a Medicina tradicional. Agora descobrimos que a Medicina tradicional possui métodos de diagnóstico e de terapia que são superiores àqueles da Medicina científica ocidental. Descobertas semelhantes foram feitas por aqueles que compararam as medicinas tribais com a Ciência. A lição a ser aprendida é que *ideologias, práticas, teorias e tradições não científicas podem se tornar rivais poderosos e também revelar deficiências importantes da Ciência se lhes for dada uma justa oportunidade para competir.* É tarefa das instituições de uma sociedade livre lhes dar essa oportunidade justa.[25] A excelência da Ciência, no entanto, pode ser afirmada somente *após* inúmeras comparações com pontos de vista alternativos.

Pesquisas mais recente na Antropologia, na Arqueologia (e aqui especialmente na próspera disciplina Arqueoastronomia,[26] na História da

---

[25] Nos séculos XV, XVI e XVII, os artesãos davam ênfase ao conflito entre seu conhecimento concreto e o conhecimento abstrato das escolas. "Por meio da prática", escreve Bernard Palissy (extraído de Rossi, 1970, p.2 – o livro contém muitas citações semelhantes e uma análise meticulosa da situação da qual elas surgiram), "provo que as teorias de muitos filósofos, até mesmo dos mais antigos e dos mais famosos, são errôneas em muitos pontos". Por meio da prática, Paracelso mostrou que o conhecimento médico dos ervanários, médicos rurais e bruxas era superior ao conhecimento da Medicina científica à época. Por meio da prática os navegadores refutaram as noções cosmológicas e climatológicas das escolas. É interessante observar que a situação não mudou muito. "Por meio da prática" acupunturistas e ervanários mostram que podem diagnosticar e curar doenças cujos efeitos a Medicina científica reconhece, mas nem compreende nem cura. "Por meio da prática" Thor Heyerdahl refutou pareceres científicos sobre as possibilidades de navegação e as condições de navios para aguentar o mar (cf. *The Ra Expeditions*, 1972, p.120, 155, 156, 122, 175, 261, 307 etc. referentes a barcos de papiro). "Por meio da prática" a mídia produziu efeitos que não se encaixavam na visão científica do mundo e que foram ridicularizados até que uns poucos cientistas corajosos foram em frente e os examinaram, provando sua realidade. [Mesmo organizações científicas sérias como a American Association for the Advancement of Science hoje os levam a sério e lhes dão reconhecimento institucional (incorporação de organizações dedicadas ao estudo de fenômenos parapsicológicos).] O surgimento da Ciência moderna não eliminou essa tensão entre a prática extracientífica e a opinião erudita, só lhe deu um conteúdo diferente. A opinião erudita não é mais Aristóteles, não está sequer restrita a um autor específico, é um corpo de doutrinas, métodos e procedimentos experimentais que afirmam possuir o único método confiável para encontrar a verdade – e constantemente comprova-se que essa afirmação está errada (embora os procedimentos de filtragem já mencionados no texto tornem difícil descobrir fracassos importantes).

[26] Para esta e outras áreas relacionadas, veja Hodson, 1974.

Ciência e na Parapsicologia)[27] demonstraram que nossos ancestrais e contemporâneos "primitivos" tinham cosmologias, teorias médicas e doutrinas biológicas altamente desenvolvidas, que muitas vezes são mais adequadas e têm resultados melhores que os de seus rivais ocidentais,[28] e descrevem fenômenos não acessíveis a uma abordagem "objetiva" de laboratório.[29] Tampouco nos surpreende descobrir que o homem antigo tinha ideias merecedoras de consideração. O homem da Idade da Pedra já era o *homo sapiens* plenamente desenvolvido e se defrontava com problemas terríveis que resolvia com grande engenhosidade. A Ciência é sempre elogiada em virtude de suas conquistas. Portanto, não nos esqueçamos de que os inventores do mito também inventaram o fogo e os meios para mantê-lo. Eles domesticavam animais, produziam novos tipos de plantas e mantinham tipos separados de uma maneira superior àquela que é possível na agricultura científica atual (Anderson, 1954). Inventaram a rotação de campos e desenvolveram uma arte que pode ser comparada às melhores criações do homem ocidental. Não sendo prejudicados pela especialização, eles descobriram conexões em grande escala entre homem e homem e entre homem e natureza, e dependiam delas para melhorar sua Ciência e suas sociedades: a melhor filosofia ecológica é encontrada na Idade da Pedra. Atravessaram os oceanos em embarcações que eram mais capazes de aguentar as condições do mar que as embarcações modernas de tamanho semelhante e demonstraram um conhecimento da navegação e das propriedades de materiais que é contrário às ideias científicas, mas que, ao ser posto em prática, demonstra ser correto.[30] Estavam conscientes do papel da mudança e suas leis básicas a levavam em consideração. Só bem recentemente é que a Ciência retornou à visão da mudança da Idade da Pedra, após uma longa e dogmática insistência nas "leis eternas da natureza",

---

[27] Para um levantamento, cf. Mitchell, op. cit.
[28] Cf. o material nos capítulos 1 e 2 de Lévi-Strauss, op. cit. Médicos que trabalham com curandeiros tribais muitas vezes admiraram sua compreensão, conhecimento e seu rápido entendimento de novos métodos de cura (raios X, por exemplo).
[29] Cf. Capítulo 4 [4] de CM.
[30] Cf. *Kon Tiki* e *The Ra Expedition*, de Thor Heyerdahl, esp. p.120, 122, 153, 132, 175, 206, 218s, 259, as últimas páginas sobre a capacidade do papiro de aguentar as condições do mar e a construção adequada de jangadas.

que começaram com o "Racionalismo" dos pré-socráticos e culminaram quase no final do século passado. Além disso, essas não eram descobertas instintivas, mas resultado de pensamentos e especulação.

> Há dados abundantes que sugerem não só que o caçador-coletor tinha provisões adequadas de alimento, mas também que ele desfrutava de abundantes momentos de lazer, na verdade muito mais do que os trabalhadores industriais ou rurais modernos, ou até mesmo que os professores de Arqueologia.

Havia ampla oportunidade para o "pensamento puro".[31] É inútil insistir que as descobertas do homem da Idade da Pedra eram resultado de um uso instintivo do método científico correto. Se o fossem, e se isso os levou a resultados corretos, então por que cientistas posteriores chegaram, tantas vezes, a conclusões diferentes? E, além disso, não há qualquer "método científico", como já vimos. Portanto, se a Ciência é elogiada por suas conquistas, o mito deve ser elogiado com um fervor cem vezes maior, porque *suas* conquistas eram incomparavelmente maiores. Os inventores do mito *iniciaram* a cultura, enquanto os racionalistas e os cientistas apenas a *modificaram* e nem sempre para melhor.[32]

A premissa (b) pode ser refutada com a mesma facilidade: não há uma única ideia científica importante que não tenha sido roubada de algum outro lugar. A Revolução Copernicana é um ótimo exemplo. De onde Copérnico tirou suas ideias? Das autoridades antigas, como ele próprio diz. Quem são as autoridades que desempenharam um papel em seu pensamento? Filolau, entre outros, e Filolau era um pitagorista confuso. Como atuou Copérnico quando tentou fazer as ideias de Filolau parte da

---

[31] Binford e Binford, 1968, p.328. Cf. também o trabalho de Marshall Sahlins.

[32] Em Hesíodo, que preservou os primeiros estágios do pensamento, leis *começaram a existir* (governo de Zeus) e são o resultado de um *equilíbrio de forças opostas* (titãs acorrentados). Elas são resultado de um equilíbrio dinâmico. No século XIX, as leis eram consideradas eternas e absolutas, ou seja, não eram resultado de um equilíbrio de entidades que se controlavam mutuamente. A cosmologia de Hesíodo está muito mais à frente do que a Ciência do século XIX.

Astronomia de sua época? Infringiu regras metodológicas racionais. "Não há limite para minha surpresa", escreve Galileu (1954, p.328),[33]

> quando penso que Aristarco e Copérnico foram capazes de fazer a Razão conquistar o senso de tal maneira que, a despeito do último, a primeira passou a ser senhora de sua crença.

"Senso", aqui, refere-se à experiência que Aristóteles e outros usaram para mostrar que a Terra deve estar imóvel. A "Razão" que Copérnico opõe a esses argumentos é a própria razão mística de Filolau (e dos hermetistas) combinada como uma fé igualmente mística no caráter fundamental do movimento circular. A Astronomia e a dinâmica modernas não poderiam ter progredido sem esse uso não científico de ideias antediluvianas.

Enquanto a Astronomia lucrou com o pitagorismo e em virtude do amor pelos círculos de Platão, a Medicina lucrou com o Herbalismo, com a Psicologia, a Metafísica, a Fisiologia das bruxas, das parteiras, dos homens ardilosos e dos vendedores ambulantes de remédios. Sabemos bem que a Ciência médica dos séculos XVI e XVII, embora teoricamente hipertrópica, era bastante impotente diante da doença (e continuou assim durante um bom tempo após a "revolução científica"). Inovadores como Paracelso voltaram-se para ideias antigas e aprimoraram a Medicina. Em todos os lados a Ciência é enriquecida por métodos e resultados não científicos, enquanto procedimentos que foram muitas vezes considerados partes essenciais da ciência são silenciosamente suspensos ou evitados.

10. A Ciência é uma ideologia entre muitas e deve ser separada do Estado exatamente como a religião hoje está

Comecei estipulando que uma sociedade livre é uma sociedade em que todas as tradições têm direitos iguais e igual acesso aos centros do poder.

---

[33] Para detalhes, cf. os capítulos sobre Galileu em CM.

Isso levou à objeção de que direitos iguais só podem ser garantidos se a estrutura básica da sociedade for "objetiva", ou seja, não influenciada por pressões indevidas de nenhuma das tradições. Portanto, o Racionalismo será mais importante que as outras tradições.

Ora, se o Racionalismo e as ideias a ele relacionadas ainda não existem ou não têm nenhum poder, eles não podem influenciar a sociedade como planejado. No entanto, a vida não é caos nessas circunstâncias. Há guerras, há jogos de poder, há debates abertos entre culturas diferentes. A tradição da objetividade pode, portanto, ser introduzida de diversas maneiras. Presumindo-se que ela seja introduzida por meio de um debate aberto – então, por que deveríamos mudar a forma do debate a essa altura? Os intelectuais dizem que é em virtude da "objetividade" de seus procedimentos – uma deplorável falta de perspectiva, como vimos. Não há motivo algum para ficar preso à Razão, mesmo se ela foi alcançada por meio de um debate aberto. Há ainda menos motivo para ficar preso a ela se foi imposta pela força. Isso elimina a objeção.

A segunda objeção é que, embora as tradições talvez possam reivindicar *direitos* iguais, elas não produzem *resultados* iguais. Isso pode ser descoberto por meio de um debate aberto. A implicação é que a excelência da Ciência foi estabelecida há muito tempo – então, por que essa preocupação exagerada?

Há duas respostas a essa objeção. Primeiro, que a excelência comparativa da Ciência não está exatamente estabelecida. Há, é claro, muitos *rumores* que afirmam isso, mas os *argumentos* propostos se dissolvem sob um exame mais minucioso. A Ciência não se destaca em virtude de seu método, porque não há qualquer método; e não se destaca em virtude de seus resultados: sabemos o que a Ciência *faz*, mas não temos a menor ideia se outras tradições não poderiam fazer a mesma coisa *muito melhor*. Portanto, é isso que precisa ser descoberto.

Para que isso possa ser descoberto será preciso deixar que todas as tradições se desenvolvam livremente lado a lado, exatamente como é exigido, de qualquer forma, pela estipulação básica de uma sociedade livre. É bastante possível que um debate aberto sobre esse desenvolvimento descubra que algumas tradições têm menos a oferecer que outras. Isso não significa que elas serão abolidas – elas sobreviverão e manterão seus direitos enquanto houver pessoas interessadas nelas –; isso só significa que, por enquanto, seus produtos (materiais, intelectuais, emocionais etc.) desempenham um papel relativamente pequeno. Mas aquilo que satisfaz em determinado momento não satisfaz sempre; e aquilo que ajuda as tradições em determinado período não as ajuda em outros. O debate aberto e, com ele, o exame das tradições favorecidas, portanto, continuará: a sociedade não é nunca identificada com uma tradição específica e o Estado e as tradições são sempre mantidos separados.

A separação do Estado e da Ciência (Racionalismo), que é uma parte essencial dessa separação geral do Estado e das tradições, não pode ser introduzida por um único ato político e não deve ser introduzida dessa maneira; muitas pessoas ainda não atingiram a maturidade necessária para viver em uma sociedade livre (isso se aplica especialmente aos cientistas e outros racionalistas). As pessoas em uma sociedade livre devem decidir a respeito de questões muito básicas, devem saber como reunir a informação necessária, devem entender o propósito de tradições diferentes das suas e os papéis que elas desempenham na vida de seus membros. A maturidade de que estou falando não é uma virtude intelectual, é uma sensibilidade que só pode ser adquirida por meio de contatos frequentes com pontos de vista diferentes. Ela não pode ser ensinada nas escolas e é inútil esperar que "estudos sociais" gerem a sabedoria de que precisamos. Mas ela pode ser adquirida pela participação nas iniciativas dos cidadãos. É por isso que o progresso *lento*, a erosão *lenta* da autoridade da Ciência e de outras instituições autoritárias, que é produzido por essas iniciativas, deve ser preferível a medidas mais radicais: iniciativas cidadãs são a melhor e a única escola para os cidadãos livres que temos hoje em dia.

II. A origem das ideias deste ensaio

O problema do conhecimento e da educação em uma sociedade livre me ocorreu pela primeira vez durante meu período como beneficiário de uma bolsa de estudos do governo no Weimar Institut zur Methodologischen Erneuerung des Deutschen Theaters (1946), que era uma continuação do Deutsches Theater Moskay sob a diretoria de Maxim Vallentin. Os funcionários e os alunos do Institut periodicamente visitavam teatros na Alemanha Oriental. Um trem especial nos trazia de uma cidade à outra. Chegávamos, jantávamos, conversávamos com os atores e víamos duas ou três peças. Depois de cada peça pedia-se ao público que permanecesse sentado enquanto dávamos início a uma discussão sobre aquilo que tínhamos acabado de ver. Havia peças clássicas, mas havia também peças recentes que tentavam analisar eventos recentes. A maior parte do tempo elas tinham como tema o trabalho da resistência na Alemanha nazista. Eram indistinguíveis das peças antigas que louvavam a atividade do *underground* nazista em países democráticos. Nos dois casos havia discursos ideológicos, explosões de sinceridade e situações perigosas na tradição de policiais e ladrões. Isso me surpreendeu e comentei sobre o assunto nos debates: como é que se estrutura uma peça para que o público reconheça que ela está apresentando o "lado bom"? O que precisa ser acrescentado à ação para fazer que a luta do combatente da resistência pareça moralmente superior à luta de um nazista ilegal na Áustria antes de 1938? Não é suficiente lhe dar os *"slogans* corretos", pois neste caso presumiremos a sua superioridade, mas não mostramos de que ela consiste. Tampouco sua nobreza, sua "humanidade" pode ser a marca distintiva: qualquer movimento tem canalhas ao lado de pessoas nobres entre seus seguidores. Um dramaturgo pode, obviamente, decidir que a sofisticação é um luxo nas batalhas morais e dar uma descrição do tipo branco e preto. Pode levar seus seguidores à vitória, mas à custa de transformá-los em bárbaros. Qual é, então, a solução? À época eu optei por Eisenstein e a propaganda sem piedade pela "causa certa". Não sei se isso era resultado de alguma profunda convicção minha, ou porque fui levado pelos acontecimentos, ou em virtude da arte magnífica de Eisenstein. Hoje, eu diria que a escolha deve ser do público. O dramaturgo apresenta os personagens e conta uma história. Se ele errar deve ser pelo lado da simpatia por seus canalhas, pois as circunstâncias e o sofrimento desempenham um papel tão grande na criação do mal e das más intenções quanto as próprias intenções, e a tendência geral é dar ênfase às últimas. O dramaturgo (e seu colega, o professor) não deve tentar antecipar a decisão do público (dos alunos) ou substituí-la por uma decisão sua se o público no final for incapaz de fazê-lo. *Em circunstância alguma ele deve tentar ser uma "força moral".* Uma força moral, seja para o bem ou para o mal, transforma as pessoas em escravos, e a escravidão, mesmo aquela a serviço do Bem, ou até do próprio Deus, é a condição mais abjeta de todas. É assim que eu vejo a situação hoje em dia. No entanto, levei muito tempo até chegar a esse ponto de vista.

Depois de um ano em Weimar, eu queria acrescentar as Ciências e as Humanidades às Artes e ao Teatro. Deixei Weimar e passei a ser aluno (História, Ciências auxiliares) do famoso Institut für Osterreichische Geschichtforschung, que é parte da Universidade de Viena. Mais tarde acrescentei Física e Astronomia e, assim, finalmente voltei para a disciplina que tinha decidido seguir antes das interrupções da Segunda Guerra Mundial.

Houve as seguintes "influências":

(1) O *Círculo Kraft*. Muitos entre nós, alunos de Ciência e Engenharia, estávamos interessados nos fundamentos da Ciência e em problemas filosóficos mais amplos. Frequentávamos palestras sobre Filosofia. As palestras nos entediavam e logo nos expulsavam porque fazíamos perguntas e comentários sarcásticos. Ainda lembro do professor Heintel me aconselhando com os braços levantados: "Herr Feyerabend, entweder sie halten das Maul, oder sie verlassen den Vorlesungssaal!".[34] Nós não desistimos e fundamos um clube filosófico próprio. Victor Kraft, um de meus professores, tornou-se nosso presidente. Os membros do clube eram em sua maioria alunos,[35] mas havia também visitas de membros da faculdade e dignitários estrangeiros. Juhos, Heintel, Hollitscher, Von Wright, Anscombe e Wittgenstein vieram a nossas reuniões e debateram conosco. Wittgenstein, que levou muito tempo para se decidir e depois apareceu com mais de uma hora de atraso, fez uma apresentação animada e pareceu preferir nossa atitude desrespeitosa à admiração bajuladora que encontrava em outros lugares. Nossas discussões começaram em 1949 e continuaram

---

[34] "Dr. Feyerabend, quer calar a boca ou então saia da sala de aula".

[35] Muitos deles se tornaram cientistas ou engenheiros. Johnny Sogon é professor de Matemática na Universidade de Illinois; Henrich Eichorn (que também assinou a encíclica antiastrologia mencionada anteriormente), diretor do observatório de New Haven; Goldberger, consultor budapestense para uma firma eletrônica; enquanto Erich Jantsch, que conheceu membros de nosso círculo no observatório astronômico, tornou-se um guru de cientistas dissidentes ou pseudodissidentes, tentando usar tradições antigas com novos objetivos.

com algumas interrupções até 1952 (ou 1953). Quase toda a minha tese foi apresentada e analisada nas reuniões e alguns de meus primeiros ensaios são um resultado direto desses debates.

(2) O Círculo Kraft era parte de uma organização chamada de Austrian College Society [Sociedade Colegial Austríaca]. Essa Sociedade foi fundada em 1945 por combatentes da resistência austríaca[36] para fornecer um fórum para o intercâmbio de estudiosos e de ideias e, assim, preparar a unificação política da Europa. Havia seminários, como o Círculo Kraft, durante o ano acadêmico e reuniões internacionais no verão. As reuniões ocorriam (e ainda ocorrem) em Alpbach, uma pequena aldeia nas montanhas do Tirol. Ali conheci estudiosos, artistas e políticos extraordinários e devo minha carreira acadêmica à ajuda amigável de alguns deles. Comecei também a suspeitar que o que conta em um debate público não são os argumentos, e sim certas formas de apresentar o caso. Para testar essa suspeita intervim nos debates defendendo ideias absurdas com grande confiança. Eu era consumido pelo medo – afinal, era apenas um estudante rodeado por gente importante –, mas, tendo frequentado um curso para atores em um momento de minha vida, demonstrei, para minha própria satisfação, que minha suspeita estava correta. As dificuldades da racionalidade científica eram muito bem esclarecidas por

(3) *Felix Ehrenhaft*, que chegou a Viena em 1947. Nós, estudantes de Física, Matemática e Astronomia, tínhamos ouvido muita coisa sobre ele. Sabíamos que era um experimentador excelente e que suas palestras eram *performances* de grande escala que seus ajudantes levavam horas para preparar. Sabíamos que tinha ensinado Física teórica, o que, já naquela época, era uma disciplina tão excepcional para um experimentalista quanto o é hoje. Estávamos também familiarizados com os rumores persistentes que o denunciavam como um charlatão. Considerando-nos defensores da pureza da Física, esperávamos ter a oportunidade de expô-lo em público. De qualquer forma, ele despertou nossa curiosidade – e não ficamos desapontados.

Ehrenhaft parecia uma montanha, era cheio de vitalidade e de ideias pouco comuns. Suas palestras eram melhores (ou piores, dependendo do

---

[36] Otto Molden, irmão de Fritz Molden da editora Molden, foi durante muitos anos seu dinâmico líder e organizador.

ponto de vista) que os desempenhos mais elegantes de seus colegas. "Vocês são surdos? São burros? Vocês realmente concordam com tudo que digo?", ele gritava, e nós, que tínhamos tido a intenção de expô-lo, agora sentávamos ali com uma admiração silenciosa por seu desempenho. A pergunta era mais do que justificada, pois era difícil de engolir. A relatividade e a teoria quântica foram rejeitadas imediatamente – quase como se isso fosse esperado – como vã especulação. Nesse aspecto a atitude de Ehrenhaft estava bastante próxima da de Stark e Lenard, autores que ele mencionou mais de uma vez com aprovação. Mas foi além deles e criticou também os fundamentos da Física clássica. A primeira coisa a ser eliminada era a lei da inércia: na ausência de forças externas, um corpo em movimento, em vez de continuar em movimento retilíneo uniforme, supostamente se movimentaria como uma hélice. Depois veio um ataque contínuo aos princípios da teoria eletromagnética e, em especial, à equação div $B = 0$. A seguir, as novas e surpreendentes propriedades da luz foram demonstradas – e assim por diante. Cada demonstração era acompanhada por uns poucos comentários levemente irônicos sobre a "Física escolar" e os "teóricos" que construíam castelos no ar sem considerar os experimentos que Ehrenhaft tinha inventado, e continuava inventando em todas as áreas, e que produziam uma pletora de resultados inexplicáveis.

Logo tivemos a oportunidade de testemunhar a atitude dos físicos ortodoxos. Em 1949, Ehrenhaft veio a Alpbach. Naquele ano, Popper dirigiu um seminário sobre Filosofia; Rosenfeld e M. H. L. Pryce ensinavam Física e Filosofia da Física (principalmente com base nos comentários de Bohr sobre Einstein, que tinham acabado de ser publicados); Max Hartmann ensinava Biologia; Duncan Sandys falava sobre os problemas da política britânica; Hayek, sobre economia e assim por diante. Havia Hans Thirring, o mais antigo físico teórico de Viena, que constantemente tentava fazer-nos crer na existência de coisas mais importantes do que a Ciência e que tinha ensinado Física teórica a Feigl, Popper e ao presente autor. Seu filho, Walter Thirring, agora professor de Física teórica em Viena, também estava presente – um público muito distinto e também muito crítico.

Ehrenhaft veio bem preparado. Montou alguns de seus experimentos mais simples em uma das casas de campo de Alpbach e convidou todas as pessoas que podia para vir vê-los. Todos os dias, das duas às três da tarde, os participantes passavam por ali em uma atitude de assombro e deixavam o prédio (isto é, se fossem físicos teóricos) como se tivessem visto algo obsceno. Além dessas preparações físicas, Ehrenhaft também executava, como era hábito seu, uma linda peça propagandista. No dia anterior à sua palestra, ele assistiu a uma conferência bastante técnica dada por Von Hayek sobre "A ordem sensorial" (agora disponível, em forma ampliada, como livro). Durante a discussão Ehrenhaft se ergueu, perplexidade e respeito no rosto, e começou com uma voz extremamente inocente:

> Meu caro professor Hayek. Essa foi uma palestra maravilhosa, admirável e muito erudita. Não entendi uma única palavra...

No dia seguinte, sua própria palestra estava lotada.

Nessa palestra, Ehrenhaft fez uma breve descrição de suas descobertas, acrescentando algumas observações gerais sobre a situação da Física. "Agora, cavalheiros", concluiu ele de modo triunfante, voltando-se para Rosenfeld e Pryce, que tinham sentado na primeira fila – "o que podem dizer?". E ele mesmo respondeu imediatamente:

> Não há nada que vocês possam dizer com todas suas belas teorias. *Sitzen muessen sie bleiben! Still muessen sie sein!*.

A discussão, como era de se esperar, foi bastante turbulenta e continuou durante dias, com Thirring e Popper ficando a favor de Ehrenhaft contra Rosenfeld e Pryce. Diante dos experimentos, os dois últimos agiram quase como alguns dos oponentes de Galileu devem ter agido quando depararam com o telescópio. Eles mostraram que não era possível extrair qualquer conclusão de fenômenos complexos e que uma análise detalhada era necessária. Em suma, os fenômenos eram um *Dreckeffect* – palavra que foi ouvida com bastante frequência durante os argumentos. Qual foi nossa atitude diante de toda essa confusão?

Nenhum de nós estava preparado para desistir da teoria ou negar sua excelência. Nós fundamos um Clube para a Salvação da Física Teórica e começamos discutindo experimentos simples. No final, vimos que a relação entre teoria e experimento era muito mais complexa do que é mostrado nos livros didáticos e até mesmo nos relatórios de pesquisas. Há poucos casos paradigmáticos em que a teoria pode ser aplicada sem ajustes importantes, mas ocasionalmente o resto deve ser tratado por meio de aproximações um tanto duvidosas e premissas auxiliares.[37] Acho bastante interessante lembrar que à época todas essas coisas nos influenciaram muito pouco. Continuamos a preferir abstrações como se as dificuldades que tínhamos encontrado não tivessem sido uma expressão da natureza das coisas, mas pudessem ser eliminadas por algum artifício engenhoso, ainda a ser descoberto. Só muito mais tarde a lição de Ehrenhaft foi compreendida e nossa atitude à época, assim como a atitude de toda a nossa profissão, nos deu uma ilustração excelente da natureza da racionalidade científica.

(4) *Philipp Frank* veio a Alpbach alguns anos depois de Ehrenhaft. Ele minou as ideias comuns sobre racionalidade de uma maneira diferente, mostrando que os argumentos contra Copérnico tinham sido perfeitamente sólidos e de acordo com a experiência, enquanto os procedimentos de Galileu eram "não científicos" quando considerados de um ponto de vista moderno. Suas observações me fascinaram e examinei a questão de maneira mais profunda. Os capítulos 8 até 11 [8 até 10] de CM são um resultado tardio desse estudo (sou um trabalhador lento). A obra de Frank foi tratada bastante injustamente por filósofos como Putnam, que preferem modelos simplistas à análise de eventos históricos complexos. Além disso, as ideias dele hoje são lugar-comum. Mas foi ele que as anunciou quando quase todos os demais pensavam de outra maneira.

(5) Em Viena conheci alguns dos primeiros intelectuais marxistas. Isso ocorreu graças a um trabalho muito inteligente de Relações Públicas por parte de alunos marxistas. Eles apareciam – como nós fazíamos – em todas as discussões mais importantes, independentemente de o tema ser Ciência, Religião, Política, Teatro ou o Amor Livre. Conversavam com aqueles entre nós que usavam a Ciência para ridicularizar o resto – algo que, então, era minha ocupação favorita – e nos convidavam para discussões que eles próprios organizavam e nos apresentavam a pensadores marxistas de todas as áreas. Conheci Berthold Viertel, diretor do Burgtheater; Hans Eisler, compositor e teórico musical; e *Walter Hollitscher*, que se tornou

---

[37] CM, p.63 [77], sobre aproximações *ad hoc*.

professor e, mais tarde, veio a ser um de meus melhores amigos. Quando comecei a discutir com Hollitscher, eu era um positivista entusiasmado, a favor de regras estritas de pesquisa, e tinha apenas um sorriso de desprezo pelos três princípios básicos da dialética que li no pequeno panfleto de Stalin sobre o materialismo dialético e histórico. Eu estava interessado na posição realista. Tentei ler todos os livros sobre Realismo que encontrava (inclusive o excelente *Realisierung*, de Külpe, e, é claro, *Materialism and Empiriocriticism*), mas achei que os argumentos em defesa do Realismo só funcionavam quando a premissa realista já tinha sido introduzida. Külpe, por exemplo, enfatizava a distinção entre impressão e a coisa sobre a qual é a impressão. A distinção nos dá Realismo só se caracterizar traços reais do mundo – que é a questão sendo discutida. Tampouco me convenci com o comentário de que a Ciência é um empreendimento essencialmente realista. Por que a Ciência deve ser escolhida como uma autoridade? E não havia interpretações positivistas da Ciência? Os chamados "paradoxos" do Positivismo, no entanto, que Lênin expôs com uma perícia tão conclusiva, não me causaram nenhuma impressão. Eles só surgem se os modos de falar positivista e realista fossem misturados e expusessem sua diferença. Não mostravam que o Realismo era melhor, embora o fato de ele vir com a linguagem comum desse a impressão de que isso era verdade.

Hollitscher nunca apresentou um argumento que levasse, passo a passo, do Positivismo até o Realismo e ele teria considerado qualquer tentativa de produzir um argumento assim como uma tolice filosófica. Pelo contrário, ele próprio desenvolveu a posição realista, ilustrou-a com exemplos da Ciência e do senso comum, mostrou como estava intimamente relacionado com a pesquisa científica e com a ação cotidiana e, dessa forma, revelou sua força. Era, é claro, sempre possível transformar um procedimento realista em um procedimento positivista por meio do uso judicioso de hipóteses *ad hoc* e de mudanças de significado também *ad hoc*, e eu fazia isso com frequência e sem nenhum constrangimento (no Círculo Kraft tínhamos transformado essas evasões em uma arte requintada). Hollitscher não propôs pontos semânticos, ou pontos de método, como um racionalista crítico poderia ter feito: ele continuou a discutir casos concretos até que me senti um tanto ridículo com minhas objeções abstratas. Pois vi, então, como o Realismo estava tão intimamente relacionado com fatos, procedimentos e princípios que eu valorizava e que *ele tinha contribuído para criar*, enquanto o Positivismo simplesmente *descrevia* os resultados de uma maneira um tanto complicada depois de terem sido descobertos: o Realismo tinha frutos, o Positivismo não. Isso pelo menos é como falo hoje em dia, muito tempo *depois* de minha conversão realista. À época, eu me tornei um realista não porque tenha sido convencido por algum argumento específico, mas porque a soma total do Realismo mais os argumentos a seu favor mais a facilidade com que ele podia ser aplicado à Ciência e a tantas outras coisas, eu vagamente senti, mas não podia exatamente explicar,[38] finalmente *me pareceu melhor* do que a soma total do Positivismo mais os argumentos que podíamos oferecer a seu favor mais... etc. A comparação e a decisão final tinham muito em comum com a comparação da vida em países diferentes (clima, caráter das pessoas, musicalidade da língua, comida, leis, instituições etc.) e com a decisão final de aceitar um emprego e começar a vida em um deles. Experiências como essas desempenharam um papel decisivo em minha atitude para com o Racionalismo.

Embora eu tivesse aceitado o Realismo, não aceitei a dialética e o materialismo histórico – minha predileção por argumentos abstratos (outra ressaca positivista) ainda estava forte demais para isso. Hoje as regras de Stalin me parecem muito mais preferíveis aos padrões complicados e repletos de epiciclos de nossos modernos amigos da Razão.

Desde o começo de nossa discussão Hollitscher deixou claro que era comunista e que ia tentar me convencer das vantagens intelectuais e sociais do Materialismo dialético e histórico. Não houve nada daquela conversa mole e indireta de "pode ser que eu esteja errado e você certo – mas juntos encontraremos a verdade", com a qual os racionalistas "críticos" enfeitam

---

[38] Lembro-me de que a resposta de Reichenback à explicação da relatividade dada por Dingler desempenhou um papel importante: Dingler extrapolou com base naquilo que poderia ser alcançado por simples operações mecânicas (a fabricação de uma superfície plana euclidiana, por exemplo), enquanto Reichenback mostrou como a estrutura real do mundo poderia modificar os resultados daquelas operações no longo prazo. É, obviamente, verdade que a explicação de Reichenbach pode ser interpretada como uma máquina de previsão mais eficiente e que ela me parecesse impressionante porque eu não dei muita atenção a essa interpretação. O que mostra até que ponto a força dos argumentos depende de mudanças irracionais de atitude.

suas tentativas de doutrinação, mas da qual se esquecem no momento em que sua posição está seriamente em perigo. Hollitscher tampouco usou pressões emocionais ou intelectuais injustas. É claro, criticou minha atitude e ainda o faz, mas nossas relações pessoais não sofreram com a minha relutância em segui-lo em todos os aspectos. É por isso que Walter Hollitscher é professor, ao passo que Popper, a quem eu também cheguei a conhecer bastante bem, é um mero propagandista.

Em algum momento de nossas relações Hollitscher me perguntou se eu gostaria de me tornar assistente de produção de Brecht – aparentemente havia um lugar disponível e eu estava sendo considerado para ocupá-lo. Recusei. Esse, acho eu, foi um dos maiores erros de minha vida. Ampliar e modificar os conhecimentos, as emoções e as atitudes por meio das artes agora me parece um empreendimento muito mais frutífero e também muito mais humano do que a tentativa de influenciar mentes (e nada mais) por meio de palavras (e nada mais). Se hoje apenas uns 10% dos meus talentos estão desenvolvidos, isso é resultado de uma decisão errada quando tinha 25 anos.

(6) Durante uma palestra (sobre Descartes) que dei na Sociedade Colegial Austríaca conheci *Elizabeth Anscombe*, uma filósofa inglesa poderosa e, para algumas pessoas, proibitiva, que veio a Viena aprender alemão para traduzir a obra de Wittgenstein. Ela me passou manuscritos dos escritos mais tardios de Wittgenstein e os discutiu comigo. As discussões se estenderam por meses e ocasionalmente começavam de manhã, continuavam durante o almoço e iam até tarde da noite. Elas tiveram uma enorme influência sobre mim, embora não seja nada fácil pontuar detalhes específicos. Em uma ocasião, da qual me lembro claramente, Anscombe, por meio de uma série de perguntas habilidosas, me fez ver quanto nossa concepção (e até nossas percepções) de fatos bem definidos e aparentemente independentes pode depender de circunstâncias que não estão aparentes neles. Há entidades, tais como objetos físicos, que obedecem a um "princípio de conservação", no sentido de que retêm sua identidade durante uma variedade de manifestações e até quando nem sequer estão presentes, enquanto outras entidades, como dores e imagens posteriores, são "aniquiladas" com seu desaparecimento. Os princípios de conservação podem mudar de um estágio de desenvolvimento do organismo humano

para outro[39] e ser diferentes em linguagens diferentes (cf. "classificações cobertas" de Whorff, como descrito no Capítulo 17 de CM). Supus que tais princípios desempenhariam um papel importante na Ciência, que poderiam mudar durante revoluções e que relações dedutivas entre teorias pré e pós-revolucionárias pudessem ser rompidas como resultado. Expliquei essa primeira versão de incomensurabilidade no seminário de Popper (1952) e para um pequeno grupo de pessoas no apartamento de Anscombe em Oxford (também em 1952 com Geach, Von Wright e L.L. Hart presentes), mas não fui capaz de despertar muito entusiasmo em nenhuma das duas ocasiões.[40] A ênfase que Wittgenstein dava à necessidade de pesquisa concreta e suas objeções ao raciocínio abstrato ("Olhem, não pensem!") conflitava bastante com minhas próprias inclinações, e os ensaios em que a influência dele é perceptível são, portanto, misturas de exemplos concretos com princípios de alcance geral.[41] Wittgenstein estava disposto a me aceitar como aluno em Cambridge, mas morreu antes de eu chegar à Inglaterra. Em vez dele, Popper se tornou meu orientador.

(7) Eu conheci *Popper* em Alpbach, em 1948. Admirava a liberdade de suas maneiras, seu atrevimento, sua atitude desrespeitosa para com os filósofos alemães que davam peso à conduta em mais de um sentido, seu senso de humor (pois é, o Karl Popper relativamente desconhecido de 1948 era muito diferente daquele Sir Karl estabelecido de anos posteriores) e também sua capacidade de expressar problemas sérios em uma linguagem simples e jornalística. Aqui estava uma mente livre, alegremente propondo suas ideias, sem se preocupar com a reação dos "profissionais". As coisas eram diferentes com relação às ideias propriamente ditas. Os membros de nosso Círculo conheciam o dedutivismo de Kraft, que o tinha desenvolvido antes de Popper,[42] a filosofia falsificacionista foi presumida no seminário de Física da conferência sob a presidência de Arthur March e, com isso, nós não entendíamos por que toda aquela preocupação exagerada. "A Filosofia

---

[39] Cf. CM, p.227ss.
[40] Para detalhes, cf. Parte Um, Seção 7.
[41] Para detalhes, cf. meus comentários sobre esses ensaios em *Der Wissenschaftstheoretiische Realismus und die Autorität der Wissenschaften*, 1978.
[42] Cf. minha resenha de *Erkenntnislehre*, de Kraft, em *BJPS*, 1963, p.319ss. e especialmente p.321, segundo parágrafo. Cf. também as referências em Popper, 1959.

deve estar em um estado de desespero", nós dizíamos, "se trivialidades como essas podem ser consideradas descobertas importantes". O próprio Popper não parecia achar que sua Filosofia da Ciência era muito importante à época, pois, quando lhe pediram para enviar uma lista de publicações, ele incluiu *Open Society*, mas não *Logic of Scientific Discovery*.

Enquanto estava em Londres, li *Philosophical Investigations*, de Wittgenstein, detalhadamente. Com uma tendência um tanto pedante, reescrevi o livro para que parecesse mais um tratado, um argumento contínuo. Parte desse tratado foi traduzida para o inglês por Anscombe e publicada como resenha na *Phil. Rev.*, em 1955. Também estive presente no seminário de Popper na London School of Economics [Escola de Economia de Londres] (LSE). As ideias dele eram semelhantes às de Wittgenstein, mas mais abstratas e anêmicas. Isso não me deteve e até aumentou minha tendência à abstração e ao dogmatismo. No final da minha estada em Londres, Popper me convidou para ser seu assistente. Eu recusei, embora estivesse quebrado e não soubesse sequer de onde viria minha próxima refeição. Minha decisão não foi baseada em nenhuma linha de pensamento claramente reconhecível, mas suponho que, por não ter qualquer filosofia estabelecida, preferi tropeçar pelo mundo das ideias em meu próprio ritmo a ser orientado pelo ritual de um "debate racional". Dois anos mais tarde, Popper, Schrödinger e meu próprio atrevimento verbal me conseguiram um emprego em Bristol, onde comecei a dar aulas sobre Filosofia da Ciência.

(8) Eu estudei Teatro, História, Matemática, Física e Astronomia, mas nunca tinha estudado Filosofia. A perspectiva de ter de me dirigir a um público numeroso de jovens interessados não me fez exatamente muito feliz. Uma semana antes de as aulas começarem, sentei e escrevi tudo o que sabia em um pedaço de papel. Mal cheguei ao fim da página. Agassi deu-me um conselho excelente: "Olha, Paul", disse ele, "a primeira linha, essa é sua primeira aula; a segunda linha, sua segunda aula – e assim por diante". Eu aceitei o conselho e me saí bastante bem, a não ser pelo fato de minhas aulas se transformarem em uma coleção repetitiva de piadas contadas por Wittgenstein, Bohr, Popper, Dingler, Eddington e outros. Enquanto estava em Bristol, continuei meus estudos sobre teoria quântica. Descobri que princípios físicos importantes dependiam de premissas

metodológicas que eram violadas sempre que a Física progride: a Física obtém autoridade das ideias que propaga, mas nunca as obedece na pesquisa concreta. Os metodologistas desempenham o papel de agentes de publicidade que os físicos contratam para elogiar seus resultados, mas a quem eles não permitiriam acesso ao próprio empreendimento. O fato de o falsificacionismo não ser uma solução ficou muito claro nas discussões com David Bohm, que deu uma explicação hegeliana da relação entre teorias, sua evidência e suas sucessoras.[43] O material do Capítulo 3 [3] de CM é resultado dessas discussões (eu o publiquei pela primeira vez em 1961).[44] Os comentários de Kuhn sobre a onipresença de anomalias se enquadravam com essas dificuldades de uma forma um tanto satisfatória,[45] mas eu ainda tentava encontrar regras gerais que cobrissem todos os casos[46] e também desenvolvimentos não científicos.[47] Dois eventos me fizeram perceber a futilidade daquelas tentativas. Um deles foi uma discussão com o professor C. F. von Weizsaecker, em Hamburgo (1965), sobre os fundamentos da teoria quântica. Von Weizsäcker mostrou como a mecânica quântica surgiu da pesquisa concreta enquanto eu reclamava, por razões gerais de metodologia, que alternativas importantes tinham sido omitidas. Os argumentos que apoiavam minha reclamação eram bastante bons – são os argumentos resumidos no Capítulo 3 [3] de CM –, mas subitamente ficou claro para mim que esses argumentos, impostos sem levar em consideração as circunstâncias, eram um obstáculo, e não uma ajuda: uma

---

[43] Expliquei o hegelianismo de Bohm no ensaio "Against Method", que foi publicado no v.IV da *Minnesota Studies for the Philosophy of Science* (1970).

[44] Popper uma vez comentou (em uma discussão no Minnesota Center for the Philosophy of Science no ano de 1962) que o exemplo da moção browniana é apenas outra versão do exemplo de Duhem (conflito entre leis específicas, como as de Kepler, e teorias gerais, como a de Newton). Mas há uma diferença extremamente importante. Os desvios das leis de Kepler em princípio são observáveis ("em princípio" aqui significa "dadas as leis conhecidas da natureza"), enquanto os desvios microscópicos da segunda lei de termodinâmica não o são (instrumentos de medida estão sujeitos às mesmas flutuações que as coisas que supostamente irão medir) . Aqui *não podemos* ficar sem uma teoria alternativa.

[45] Li o livro de Kuhn em manuscrito em 1960 e o discuti extensamente com o próprio autor.

[46] Cf. a explicação em "Reply to Criticism", 1965b.

[47] Cf. "On the Improvement of the Sciences and the Arts and the Possible Identity of the Two", 1967.

pessoa tentando resolver um problema, fosse na Ciência ou em qualquer outra parte, *deve ter liberdade total* e não pode ser limitada por quaisquer exigências, normas, por mais plausíveis que essas possam parecer ao lógico ou ao filósofo que as imaginou na privacidade de seu escritório. Normas e exigências devem ser verificadas por pesquisas, não por apelos a teorias de racionalidade. Em um longo artigo (1968/69), expliquei como Bohr tinha usado essa filosofia e como ela difere de procedimentos mais abstratos. Com isso, o professor Von Weizsäcker é o principal responsável por minha mudança para o "anarquismo" – embora ele não tenha ficado nada satisfeito quando eu lhe disse isso em 1977.

(9) O segundo evento que me levou a distanciar-me do Racionalismo e a começar a suspeitar de todos os intelectuais foi bastante diferente. Para explicá-lo, deixem-me começar com algumas observações mais gerais. A maneira como problemas sociais, problemas de distribuição de energia, a Ecologia, a Educação, o cuidado de idosos e assim por diante são "solucionados" em nossas sociedades pode ser mais ou menos descrita da seguinte forma. Surge um problema. Ninguém faz nada sobre ele. As pessoas começam a ficar preocupadas. Os políticos divulgam essa preocupação. Os especialistas são chamados. Estes desenvolvem um plano ou uma variedade de planos. Grupos de poder com especialistas próprios realizam várias modificações nos planos até que uma versão diluída seja aceita e concretizada. O papel dos especialistas nesse processo gradativamente aumentou. Os intelectuais desenvolveram teorias sobre a aplicação da Ciência aos problemas sociais. "Para ter ideias" eles perguntam a outros intelectuais ou políticos. Apenas raramente lhes ocorre que não é sua responsabilidade, *e sim a responsabilidade daqueles diretamente envolvidos*, decidir a questão. Eles simplesmente presumem que suas ideias e aquelas de seus colegas são as únicas que importam e que as pessoas têm de se adaptar a elas. Mas o que essa situação tem a ver comigo?

A partir de 1958 fui professor de Filosofia na Universidade da Califórnia, em Berkeley. Minha função era pôr em prática as políticas educacionais do Estado da Califórnia e isso significava que eu tinha de ensinar aquilo que um pequeno grupo de intelectuais brancos decidiu que era conhecimento. Eu quase nunca pensava sobre essa função e, se tivesse sido informado disso, não a teria levado muito a sério. Eu falava aos estudantes sobre as coisas que tinha aprendido, organizava o material de uma forma que me parecia plausível e interessante – e isso era tudo que fazia. É claro, tinha também "algumas ideias próprias" – mas essas ideias se moviam em um terreno bastante estreito (embora, mesmo naquela época, alguns de meus amigos já dissessem que eu estava ficando maluco).

Após 1964, estudantes mexicanos, negros e índios entraram para a universidade como resultado de novas políticas educacionais. Lá ficavam eles sentados, em parte curiosos, em parte desdenhosos, em parte simplesmente confusos na expectativa de obter uma "educação". Que oportunidade para um profeta em busca de seguidores! Que oportunidade, meus amigos racionalistas me diziam, de contribuir para a divulgação da Razão e a melhora da humanidade! Que oportunidade maravilhosa para uma nova onda de Iluminismo! O que eu sentia era muito diferente. Pois descobri que os argumentos complicados e as histórias maravilhosas que eu até então tinha contado para meu público mais ou menos sofisticado poderiam ser apenas sonhos, reflexões da presunção de um pequeno grupo que tivera sucesso em escravizar todos os demais com suas ideias. Quem era eu para dizer a essas pessoas o quê e como pensar? Eu não conhecia seus problemas, embora soubesse que tinham muitos. Não estava familiarizado com seus interesses, sentimentos, temores, embora soubesse que estavam ansiosos para aprender. Seriam as sofisticações áridas que os filósofos tinham conseguido acumular através dos tempos, e que os liberais tinham rodeado de frases sentimentalizadas para fazê-las palpáveis, a coisa certa para oferecer a pessoas cujas terras, cultura e dignidade tinham sido roubadas e agora supostamente deveriam absorver com paciência e, depois, repetir as ideias anêmicas dos porta-vozes de seus captores – ah, tão – humanos? Eles queriam saber, queriam entender o mundo estranho a seu redor – não mereciam um alimento melhor? Seus ancestrais tinham desenvolvido as próprias culturas, línguas coloridas, visões harmoniosas da relação entre homem e homem e entre homem e a natureza, cujos vestígios são uma crítica viva das tendências de separação, análise e autocentrismo inerentes ao pensamento ocidental. Essas culturas têm conquistas importantes naquilo que é hoje chamado de Sociologia, Psicologia e Medicina; e elas expressam ideais de vida e possibilidades de existência humana. No entanto, *nunca foram examinadas com o respeito que merecem*, a não ser por um pequeno número de estranhos; foram ridicularizadas e substituídas, como se isso fosse de se esperar, primeiro pela religião de amor fraternal e depois pela religião da Ciência, ou então foram perdendo sua força por meio de uma variedade de "interpretações" (cf. Seção 2). Ora, falou-se muito de libertação, de igualdade racial – mas o que isso significava? Significava a igualdade dessas tradições e as tradições do homem branco? Não. A igualdade significava que os membros de raças e culturas diferentes agora tinham a chance maravilhosa de participar das manias do homem branco, tinham a chance de participar de sua Ciência, Tecnologia, Medicina, Política. Esses eram os pensamentos que me passavam pela mente enquanto eu olhava o meu público, e eles me fizeram recuar com revulsão e terror da tarefa que deveria estar desempenhando. Pois a tarefa – isso agora ficou claro para mim – era a de um capataz de escravos, muito requintado, muito sofisticado. E capataz de escravos não era o que eu queria ser.

Experiências como essas me convenceram de que os procedimentos intelectuais que abordam um problema por meio de conceitos e se abstraem de todo o resto estão na trilha errada, e fiquei interessado nas razões para o poder terrível que esse erro hoje tem sobre as mentes humanas. Comecei examinando o surgimento do Intelectualismo na Grécia Antiga e as causas que o fizeram surgir. Queria saber o que faz as pessoas, que têm uma cultura rica e complexa, se encantarem com abstrações secas e mutilarem suas tradições, seu pensamento, seu idioma, para que possam acomodar as abstrações. Queria saber como os intelectuais conseguem se safar depois desse assassinato – sim, porque é assassinato, assassinato de mentes e culturas que é perpetrado ano após ano em escolas, universidades e missões educacionais em países estrangeiros. É preciso que essa tendência seja revertida, pensei eu; devemos começar a aprender com aqueles que escravizamos, pois eles têm muito a oferecer e, de qualquer maneira, têm o direito de viver como queiram, mesmo que não sejam tão insistentes sobre seus direitos e suas ideias como seus conquistadores ocidentais sempre foram. Em 1964-5, quando essas ideias me ocorreram pela primeira vez, tentei encontrar uma solução *intelectual* para minhas apreensões, isto é, presumi que era *minha* responsabilidade – e de outros como eu – elaborar políticas educacionais para outras pessoas. Imaginei um novo tipo de educação, que viveria de um rico reservatório de pontos de vista diferentes, permitindo a escolha das tradições que fossem mais vantajosas para o indivíduo. A tarefa do professor consistiria em facilitar a escolha, não em substituí-la por alguma "verdade" sua. Um reservatório assim, pensei, teria muito em comum com um *teatro* de ideias, como foi imaginado por Piscator e Brecht, e levaria ao desenvolvimento de uma grande variedade de meios de apresentação. A descrição científica "objetiva" seria uma maneira de apresentar um caso, uma peça teatral, outra (lembrem que para Aristóteles a tragédia é "mais filosófica" que a História porque revela a *estrutura* do processo histórico, e não apenas seus detalhes acidentais), o romance, ainda outra maneira. Por que o conhecimento teria de ser mostrado com a vestimenta da prosa e do raciocínio acadêmico? Platão não tinha observado que frases escritas em um livro nada mais são que estágios transitórios de um processo complexo de crescimento que contém gestos, piadas, apartes, emoções e ele não tinha tentado captar esse processo por meio do diálogo? E não havia formas diferentes de conhecimento, algumas muito mais detalhadas e realistas que aquilo que surgiu como "Racionalismo" nos séculos VII e VI na Grécia? Depois, houve o *Dadaísmo*. Eu o tinha estudado depois da Segunda Guerra Mundial. O que me atraiu para esse movimento foi o estilo que seus inventores usavam quando não estavam envolvidos em atividades dadaístas. Ele era claro, transparente, simples, sem ser banal, preciso, sem ser restrito; era um estilo adaptado à expressão do pensamento e também da emoção. Relacionei esse estilo com os próprios exercícios dadaístas. Vamos supor que você submeta o idioma a uma crítica profunda e viva durante dias e semanas em um mundo de sons cacofônicos, palavras misturadas, eventos sem sentido. A seguir, após essa preparação, você se senta e escreve: "o gato está no tapete". Essa frase simples, que normalmente falamos sem pensar, como máquinas falantes (e grande parte daquilo que falamos é realmente rotina), agora parece a criação de todo um mundo: Deus disse "faça-se a luz", e a luz foi feita. Ninguém na época moderna entendeu o milagre da linguagem e pensou tão bem como os dadaístas, porque ninguém foi capaz de imaginar, e muito menos de criar, um mundo em que eles não desempenhem nenhum papel. Após descobrir a natureza de uma *ordem vivente*, de uma razão que não é meramente mecânica, os dadaístas logo perceberam a deterioração dessa ordem que se transformava em rotina. Eles diagnosticaram a deterioração do idioma que precedeu a Primeira Guerra Mundial e criaram a mentalidade que tornou isso possível. Depois do diagnóstico seus exercícios assumiram outro significado, mais sinistro. Eles revelaram a temerosa semelhança entre a linguagem dos primeiros caixeiros viajantes em "importância", a linguagem dos filósofos, políticos, teólogos, e a falta de articulação grosseira. O elogio da honra, do patriotismo, da verdade, da racionalidade e da honestidade que enchem nossas escolas, púlpitos e reuniões políticas *imperceptivelmente se funde em falta de articulação*, não importa como ela seja envolvida em linguagem literária nem com que força seus autores tentam copiar o estilo dos clássicos. E os próprios autores no final mal podem ser distinguíveis de um bando de porcos que grunhem. Há uma maneira de evitar essa deterioração? Eu achava que sim. Pensei que se considerássemos todas as conquistas transitórias, restritas *e pessoais*, e cada verdade como *criada* por nosso amor por ela, e não como sendo "encontrada", poderíamos evitar a deterioração daqueles contos de fada que em determinado momento eram promissores; e pensei também que era necessário desenvolver uma nova Filosofia ou uma nova religião para dar substância a essa conjectura.

Hoje compreendo que essas considerações são apenas outro exemplo da presunção e tolice intelectualista. Há a presunção de presumir que nós temos soluções para pessoas cujas vidas não compartilhamos e cujos problemas não conhecemos. É bobagem presumir que um exercício assim em humanitarismo distante terá efeitos satisfatórios para as pessoas envolvidas. Desde o começo do Racionalismo ocidental, intelectuais se consideraram professores, o mundo como uma escola e as "pessoas" como alunos obedientes. Em Platão isso é muito claro. O mesmo fenômeno ocorre entre cristãos, racionalistas, fascistas, marxistas. Os marxistas já não tentam aprender com aqueles que querem libertar, atacam uns aos outros sobre interpretações, pontos de vista e evidências e presumem que a mistura intelectual resultante será um alimento requintado para os nativos (Bakunin estava ciente das tendências doutrinárias do Marxismo contemporâneo e tinha a intenção de devolver todo o poder – inclusive o poder das ideias – para o povo diretamente envolvido). Minha opinião diferia daquelas que acabo de mencionar, mas ainda assim era uma OPINIÃO, uma fantasia abstrata que inventei e agora tentei vender sem ter compartilhado nem sequer vinte gramas da vida dos receptores. Agora considero isso uma presunção intolerável. Portanto, o que nos resta?

Duas coisas ainda nos restam. Eu poderia começar *participando* de certa tradição e tentando reformá-la de seu interior. Isso, acho eu, é importante. A época em que as Grandes Mentes associadas aos Grandes Poderes da Sociedade podiam dirigir a vida dos demais, mesmo que fosse de uma maneira muito suave, está lentamente chegando ao fim (isso exclui a Alemanha). Um número cada vez maior de civilizações está entrando no cenário político mundial, e cada vez mais tradições estão sendo recuperadas por pessoas que vivem nas Sociedades Ocidentais. Um indivíduo pode ou participar dessas tradições (se elas o aceitarem) ou calar a boca – já não pode dirigir-se a elas como se fossem alunos em uma sala de aula. Há algum tempo venho sendo um membro um tanto errático de uma tradição pseudocientífica – para que eu possa tentar encorajar de seu interior aquelas tendências que considero solidárias. Isso estaria de acordo com minha tendência de usar a *história das ideias* para explicar fenômenos enigmáticos e experimentar formas de expressão diferentes da prosa acadêmica para apresentar e/ou expor ideias. Não tenho muito entusiasmo por esse tipo de trabalho, especialmente porque acho que áreas como a Filosofia da Ciência, ou a Física de partículas elementares, ou a Filosofia da linguagem comum, ou o Kantismo não devem ser reformulados; pelo contrário, devemos permitir que morram naturalmente (elas são caras demais e o dinheiro gasto com elas é necessário com maior urgência em outras áreas). Outra possibilidade é começar uma carreira como *artista de teatro de variedades*. Essa ideia me parece muito atraente. Levar um pálido sorriso ao rosto das pessoas que foram feridas, desapontadas, deprimidas, que estão paralisadas por alguma "verdade" ou pelo medo da morte me parece uma façanha infinitamente mais importante que a mais sublime das descobertas intelectuais: Nestroy, George S. Kaufman, Aristófanes, na minha escala de valores, estão muito acima de Kant, Einstein e seus imitadores anêmicos. Estas são as possibilidades. Que devo fazer? Só o tempo dirá...

Parte Três
Conversas com ignorantes

Capítulo 1

Resposta ao professor Agassi com uma nota de rodapé para Rom Harré e um *postscriptum*

Berkeley, 15 de julho de 1975

Caro Joske,[1]

Há três coisas que nunca deixam de me surpreender quando leio resenhas de meu livro: o desinteresse em argumentar, a violência da reação e a impressão geral que pareço causar em meus leitores, especialmente nos "racionalistas".

A meu ver, meu livro é uma tentativa prolixa e um tanto sem brilho de criticar certas ideias sobre Ciência e racionalidade, revelar os ídolos por trás dessas ideias e colocá-los em seu lugar. Não me deixando cegar por *slogans* como meus críticos racionalistas parecem fazer, eu *investigo* e relato os resultados de minha investigação. Minha investigação está longe de ser completa. O problema mais importante da relação entre razão e *fé* não é sequer abordado. O que faço é o seguinte. Comparo três ídolos: Verdade, Honestidade e Conhecimento (ou Racionalidade), e suas ramificações metodológicas, com um quarto ídolo, a Ciência, descubro que eles são incompatíveis e chego à conclusão de que é hora de examinar todos novamente. De qualquer forma, nem a Ciência nem o Racionalismo têm hoje autoridade suficiente para excluir o mito, ou o pensamento "primitivo", ou as cosmologias por trás dos

---

[1] Esta resposta e a resenha correspondente foram publicadas em *Philosophia,* mar. 1976.

vários credos religiosos. Qualquer reivindicação dessa autoridade é ilegal e deve ser rejeitada, se necessário, por meios políticos. Eu diria que meu livro contém 85% de exposição e argumento, 10% de conjectura e 5% de retórica. Há longas passagens dedicadas à descrição de fatos e procedimentos.

Ora, o estranho é que quase nenhuma resenha que li trata desse material. As únicas passagens que os críticos parecem perceber são aquelas nas quais, com um suspiro de alívio, paro de raciocinar e me envolvo em um pouco de retórica.[2] Isso significa que ou os racionalistas não reconhecem um argumento quando veem um deles ou que consideram a retórica mais importante que o argumento, ou, ainda, que algo em meu livro perturba tanto suas ideias e confunde tanto sua percepção que sonhos e alucinações substituem a realidade à sua frente. Seu artigo, meu caro Joske, é um exemplo perfeito daquilo que quero dizer. Estou muito grato pelo fato de você estar tão preocupado com meu livro e de ter dedicado tanto tempo, energia e especialmente imaginação nessa resenha. Mas, infelizmente, eu mal me reconheço no retrato terrível que me olha ferozmente de suas páginas. Para você, meu livro parece ser uma mistura de *Die Räuber* e *Ubu Rei*, combinando as "explosões de ódio" do primeiro com os alegres disparates do segundo. Claro, você é muito bom e quase conseguiu me convencer de que eu fui um "super-revolucionário na política e também na metodologia" – mas a ilusão não durou muito. Uma olhadela em meu livro e vi que eu estava errado e que você estava errado. Como surgiu esse erro? E, tendo-o compreendido, como é que posso impedir que você e meus futuros

---

[2] Um exemplo é o artigo do professor Rossi (1975, p.247-73). O professor Rossi está tendo um caso amoroso infeliz com o Racionalismo. Há muito amor, mas pouco entendimento. Os filósofos e historiadores que Rossi critica produziram muitos argumentos detalhados para sustentar seus pontos de vista. Seus textos contêm esses argumentos, os resultados dos argumentos e, às vezes, um resumo um tanto colorido dos resultados. O professor Rossi reconhece os sumários coloridos, mas não parece ter a capacidade para reconhecer um argumento. Além disso, ele rejeita os sumários não porque possua argumentos próprios, mas porque não gosta deles, ou *parece* não gostar deles, pois, mesmo com relação a *gostar*, ele não está muito seguro de que direção deve tomar. À página 266 ele fala da "Revolta Neorromântica contra a Ciência" e claramente a desaprova. Mas à página 247 ele se queixa de que minha interpretação de Galileu foi recebida "entusiasticamente" *"até mesmo na Itália"*, sugerindo que um italiano do século XX está mais bem equipado para entender o Espírito de Galileu do que um vienense do século XX – uma ideia tipicamente romântica.

leitores o repitam? Como posso despertá-lo, fazer que você abra os olhos para que veja o que escrevi e não comece a divagar imediatamente em um mundo de sonhos próprio? Não conheço a receita, mas vou tentar. E peço a sua indulgência e a dos leitores quando, na tentativa de me fazer compreendido, eu muitas vezes me tornar prolixo e monotonamente repetitivo.

Segundo você, sou um "super-revolucionário na política e também na Metodologia" e "meu ideal é a China totalitária".

A primeira frase de meu livro diz (página 17 [31], texto da Introdução):

> O ensaio a seguir é escrito com a convicção de que o *anarquismo*, ainda que talvez não seja a mais atraente filosofia *política*, é, com certeza, um excelente remédio para a *epistemologia* e para a *filosofia da ciência*.

Ora, é preciso admitir – nós nem sempre lemos as primeiras frases com muito cuidado; passamos por elas sem muita atenção, pois queremos ir para as partes mais importantes do livro e ver que surpresas o autor escondeu nelas. Também admito que pessoas menos pedantes do que eu não fazem de cada frase um pacote repleto de informação; elas dão ao leitor alguma liberdade de movimento e permitem que ele se familiarize lentamente com o estilo delas. Portanto, talvez eu deva estar grato a você por me ter lido como se eu fosse um escritor melhor e mais elegante do que realmente sou. Contudo, infelizmente, no momento atual minha gratidão é quase que superada por meu desejo de ser compreendido e, por isso, o leitor deve me tolerar um pouco enquanto explico a frase um pouco mais detalhadamente.

O que ela diz?

Ela diz que considero o Anarquismo "um remédio excelente para a Epistemologia e a Filosofia da Ciência".

Observe a cuidadosa qualificação. Não digo que a Epistemologia deve se tornar anárquica, ou que a Filosofia da Ciência também deve se tornar anárquica. Digo que ambas as disciplinas devem receber o Anarquismo *como um remédio*. A Epistemologia está doente, precisa ser curada, e o remédio é a anarquia. Ora, um remédio não é algo que tomamos continuamente. Tomamos um remédio durante certo período e depois *paramos de tomá-lo*. Para garantir que é dessa maneira que vou ser compreendido, repito a restrição do final da Introdução. Na penúltima frase digo:

É possível que chegue uma época em que seja necessário dar à Razão uma vantagem temporária e em que será sensato defender *suas* regras à exclusão de tudo o mais.

E, a seguir, continuo: "Não acho que estamos vivendo nessa época hoje". *Hoje* a Epistemologia está doente e precisando de remédio. O remédio é o Anarquismo. O Anarquismo, digo eu, irá curar a Epistemologia e *então* poderemos voltar para uma forma mais iluminada e liberal de racionalidade. Até aqui a primeira qualificação que está inserida na primeira frase de meu livro.

Há duas outras qualificações.

Digo que o Anarquismo "talvez não seja a filosofia *política* mais atraente". Qualificação um: tenho a intenção de discutir o papel do Anarquismo na Epistemologia e na Filosofia da Ciência e não estou muito entusiasmado com o Anarquismo político. Qualificação dois: no entanto, posso estar errado na minha falta de entusiasmo (Anarquismo, "embora *talvez* não seja..."). Até aqui a primeira frase de meu livro. Ela não parece muito diferente do retrato de um "super-revolucionário em política e também em metodologia"?

Como é que surge a diferença? A resposta é bastante simples. Ao ler meu livro, simplesmente omita as qualificações que eu sugiro ou afirmo explicitamente. Essas qualificações são bastante importantes. Elas são a essência daquilo que quero dizer. Acho que há muito pouca coisa que nós podemos dizer "de um modo geral" e que as observações que fazemos e o conselho que damos devem levar uma situação específica (histórica, sociopsicológica, física etc.) em consideração, que não podemos continuar a não ser que tenhamos estudado aquela situação em detalhes. (Essa, incidentalmente, é a razão fundamental por trás do *slogan* "vale tudo"; se você quiser que um conselho permaneça válido, independentemente das circunstâncias, então o conselho terá de ser tão vazio e tão indefinido quanto a expressão "vale tudo".) Qualquer afirmação que faço tem esse caráter *específico*, as qualificações estando ou implícitas no contexto ou contidas na própria afirmação. Você não mostra essa diferenciação. Passando ligeiramente de uma página para a outra você só percebe as frases que o chocam e ignora as qualificações e os argumentos que poderiam ter aliviado o choque. Deixe que eu mencione outro exemplo para ilustrar esse procedimento de leitura seletiva.

No Capítulo 4 [4] eu olho de maneira favorável para certo episódio na relação entre o Partido e Especialistas na China comunista dos anos 1950 e aconselho os órgãos democráticos atuais a agirem de forma semelhante. Acho que *naquela ocasião* o Partido agiu de maneira sensata e sugiro que as democracias combatam o Chauvinismo de seus próprios especialistas exatamente da mesma maneira. Em sua resenha essa sugestão limitada e concreta passa a ser "o ideal de Feyerabend é a China totalitária". ("O terror do presidente Mao não foi rejeitado", você escreve um pouco mais adiante. É claro que ele não foi rejeitado; e por que não? Porque esse não era o assunto de meu argumento.[3])

---

[3] Em outro lugar, você diz "não há qualquer referência ao Nazismo, ao Fascismo, ou até mesmo à Guerra Civil espanhola, e isso sem mencionar o Racismo". É verdade. E tampouco mencionei o teatro-revista. E por que não? Porque não havia espaço suficiente e porque os itens mencionados não têm quase nada a ver com o assunto principal que é: Anarquismo *epistemológico*. É claro, você acredita que o Irracionalismo e o Anarquismo *inevitavelmente* irão levar a todas essas coisas (até mesmo a Auschwitz, como você disse em uma palestra na Alemanha – francamente, Joske!), você espera que um autor que recomenda passos anarquistas está ciente desses perigos e, portanto, acha que ele tem a obrigação de fazer comentários sobre eles. Isso seria um raciocínio aceitável se pudéssemos estar certos de que o racionalismo está livre de perigos desse tipo. *Mas não está.* Pelo contrário. *A força motora inflexível da Razão tem muito mais probabilidade de manter uma ideia anti-humanitária uma vez que foi concebida do que o procedimento de rápido movimento do anarquista.* Robespierre era um racionalista, não um anarquista; os inquisidores dos séculos XVI e XVII, que queimaram dezenas de milhares de vítimas, eram racionalistas, não anarquistas; Urbach, que encontrou alguns argumentos muito sofisticados a favor de um racismo muito requintado, é um racionalista, até mesmo um racionalista crítico, e não um anarquista; o problema da Guerra Civil espanhola não foi a presença de anarquistas, mas o fato de eles se recusarem a formar um governo, apesar da maioria que tinham, e com isso deixarem o palco para políticos mais "racionais"; e não esqueça que a expressão "temor a Deus" surgiu na Grécia só depois de Xenófanes ter substituído os deuses homéricos por uma descrição mais racional do Ser, que foi um precursor do Uno monstruoso de Parmênides, e essa mudança de atitude com relação a Deus foi uma consequência direta da expansão do Racionalismo. Se eu tivesse seu talento para a generalização, diria que existe muito mais probabilidade de os racionalistas construírem um Auschwitz que os anarquistas, que, afinal, querem eliminar todos os tipos de repressão, inclusive aquela pela Razão. Não é o Racionalismo, não é a lei e a ordem que impedem a crueldade, e sim "o impulso desarrazoado da bondade humana", como George Lincoln Burr disse em uma carta a A. D. White que tentava explicar o desaparecimento da mania de feitiçaria pelo surgimento do Racionalismo. "Mas a bondade é uma *força irracional*."

No entanto – você não se limita a descuidos. Você não só omite, também acrescenta e de uma maneira extremamente imaginativa.

Em meu livro cito Lênin como uma pessoa bem familiarizada com as complexidades daquilo que algumas pessoas chamam de "metodologia". Eu o chamo de "um observador inteligente e sério" e acrescento, em uma nota de rodapé, que ele "pode dar conselhos úteis a todos, inclusive aos filósofos da Ciência". Deixe que eu ignore o fato de, em sua resenha, isso se transformar em "Lênin é o maior metodologista de todos eles", pois uma mudança de ênfase assim ainda está dentro dos limites da licença poética como ela é praticada por você e já foi observada. Mas você continua: "Ele quer dizer Marcuse, é claro, mas diz Lênin". Devo confessar, fiquei totalmente estupefato ao ler esse comentário. Eu quis dizer Marcuse, e "é claro"? Por que cargas d'água Marcuse entrou nessa discussão? Eu por acaso o mencionei em alguma parte do livro? Procurei no índice remissivo, é verdade, eu o mencionei em uma nota de rodapé, na página 27. Vou até a página 27, pois já esqueci como e por que o mencionei. Lá, descubro, citei de uma introdução bastante boa a Hegel que Marcuse escreveu há algum tempo – e isso é tudo. Terei mencionado Marcuse em outros escritos? Sim, mencionei no ensaio "Contra o método", que precede o livro, mas de uma maneira severamente crítica. Além disso, por que eu deveria "é claro" querer dizer um professor universitário e intelectual de terceira categoria quando falo de um pensador, escritor e político de primeira categoria? Especialmente tendo em vista o fato de eu preferir pessoas que estão conscientes das complexas conexões entre áreas diferentes àquelas satisfeitas com modelos simplórios?[4]

---

[4] O leitor não deve ser induzido em erro, como você obviamente foi, por meu elogio frequente a políticos esquerdistas. Eu os elogio não porque são de Esquerda, mas sim porque são pensadores *bem como* políticos, teóricos *bem como* homens de ação, e porque sua experiência com este mundo fez que sua filosofia fosse realista e flexível. Não é minha culpa que não existem figuras comparáveis na Direita ou no Centro e que os intelectuais, com a única exceção de Hegel, ficaram satisfeitos em admirar ou destruir os castelos de areia uns dos outros. Considerando minhas razões para a escolha, em meus exemplos eu poderia também ter escolhido grandes figuras religiosas, como os Fundadores da Igreja – e realmente o fiz em alguns escritos meus mais antigos, em que elogiei Santo Ireneu, Tertuliano (intelecto maravilhoso!), Santo Agostinho, Santo Atanásio e outros. Até mesmo um Bossuet é de longe preferível aos escritores profissionais de má qualidade de hoje que louvam "ideias", mas têm muito pouco a dizer sobre os medos e as necessidades da alma e do corpo.

Há um exemplo ainda mais cômico de sua tendência a deixar que sua mente vagueie quando lê um livro, e ele ocorre em conexão a um comentário autobiográfico que fiz. Escrevo (página 126 [128], final da nota de rodapé 19 [17]):

> Ainda recordo meu desapontamento quando, tendo construído um refletor com uma suposta ampliação linear de cerca de 150 vezes, descobri que a Lua era aumentada apenas cinco vezes e situada muito próxima da ocular.

Isso tinha a intenção de ilustrar a diferença entre as previsões da ótica *geométrica* e aquilo que realmente *vemos* quando olhamos por um telescópio. Você escreve:

> em 1937 (a data em que comecei minhas observações), a Áustria não era um lugar generoso para um jovem solitário, cujas escapadas científicas se deparavam, podemos imaginar, com pouca ou nenhuma compreensão por seu desapontamento – nem mesmo pelos professores do curso secundário cujas mentes, de qualquer forma, estavam em algum outro lugar. Essa possibilidade pode explicar muito do sentimento mostrado na exposição presente da visão da Ciência como "muito bonitinha"...

É muito gentil de sua parte, meu caro Joske Agassi, fazer um relato tão comovente de minha infância e uma explicação generosa das "explosões de ódio" que você parece encontrar em meu livro. Mas você, uma vez mais, me dá crédito onde ele não é cabível. Longe de "deparar com pouca ou nenhuma compreensão", minhas "escapadas científicas" eram *causadas* por um excelente professor de Física no curso secundário, que nos inspirava a todos a construir instrumentos meridianos, relógios de sol e telescópios e que me colocou como observador oficial no Swiss Centre for Solar Activity (Centro Suíço para Atividade Solar) na tenra idade de catorze anos (foi no curso que ele ministrava na universidade que dei minha primeira palestra pública quando fiz treze anos). Agora, lembre-se: uma coisa é escrever um relato fictício da vida e das ideias de alguém por diversão ou a fim de direcionar a atenção para façanhas que, se não fosse por isso, permaneceriam despercebidas. Outra coisa bem diferente é fazer desse tipo de relato (Lênin querendo dizer, "é claro", Marcuse; Totalitarismo chinês como ideal político; tudo isso provocado por frustrações astronômicas na juventude) a base de uma resenha. *Eu* posso fazer essas extravagâncias, pelo menos o eu que você parece perceber em meu livro pode – mas você, meu caro Joske, não pode, porque você é um racionalista e, portanto, está preso a padrões mais severos.

Chega de falar sobre suas falhas como leitor e crítico. Há outro item que quero discutir antes de me voltar para questões mais substanciais. É o seguinte.

Muitos leitores, e você também, ficam incomodados com minha maneira de dizer as coisas. "Acho que *o que* você diz está certo; mas acho que *a maneira* como você o diz está errada", escreve nosso amigo comum Henryk Skolimowski em uma carta que acabo de receber. Você fala de minhas "explosões de ódio" e de meus "ataques mordazes". Você não identifica os primeiros, mas dá um número de página para os últimos; portanto, uma vez mais me volto para o livro e leio. E, novamente, fico estupefato com a diferença entre sua percepção e a minha. Pois a página à qual você se refere contém uma crítica muito *suave* (embora formulada de maneira concisa) de Clavius, Grienberger e do padre McMullin, outro de nossos amigos comuns. Obviamente nós olhamos para as coisas de maneira diferente.[5]

---

[5] Rom Harré (1977, p.295) tem uma queixa semelhante. "Os apartes sobre mulheres, sobre amigos e colegas, na verdade sobre qualquer pessoa que provavelmente irá confiar em uma outra pessoa, mostram uma atitude de desprezo... O professor Feyerabend reivindica licença total para si próprio e outras grandes almas como Galileu, uma licença que inclui o direito de fazer comentários ofensivos e injuriantes sobre as pessoas que não estão em uma posição de se defender. Realmente o professor Feyerabend parece insistir na ideia de que sucesso ou poder devem ir para aqueles que têm o menor respeito pela coerência e verdade na busca de algum tipo de paraíso de prazer explorador".

Um sermão comovente – mas tem alguma coisa a ver com meu livro?

Dois tipos de comentários são feitos aqui, um sobre estilo, outro sobre conteúdo. Examinemos o último para obter alguma preparação para avaliar o primeiro.

Harré presume que eu apoio o Anarquismo político: eu explicitamente o rejeito (cf. o texto anterior e nota de rodapé 9 do Capítulo 2). Diz que eu "rejeito" Lakatos "sem pensar" – no entanto, dedico um capítulo inteiro a ele. Harré diz que eu "rejeito" Lakatos por sua "dependência de critérios racionais de escolha", enquanto o critico pela incapacidade de sua filosofia fornecer tais critérios. Harré diz que eu reivindico "licença total para mim mesmo" (e Galileu), enquanto sugiro que as ações de todos, cientistas, bispos, políticos e

A razão para isso, acho eu, é que temos ideias muito diferentes sobre *estilo*. Você (e muitos outros leitores) gostam talvez de um estilo animado, vigoroso, mas ainda assim *acadêmico*. *Eu* acho esse tipo de estilo, com suas insinuações elegantes e seu estrangulamento civilizado do oponente, muito ressecado e também muito desonesto (palavra estranha para ser usada por mim, não é?) para meu gosto. Até o estilo de acadêmicos mudou de uma maneira não totalmente vantajosa. No século XIX, os acadêmicos da *Geisteswissenschaften* pulavam um em cima do outro com um vigor que sacudiria até um contemporâneo realmente detestável e eles o faziam por exuberância, não por um desejo de ferir. Dicionários de línguas remotas, tais como dicionários de latim/inglês medieval, davam equivalentes vigorosos em inglês – e assim por diante. Depois, lentamente, um tom mais medido começou a se insinuar e passou a ser regra. Não gosto dessa mudança e tento restaurar as maneiras mais antigas de escrever. Nessa

---

comediantes, devem ser submetidas à avaliação de conselhos democráticos. Harré diz que recomendo inconsistência, embora eu diga que o racionalista não a pode evitar. "Minha intenção não é substituir um conjunto de regras gerais por outro conjunto do mesmo tipo", digo eu na página 32 [47] de CM – mas de nada adianta. Harré insinua que meu objetivo é um "paraíso de prazer explorador", embora eu queira eliminar a exploração ideológica e financeira de cidadãos comuns por um pequeno grupo de intelectuais com fome de poder e de dinheiro (cf. Capítulo 2, nota de rodapé 11, assim como Seção 4 do Capítulo 3). Essa última acusação, aliás, que encontro repetidamente, é mais interessante. Ela mostra uma atitude curiosa com relação ao prazer: o fato de eu ser a favor do prazer parece contar contra mim. Na questão entre Verdade e Prazer, a Verdade é obviamente considerada a coisa mais importante. Por quê? Ninguém tem uma resposta. Ela mostra também que os intelectuais se sentem "explorados" sempre que há uma ameaça, por mais leve que seja, de que seus privilégios podem ser retirados e sua igualdade com os outros cidadãos, restaurada. O que, afinal de contas, eu sugiro? Sugiro que intelectuais sejam *utilizados*, *elogiados*, *pagos*, mas que *não* tenham permissão para moldar a sociedade à sua imagem. Se isso é exploração, então temos de fazer o melhor dela. Por mais que isso seja assim – a capacidade de ler de Harré certamente não é muito desenvolvida.

O que me traz para a questão do estilo. Como no caso de Agassi, passei bastante tempo procurando os comentários "sobre mulheres, sobre amigos e colegas, na verdade sobre qualquer pessoa que provavelmente irá confiar numa outra pessoa" que irritaram tanto Harré. Não consegui encontrá-los. Será que estou cego ou ele está tendo alucinações? Deve ser o último, considerando sua incapacidade, sobre a qual acabo de comentar, de entender o que escrevi e considerando também que não faz muito tempo ele comparou o estilo de Popper com o de GBS. Não é nenhuma surpresa que, para um olho assim, eu deva parecer um proponente de "licença total".

tentativa meus guias foram jornalistas e poetas, como Brecht (a crítica teatral que escreveu na juventude, aliás, maravilhosamente bem escrita, e não as notas mais pesadas de seus últimos anos), Shaw, Alfred Kerr ou, para regredir a tempos ainda mais antigos, humanistas, como Erasmo e Ulrich von Hutten (para não mencionar Lutero, que uma vez chamou Erasmo de *flatus diaboli* – e isso era bastante aceitável pelas boas maneiras da época). Não tenho qualquer argumento para defender essa minha preferência, apenas a afirmo como sendo uma idiossincrasia. E a afirmo porque a emoção por trás da frase ("ódio", por exemplo, ou a ausência dele) pode ser avaliada corretamente só se conhecermos primeiro o estilo em que ela foi escrita.

Agora finalmente chegamos a algumas diferenças *em substância* que existem entre mim e ti. Quais são essas diferenças?

Para responder à pergunta, citarei uma nota de rodapé de uma versão anterior de CM (1970). Omiti a nota de rodapé (e outro material, como um capítulo sobre Mill e Hegel) do livro a fim de dar espaço para a resposta de Imre Lakatos (que agora, infelizmente, nunca será publicada). Escrevo:

> As possibilidades do Liberalismo de Mill podem ser vistas pelo fato de ele dar espaço para qualquer desejo humano e para o vício humano. Não há qualquer princípio geral a não ser o princípio de interferência mínima com a vida dos indivíduos ou grupo de indivíduos que decidiram buscar um objetivo comum. Por exemplo, *não há qualquer tentativa de fazer da santidade da vida humana um princípio que seria obrigatório para todos*. Aqueles entre nós que podem se realizar apenas matando seu próximo e que se sentem totalmente vivos somente quando em perigo mortal têm a permissão para formar uma subsociedade própria em que os alvos humanos são selecionados para a caça, e são caçados sem piedade, ou por um único indivíduo, ou por grupos especialmente treinados (para uma descrição vívida dessas formas de vida, veja o filme *A décima vítima*, que, no entanto, transforma toda essa história em uma batalha entre os sexos). Portanto, qualquer um que queira levar uma vida perigosa ou provar sangue humano terá permissão para fazê-lo dentro da área de sua própria subsociedade. *Mas ele não terá permissão para envolver outros que não estejam dispostos a seguir o caminho dele;* por exemplo, ele não terá permissão para obrigar outros a participarem de uma "guerra

de honra nacional", ou seja lá o que for. Não terá permissão para esconder qualquer culpa que ele possa sentir por fazer um assassino potencial de todas as pessoas. É estranho ver como a ideia *geral* da santidade da vida humana, que iria repudiar a formação de subsociedades como essa que acabamos de descrever e que franze as sobrancelhas diante de assassinos simples, inocentes e racionais, não repudia o assassinato de pessoas que não vimos e com quem não estamos brigando. Vamos admitir que temos gostos diferentes; deixe que aqueles que querem chafurdar no sangue recebam a oportunidade de fazê-lo sem lhes dar o poder de fazer "heróis" do resto da sociedade. No que me diz respeito, um mundo em que um piolho pode viver feliz é um mundo melhor, mais instrutivo, mais maduro que um mundo em que um piolho tenha de ser eliminado. (Para esse ponto de vista, veja a obra de Carl Sternheim; para uma breve descrição da filosofia de Sternheim, veja o prefácio de Wilhelm Emrich no livro de C. Sternheim, 1969, p.5-19). O ensaio de Mill é o primeiro passo na direção da construção de um mundo assim.

Parece-me também que os Estados Unidos estão muito próximos de um laboratório cultural no sentido de Mill, em que formas diferentes de vida são desenvolvidas e modos diferentes de existência humana, testados. Há ainda muitas restrições cruéis e irrelevantes e excessos da chamada legalidade ameaçam as possibilidades que este país contém. No entanto, essas restrições, esses excessos e essas brutalidades ocorrem nos *cérebros* dos seres humanos. Não são encontrados na *constituição*. Podem ser eliminados por meio da propaganda, do esclarecimento, de projetos de lei especiais, do esforço pessoal (Ralph Nader!) e de inúmeros outros meios legais. É claro, se esse esclarecimento for considerado supérfluo, se nós o considerarmos irrelevante, se presumirmos desde o começo que as possibilidades existentes para a mudança são ou insuficientes ou condenadas ao fracasso, se estivermos decididos a usar métodos "revolucionários" (métodos, aliás, que verdadeiros revolucionários como Lênin consideraram totalmente infantis – veja seu *Left Wing Communism, An Infantile Disorder* –, que devem aumentar a resistência da oposição em vez de removê-la), então o "sistema" irá parecer muito mais duro do que realmente é. E isso ocorrerá porque *nós mesmos o endurecemos*, e a culpa recai sobre o tagarela que chama a si mesmo de crítico da sociedade. É deprimente ver como um sistema que tem muita elasticidade inerente está se tornando cada vez menos impressionável graças aos fascistas da Direita e aos extremistas da Esquerda, até que a democracia desapareça sem ter sequer tido uma chance. Minha crítica e meu apelo pelo Anarquismo, portanto, estão direcionados *tanto* contra o Puritanismo tradicional na Ciência e na sociedade *quanto* contra o "novo", mas na verdade muito velho, antediluviano e primitivo Puritanismo da "nova" Esquerda, que está sempre baseado na raiva, na frustração, na ânsia por vingança, mas nunca na imaginação. Restrições, exigências, árias morais, violência generalizada por todas as partes. Um flagelo em ambas as casas!

Até aqui, parte da nota de rodapé 49 de meu ensaio de 1970 (lembrem-se de que a Guerra do Vietnã e os protestos estudantis ainda estavam muito em evidência).

Acho que você irá admitir que a sociedade descrita nessa passagem tem pouco em comum com a "China totalitária". Mesmo durante o período das Cem Flores, a liberdade alcançada na China foi apenas uma fração daquilo que acho possível e desejável. Observe também que não há nenhuma licença completa. Nem todas as ações são permitidas e uma forte força policial impede as várias subsociedades de interferirem umas com as outras. No entanto, com relação à natureza dessas sociedades, "vale tudo", especialmente na área de educação. E com isso chego a mais uma divergência entre mim e ti. *Eu* digo que as instituições educacionais de uma democracia devem, em princípio, ensinar qualquer disciplina, *você* diz que só "um velhaco e um tolo" iriam sugerir a introdução de magia negra e de Astrologia em "colégios e universidades públicas". Portanto, vamos examinar o assunto com mais cuidado.

Em minha opinião, a situação é ingenuamente simples.

"Colégios e universidades públicas" são financiados pelos contribuintes. Portanto, estão sujeitos à avaliação desses mesmos contribuintes, *e não* à avaliação dos muitos parasitas intelectuais que vivem à custa do dinheiro público.[6] Se os contribuintes da Califórnia querem que suas universidades

---

[6] Eu saúdo com enorme entusiasmo a emenda Baumann, que recomenda o poder de veto congressional sobre as catorze mil e poucas bolsas de estudo que a National Science Foundation [Fundação Nacional de Ciência] (NSF) distribui a cada ano. Os cientistas estão muito irritados com o fato de a emenda ter sido aprovada pela Casa dos Representantes, e o diretor da National Academy [Academia Nacional] falou sombriamente de tendências

ensinem magia negra, Medicina popular, Astrologia, cerimônias da dança da chuva, então isso é o que as universidades terão de ensinar (as universidades *públicas*; as universidades particulares, como a de Stanford, poderão continuar ainda ensinando Popper e Von Neumann).

Será que talvez fosse melhor para os contribuintes aceitarem a avaliação dos especialistas? Não, e por razões óbvias.

Primeiro, os especialistas têm capital investido nos próprios cercadinhos e, dessa forma, com bastante naturalidade, irão argumentar que a "educação" é impossível sem eles (você pode imaginar um filósofo de Oxford, ou um físico de partículas elementares, argumentando a favor de uma redução de seu ótimo salário?).

Segundo, os especialistas científicos quase nunca examinam as alternativas que podem surgir na discussão com o cuidado que presumem ser necessário quando um problema, em sua própria área, está em jogo. Eles se preocupam intensamente com as várias abordagens científicas aos problemas do tempo e do espaço, mas a ideia de que a gênesis dos Hopi pode ter algo a acrescentar à Cosmologia é rejeitada de imediato. Aqui, cientistas e, aliás, todos os racionalistas atuam de forma muito semelhante à maneira como a Igreja Romana atuou antes deles: eles denunciam ideias incomuns e extraordinárias como superstições pagãs e negam-lhes qualquer direito de contribuir para a Única Verdadeira Religião.[7] Se lhes dermos o poder, eles irão suprimir as ideias pagãs *como se isso fosse normal* e substituí-las pela própria filosofia "esclarecida".

---

totalitárias. O cavalheiro bem pago não parece perceber que Totalitarismo significa a direção de muitos por poucos, enquanto a emenda Baumann vai exatamente na direção oposta: ela sugere que se examine aquilo que alguns poucos estão fazendo com os milhões de dinheiro público colocados à sua disposição na vã esperança de que o público vá eventualmente lucrar com essa generosidade. Considerando o Chauvinismo narcisista da Ciência, um exame assim poderia parecer mais do que razoável. É claro, ele deve ser estendido além dos limites estreitos da supervisão da NSF: todos os departamentos de uma universidade pública devem ser cuidadosamente supervisionados para que seus membros não usem dinheiro público para realizar suas fantasias privadas sob o título de "pesquisa" filosófica, psicológica e sociológica.

[7] Uma atitude semelhante é muitas vezes encontrada em Galileu. Ele argumenta com seus colegas matemáticos e só tem desprezo pela *ralé* (palavras dele) que não teve uma educação matemática.

Terceiro, o uso de especialistas não seria um problema se eles viessem da área adequada. Os cientistas iriam rir muito (ou, para ser mais realista, ficariam muito indignados) se perguntássemos a um curandeiro, e não a um cirurgião, sobre os detalhes de uma operação: é óbvio que o curandeiro é a pessoa errada para fazermos a pergunta. Mas eles presumem que devemos perguntar a um astrônomo, e não a um astrólogo, sobre os méritos da Astrologia, ou que um médico ocidental – e não um estudante do *Nei Ching* – deve decidir sobre o destino da Acupuntura. Ora – e com isso chego ao quarto ponto –, um procedimento assim não seria motivo para objeções se pudéssemos presumir que o astrônomo ou o médico ocidental sabiam mais sobre Astrologia ou Acupuntura que o astrólogo ou o tradicional médico chinês. *Infelizmente, isso só ocorre muito raramente.* Permitimos que pessoas ignorantes e presunçosas condenem ideias sobre as quais elas têm apenas uma noção muito confusa e com argumentos que não iriam tolerar nem por um segundo em sua própria área. A Acupuntura, por exemplo, foi condenada não porque alguém a tivesse examinado, mas simplesmente porque alguma ideia vaga sobre ela não se enquadrava na ideologia geral da Ciência médica, ou, para dar nome aos bois, porque era uma disciplina "pagã" (no entanto, nesse ínterim, a esperança de recompensas financeiras produziu uma mudança considerável de atitude).

Qual é o efeito desse procedimento?

O efeito é que cientistas e racionalistas "liberais" criaram um dos constrangimentos mais infelizes da democracia. As democracias, *como são concebidas pelos liberais*, são sempre constrangidas por seu compromisso conjunto com a "racionalidade" – e hoje isso significa principalmente: a Ciência – e a liberdade de pensamento e de associação. Sua maneira de sair do constrangimento é repelir os princípios democráticos onde eles têm maior importância: no campo da educação. A liberdade de pensamento, dizem eles, é correta para adultos que já foram treinados para "pensar racionalmente". Mas ela não pode ser concedida a todo e qualquer membro da sociedade e, em especial, as instituições educacionais devem ser dirigidas segundo princípios racionais. Na escola devemos aprender dessa forma e isso significa: História orientada para o Ocidente, Cosmologia orientada para o Ocidente, isto é, a Ciência. Assim, a democracia *como é concebida por seus defensores intelectuais atuais* jamais permitirá a sobrevivência total de culturas especiais. Uma democracia liberal-racional não pode conter uma cultura Hopi no pleno sentido da palavra. Não pode conter uma cultura negra no pleno sentido da palavra. Não pode conter uma cultura judaica no pleno sentido da palavra. Ela só pode conter essas culturas como enxertos em uma estrutura básica, que é constituída por uma aliança profana entre a Ciência, o Racionalismo e o Capitalismo. Foi assim que uma pequena gangue dos chamados "humanitários" conseguiu moldar a sociedade à sua imagem e arrancar quase todas as antigas formas de vida.[8] Ora, isso teria sido um empreendimento laudável se as crenças que constituíam essas formas de vida tivessem sido examinadas com cuidado e com o devido respeito por aqueles que tinham essas crenças, e se tivesse sido descoberto que elas eram um obstáculo para o livre desenvolvimento da humanidade. *Nenhum exame desse tipo foi jamais realizado*, e os poucos indivíduos que começaram a examinar a questão um pouco mais de perto chegaram a uma conclusão bem diferente. O que resta no final por trás de toda essa verborragia humanitária é a suposição que o homem branco tem de sua superioridade intelectual. Foi esse procedimento arrogante, dessa supressão desumana de ideias de que nós não gostamos, desse uso da "educação" como um bastão para bater nas pessoas até que elas se submetam, que provocou meu desprezo pela Ciência, pelo Racionalismo, e por todas as frases bonitas que os acompanham ("a busca da verdade"; "a honestidade intelectual" etc.: honestidade intelectual, uma ova!), e não uma desilusão astronômica mística na infância como você, meu caro Joske, parece crer. E não vejo por que eu deveria ser gentil com tiranos que falam baboseiras sobre o Humanitarismo e só pensam em seus próprios interesses triviais.

Há muitas coisas mais que eu gostaria de dizer, mas uma resenha já é breve e a resenha de uma resenha, mais breve ainda. Portanto, deixe-me concluir com uma história pessoal. Durante a última metade do ano que passou venho perdendo peso, cerca de onze quilos até agora; fiquei

---

[8] A história dos índios norte-americanos é um desses casos. A primeira onda de invasores veio para escravizá-los e para "lhes ensinar maneiras cristãs", como se lê na bula de Alexandre VI sobre as novas ilhas e o novo continente. A segunda onda de invasores veio para escravizá-los e lhes ensinar maneiras cristãs de um tipo diferente. A essa altura, eles já tinham sido roubados de todas as suas posses materiais e sua cultura tinha quase desaparecido – "e corretamente", diz o racionalista, "pois ela era superstição irracional".

com a visão dupla, dores no estômago, desmaiei nas ruas de Londres e, de modo geral, sentia-me extremamente indisposto. Como é natural, fui ao médico. Os clínicos gerais (isso foi na Inglaterra) não solucionaram meu problema. Fui a especialistas. Durante três semanas fui submetido a uma bateria de exames; fiz raios X, tomei eméticos e enemas, e cada exame me fazia sentir pior do que nunca. Resultado: negativo (esse é um paradoxo simpático: você está doente; vai ao médico; ele faz você se sentir pior; mas diz que você está bem). De acordo com a Ciência estou perfeitamente saudável. Não estando limitado por uma lealdade eterna pela Ciência, comecei a procurar outros tipos de curadores e descobri que há vários deles. Herboristas. Curandeiros. Acupunturistas. Massagistas. Hipnotistas. Todos eles farsantes, segundo a opinião médica estabelecida. A primeira coisa que chamou a minha atenção foi seu método de diagnóstico. Nenhuma interferência dolorosa com o organismo. Muitas dessas pessoas desenvolveram métodos eficientes de diagnóstico examinando o pulso, a cor dos olhos, a língua, a maneira de andar etc. (Mais tarde, ao ler *Nei Ching*, que desenvolve a filosofia por trás da Acupuntura, descobri que na China isso era intencional: o corpo humano deve ser tratado com respeito, o que significa que temos de encontrar métodos de diagnóstico que não violem sua dignidade). Tive sorte. O segundo homem que consultei me disse que eu tinha estado seriamente doente por muito tempo (e isso era verdade: nos últimos vinte anos eu oscilei entre longos períodos saudáveis e outros períodos em que mal podia caminhar, mas sem qualquer sinal cientificamente perceptível de doença), que ele ia me tratar duas vezes para ver se eu reagia e, se eu o fizesse, ele poderia me aceitar como paciente. Após o primeiro tratamento *me senti* melhor, como há muito tempo não me sentia, e houve também melhoras *físicas*, uma disenteria de longa duração desapareceu e minha urina ficou clara. Nenhum de meus médicos "científicos" tinha sido capaz de conseguir isso. O que foi que ele fez? Uma simples massagem que, como descobri mais tarde, estimulou os pontos de acupuntura do fígado e do estômago. Aqui em Berkeley tenho um curandeiro e um acupunturista, e pouco a pouco vou me recuperando.

Portanto, o que descobri foi o seguinte: existe uma grande quantidade de conhecimento médico valioso que provoca o franzir de sobrancelhas e é tratado com desprezo pela profissão médica. Sabemos também, graças a um trabalho antropológico mais recente, que as tribos "primitivas" possuem conhecimento análogo não só no campo da Medicina, mas em Botânica, Zoologia e Biologia geral. Arqueólogos descobriram vestígios de uma Astronomia da Idade da Pedra altamente sofisticada, com observatórios, especialistas e aplicação em viagens exploratórias, que era aceita por várias culturas por todo o continente europeu. Os mitos, adequadamente interpretados, provaram ser repositórios de um conhecimento insuspeitado pela Ciência (mas confirmável pela pesquisa científica, quando o tema é abordado) e ocasionalmente em conflito com ela. *Existe muita coisa que podemos aprender e aprender com nossos antigos antepassados e nossos semelhantes "primitivos"*. Tendo em vista essa situação, não devemos dizer que nossas políticas educacionais, inclusive a sua, meu caro Joske, são, no mínimo, muito mal concebidas e intolerantes? Elas são *totalitárias*, pois fazem da ideologia de um pequeno bando de intelectuais a medida de tudo. E têm uma *visão acanhada*, porque essa ideologia é seriamente limitada, é um obstáculo para a harmonia e para o progresso. Vamos ser mais modestos; vamos admitir que o Racionalismo ocidental é apenas um dos muitos mitos, e não necessariamente o melhor deles; vamos adaptar nossa educação e nossa sociedade como um todo a essa modéstia e, talvez, sejamos capazes de voltar a um paraíso que foi nosso em determinado momento, mas que agora parece ter sido perdido no barulho, na mistura de nevoeiro e fumaça, na ambição e na presunção racionalista.

Um abraço.

Paul

Postscriptum 1977

O Professor Agassi enviou uma resposta a meus comentários que não mostra qualquer melhora em sua capacidade de ler. Ele interpreta minha *crítica* da Democracia liberal como sendo uma *recomendação* aos judeus para que retornem à religião de seus antepassados, aos índios norte-americanos para que retomem seus velhos hábitos, inclusive as danças da chuva, e deplora o caráter "reacionário" da recomendação. Reacionário? Isso presume que o passo na direção da Ciência, da Tecnologia e da Democracia liberal não foi um erro – que é, afinal, a questão sendo discutida. Também é presumido que as práticas mais antigas, por exemplo, as danças de chuva, não funcionam – mas quem examinou essa questão (e veja que, para examiná-la, teríamos de restaurar a harmonia entre o homem e a natureza que existia antes de as tribos indígenas serem fragmentadas e aniquiladas)? Além disso, não digo que os judeus ou os índios norte-americanos *devam retomar* suas práticas antigas, o que digo é que aqueles que *queiram retomá-las* devem ser capazes de fazê-lo, primeiro porque em uma Democracia todos devem ser capazes de viver como lhes parece e, segundo, porque nenhuma ideologia ou modo de vida é tão perfeito que não possa ser aprimorado com uma consulta a alternativas (antigas).

Agassi pergunta "quem os trará" (os judeus, os índios) "de volta para a modernidade quando a sessão de terapia tiver acabado?". Isso é uma repetição do erro que acabei de comentar. Não quero mudar a mente das pessoas por meio de alguma terapia imaginada, o que sou é contra a terapia real, chamada de "educação" e constantemente aplicada a seus filhos. E se as pessoas decidirem retomar suas práticas antigas – por que alguém teria necessariamente de "trazê-las de volta para a modernidade"? Será que a "modernidade" é assim tão maravilhosa que temos sempre de voltar para ela, apesar dos *insights* que obtivemos nas excursões a campos diferentes?

Tampouco posso aceitar a maneira simplória com que Agassi lida com o mal. "Eu menciono Dachau e Buchenwald a fim de rejeitar a tese do 'vale tudo'", escreve ele; "nada menos que esses, é claro". É claro? É só isso que ele tem a dizer? Devemos parar de pensar a essa altura? Devemos aceitar a repugnância (e o oportunismo covarde daqueles que estavam em um momento do lado errado) como base do argumento? Ou um racionalista (algo que, felizmente, não sou) deve examinar as *credenciais* da repugnância e, se deve, como é que pode encontrar essas credenciais? Quando Remigius, o inquisidor, era um homem idoso, lembrou com tristeza como, em sua juventude, tinha salvo os filhos de bruxas das chamas em vez de queimá-los, como era de regra, e como, dessa forma, tinha contribuído para a própria condenação eterna. Remigius era um homem honesto e humanitário e, no entanto, suas crenças sobre o mundo e o destino do homem fizeram que ele agisse de uma maneira que alguém que não estivesse ciente de seus motivos consideraria – "é claro" – como exatamente o oposto de humanitarismo. "É claro" que muitos nazistas eram homens insignificantes e desprezíveis – todas as novas publicações, inclusive a mais recente dos diários de Goebbels, mostram isso – e de um calibre diferente do de Remigius. Mas homens insignificantes e desprezíveis são humanos, foram criados à imagem de Deus e só isso já exige que os tratemos com maior circunspecção que na base de um mero "é claro". Por muito tempo venho pensando em escrever uma peça sobre um personagem assim desprezível. Ele é apresentado – e imediatamente o detestamos com todo nosso coração. Ele age, e nosso ódio aumenta. Mas, à medida que a peça vai se desenrolando, chegamos a conhecê-lo melhor. Vemos como suas ações fluem de sua humanidade, de sua humanidade plena e genuína, e não de uma parte podre dela. Ele já não é um proscrito da espécie humana, ele é parte dela, embora uma parte enigmática. Além disso, não só compreendemos suas ações como ações humanas, mas também percebemos uma razão inerente e começamos a ser atraídos por ela. Compreendemos que poderíamos agir exatamente como ele e até já *desejamos* agir daquela maneira. Estamos a caminho de nos transformarmos nele e de agir como ele. Que tipo de pessoa tenho em mente? Pode ser um oficial da SS, pode ser um asteca envolvido com matança ritual ou automutilação, pode ser um racionalista que habitualmente mata *mentes*[9] – você escolhe. E, no final, a peça retoma sua posição inicial e nosso ódio volta.

Uma peça assim, penso eu, é totalmente possível (o filme poderia ser usado de maneira ainda mais eficiente). Ela não funcionaria com pessoas que estão congeladas pela ideologia, mas para a maioria das pessoas

---

[9] Tendo visto centenas de jovens intolerantes que sem sorrir vão andando soturnamente pela Trilha da Razão (razão crítica, razão dogmática – isso não faz nenhuma diferença), pergunto-me que tipo de cultura é essa que tem louvores, prêmios e respeito pela matança de *almas*, enquanto se volta com uma repugnância padronizada contra a matança de corpos. A alma não é mais importante do que o corpo? O mesmo tipo de punição, ou uma punição até maior do que aquela que hoje é dada aos assassinos individuais e coletivos, não deveria ser estendida a nossos "mestres" e nossos "líderes intelectuais"? Não deveríamos caçar os professores culpados com o mesmo vigor com que caçamos os octogenários nazistas? Não são os chamados "líderes da humanidade" – homens tais como Cristo, Buda, Santo Agostinho, Lutero, Marx – alguns de nossos maiores criminosos (é diferente com Erasmo, Lessing ou Heine)? Todas essas perguntas são empurradas para o lado com o fácil "é claro" que congela reações padrões em vez de nos fazer *pensar*.

demonstraria que ser humano é ser mau tanto quanto ser bom, é ser racional tanto quanto irracional, é ser divino tanto quanto odioso, que é possível ser bom enquanto se está sendo mau, e mau quando se está tentando ser bom. A raça humana é como todo o reino da natureza – não há um único item de comportamento que ela não seja capaz de duplicar.

Nessas circunstâncias – qual será nossa atitude com relação a Dachau e Buchenwald? Não sei. Mas uma coisa é certa: o elegante "é claro" de Agassi põe na prateleira problemas que devemos considerar e vivenciar se quisermos realizar nossa humanidade plenamente. Não sei de ninguém que tenha feito isso até agora. O que explica a natureza insípida de quase tudo que foi escrito sobre o assunto.[10]

---

[10] Uma exceção é o livro maravilhoso de Hannah Arendt sobre Eichmann e a banalidade do mal. Cf. também o começo da Seção II da Parte Dois deste livro.

––––––––––––––––––– Capítulo 2 –––––––––––––––––––
Lógica, a capacidade de ler e escrever e o professor Gellner

É sempre uma surpresa agradável para um autor encontrar um crítico que compreende sua filosofia, concorda com ela e mostra alguma capacidade para desenvolvê-la ainda mais. É ainda mais gratificante encontrar um pensador que compartilha com ele não só ideias, mas também alguma outra idiossincrasia, especialmente quando essa idiossincrasia é impopular e desaprovada pela profissão. Durante anos, Lakatos e eu ficamos sós em nossa tentativa de injetar um pouco de vida e alguma nota pessoal no debate filosófico. Desde a morte de Imre, ninguém mais me apoiava nessa tarefa. Agora, a resenha de meu livro neste periódico[1] introduz um escritor que não só está disposto a abandonar a trilha estreita da prosa e do raciocínio acadêmicos, mas que tem grande talento nessa direção, que é um mestre na arte da invectiva e tem aumentado consideravelmente o inventário de técnicas retóricas. Talvez eu devesse estar grato pelo apoio que meus esforços parecem receber de lugares tão inesperados e não devesse investigar mais, mas, infelizmente, meu pedantismo foi maior que minha gratidão. Logo descobri que, embora o crítico escreva bem, ele não escreve

---

[1] Gellner, 1975, p.331-42. Minha resposta foi publicada pela primeira vez no *British Journal for the Philosophy of Science*, v.27, 1976; fiz algumas alterações e acrescentei algumas linhas aqui e ali.

nada corretamente. Sua capacidade de colorir as próprias ideias e impressões é prejudicada por uma cegueira impressionante para as ideias, motivos e procedimentos dos demais. Suas interpretações de meu texto não são mais que distorções, raramente conscientes, como seriam no caso de um retórico sofisticado; são, na maioria das vezes, erros simples de leitura e compreensão. Realmente, descobri que temos aqui não uma extensão bem planejada da arte do argumento *retórico*, e sim efeitos colaterais de uma tentativa malograda de fazer uma crítica *racional*. Assim, infelizmente não posso elogiar Gellner por seu acúmen retórico e fico limitado à desagradável tarefa de enumerar erros e mal-entendidos banais. Nos comentários que se seguem tentarei adoçar essa tarefa da melhor maneira possível, tanto para mim mesmo quanto para meus leitores. Irei me concentrar em pontos que não só revelam o procedimento de Gellner, mas também são de interesse geral e cuja discussão, esperamos, obterá um pouco mais que um mero retorno ao texto a partir do qual Gellner começou.

A resenha de Gellner contém (i) uma apresentação de minhas teses e argumentos principais; (ii) uma crítica de meu estilo e uma avaliação de seus resultados; (iii) uma análise sociológica do "acontecimento" que é o meu livro. A seguir, discutirei esses pontos em ordem.

(i) À primeira vista, pareceria que Gellner faz uma apresentação bastante precisa daquilo que eu digo, pois as frases que escreve se assemelham às frases que ocorrem no meu livro. Ora, em meu livro as frases são ou parte de um contexto que contém qualificações ou descrevem ideias que eu não defendo. Lidas com essas qualificações ou intenções em mente, elas expressam meu argumento de maneira corretamente. Gellner não considera as qualificações e continua como se eu estivesse expressando minhas próprias opiniões no livro todo. Portanto, a correção *prima facie* esconde alguns erros consideráveis.

Tomemos a frase (I) em sua "coluna espinhal" – "a verdadeira história da Ciência mostra que os avanços reais do conhecimento contradizem todas as metodologias disponíveis" (p.333) – isso supostamente seria uma tese que é defendida, ou insinuada, em meu livro. Segundo Gellner, ela é "claramente o núcleo de onde cresceu toda a coisa". Para o leitor incauto a afirmação sugere (a) que eu afirmo conhecer a verdade de alguns fatos e generalizações históricas; (b) que eu presumo possuir um *insight* sobre até mesmo o problema mais difícil com relação àquilo que conta como um avanço do conhecimento; e (c) que eu refuto normas pelos fatos. Isso não é uma possibilidade abstrata. O próprio Gellner me atribui a afirmação em (a), usa essa atribuição para me acusar de incoerência (p.337) e explica minha confiança diante de tal incoerência chamando meu argumento de "um jogo que [eu] não posso perder" (p.334). Mas a frase (I), interpretada como necessariamente acarretando (a),(b) e (c), não é uma tese que defendo. Não digo que as metodologias fracassam porque são meramente contraditas pelos fatos – já foi demonstrado, há muito tempo, que argumentos desse tipo são de valor questionável –; digo que elas fracassam porque, se aplicadas nas circunstâncias enumeradas em meus estudos de caso, elas teriam impedido o progresso. Tampouco afirmo possuir algum conhecimento especial sobre o que constitui progresso (CM, p.27 [42]). Simplesmente sigo o conselho de meus oponentes. *Eles* preferem Galileu a Aristóteles. *Eles* dizem que a transição Aristóteles → Galileu é um passo na direção certa. Eu apenas acrescento que esse passo não só *não foi realizado, mas não poderia ter sido realizado* com os métodos escolhidos por eles. Mas esse argumento não envolve afirmações altamente complexas relacionadas a fatos, tendências, possibilidades físicas e históricas? É claro que sim, mas observe que não estou envolvido em afirmar sua veracidade, como Gellner supõe. Meu objetivo não é estabelecer a verdade das proposições, mas fazer que meu oponente mude de opinião. Para conseguir isso, eu lhe forneço afirmações como "nenhuma única teoria jamais concorda com todos os fatos conhecidos em seu domínio" (Ibid., p.55 [67]). Uso tais afirmações porque presumo que, por ser um racionalista, ele será afetado por elas de uma maneira previsível. Ele irá compará-las com aquilo que considera evidência relevante, por exemplo, irá procurar registros de experimentos. Essa atividade, combinada com sua ideologia racionalista, fará que, no final, ele "as aceite como verdadeiras" (é assim que *ele* irá descrever a questão) e, então, perceberá uma dificuldade para algumas de suas metodologias favoritas. No entanto, não será verdade que agora eu introduzo premissas ainda mais abrangentes sobre a mente das pessoas, a estrutura dos registros, as mudanças que ocorrem nas primeiras quando confrontadas com os segundos? Sim, é verdade, mas essas premissas não são parte de meu argumento com o leitor. Elas são partes de um argumento que tenho comigo mesmo e que está relacionado com a eficiência da minha persuasão. A estrutura desse último discurso não tem qualquer interesse para o racionalista que, afinal, insiste em separar o "conteúdo objetivo" de um argumento de sua "motivação". Tudo que ele *precisa* considerar, tudo que *lhe é permitido* considerar, é como as afirmações que circundam os estudos de caso em meu livro são relacionadas umas com as outras e com o material histórico, e se elas podem ser interpretadas como um argumento no sentido que *ele* dá à palavra. Admito que meu procedimento tem sucesso porque *manipula* o racionalista, mas observe que eu o manipulo como ele *quer* ser manipulado e constantemente manipula *outras pessoas*: eu lhe forneço material que, interpretado de acordo com o código racionalista, cria dificuldades para as ideias que ele tem. *Eu* tenho de interpretar o material como ele o faz? *Eu* tenho de "levá-lo a sério"? Certamente não, pois a motivação por trás de um argumento não afeta sua racionalidade e, portanto, não está sujeita a qualquer restrição.

O (2) e o (3) de Gellner e as razões que ele diz que dou para eles são igualmente inapropriadas. Eu não aceitaria o "isso mostra" (p.333), pois sei que podemos "aprimorar essas metodologias" (p.334); eu não aceitaria o "tudo", especialmente porque formulei aquilo que creio serem sugestões metodológicas sensatas[2] e argumento apenas contra métodos *universais* que abstraem tanto do conteúdo de uma teoria quanto do contexto do debate.[3] Tampouco eu teria a presunção de *legislar* para cientistas ou, aliás, para qualquer outra pessoa, como sugere Gellner em (5) e (6). Eu fiz isso em ensaios antigos quando era mais jovem, mais ignorante, mais atrevido

---

[2] Para o uso de hipóteses *ad hoc*, veja CM, p.178 [207] e 97; de uma pluralidade de teorias, p.41 [53]; de contraindução, Capítulo 6 [6]; "movimentos de recuo", p.153 [153]; conexões com ideologias influentes, p.193; ou outras teorias refutadas, p.142 [142]; uso de força política para ressuscitar teorias que são "cientificamente insustentáveis", p.50 [62]; omitir dificuldades, Apêndice 2 – e assim por diante. Cf. também minha comparação de procedimentos lógicos e antropológicos para a descoberta de regras metodológicas, p.260 [254].

[3] CM, p.295, "regras estabelecidas e universais". A referência que Gellner faz às regras para a resolução de equações quadráticas (p.334) é, portanto, irrelevante (e o exemplo é muito mais complexo do que ele parece presumir). Além disso, a introdução daquilo que ele chama de "sua própria visão da questão" apenas mostra como ele não entendeu muito a minha: não há qualquer diferença entre as duas.

e consideravelmente mais convencido.[4] Naquela época, meus argumentos a favor da proliferação estavam realmente destinados a mostrar que uma vida monística não vale a pena ser vivida e eles exortam todas as pessoas a pensar, sentir e viver uma competição de alternativas. Hoje, os mesmos argumentos são oferecidos com um *objetivo* muito diferente e levam a um *resultado* também muito diferente.[5] A essa altura, cientistas e racionalistas já quase tiveram sucesso em fazer de suas ideias a base da Democracia ocidental. Eles admitem, embora com extrema má vontade, que outras ideias podem ser *ouvidas*, mas não permitiriam que elas desempenhassem um papel no planejamento e na conclusão de instituições fundamentais como a lei, a educação e a economia. Os princípios democráticos, da maneira que são praticados hoje, são, portanto, incompatíveis com a existência, o desenvolvimento e o crescimento imperturbados de culturas especiais. Uma democracia liberal-racional não pode conter uma cultura Hopi no pleno sentido da palavra. Não pode conter uma cultura negra no pleno sentido da palavra. Não pode conter uma cultura judaica no pleno sentido da palavra. Ela só pode conter essas culturas como *enxertos secundários* em uma estrutura básica que é constituída por uma aliança profana entre a Ciência, o Racionalismo (e o Capitalismo). Todas as tentativas de ressuscitar tradições que foram marginalizadas e eliminadas no decorrer da

---

[4] Gellner comete uma injustiça contra Popper quando relaciona essa obra mais antiga e imatura com o "movimento popperiano" (p.332). É bem verdade que existem alguns reconhecimentos a Popper nesses trabalhos, mas são gestos amigáveis, e não declarações históricas (também menciono minhas namoradas). É verdade que alguns pontos parecem bastante popperianos para alguém que só leu Popper, mas eles se originam de Mill, Mach, Boltzmann, Duhem e, acima de tudo, Wittgenstein. É verdade que em meu livro eu ocasionalmente caço de Popper (eu "o ataco violentamente", diz Gellner – p.332 –, que parece não saber distinguir zombaria de agressão), mas só para brincar com Lakatos (p.8), que supostamente deveria ter respondido a meu livro e que estava exageradamente impressionado com Popper, e não em virtude de "exigências excessivas de conformidade e envolvimento feitas pelo mestre" (Ibid., "mestre"? não me diga!).

[5] A mudança é resultado de uma conversa que ocorreu no seminário do professor Von Weizsaecker em Hamburgo em 1965: o professor deu uma explicação detalhada da interpretação de Copenhagen e mostrou como ela poderia ser aplicada a problemas específicos. Eu insisti que teorias de variáveis ocultas são necessárias para aumentar o conteúdo empírico da visão ortodoxa quando subitamente me dei conta de que uma atitude assim é improdutiva diante de pesquisas concretas.

expansão da cultura ocidental e fazer delas a base da existência para grupos especiais colidem com o muro de pedra impenetrável das frases e preconceitos racionalistas. Tento mostrar que não existem argumentos para sustentar esse muro e que alguns princípios implícitos na Ciência definitivamente estão a favor de sua remoção.[6] Não há qualquer tentativa de minha parte de mostrar "que uma forma extrema de relativismo é *válida*" (p.336), não tento *justificar* "a autonomia de todas as disposições de ânimo, de todos os caprichos e de todos os indivíduos" (Ibid.), eu simplesmente argumento que *o caminho para o Relativismo ainda não foi fechado pela Razão*, de maneira que o racionalista não pode fazer objeção a qualquer um que entre nele. É claro, tenho uma *simpatia* considerável por esse caminho e acho que é o caminho do crescimento e da liberdade, mas isso é outra história.

Mais especificamente, a situação é a seguinte. Não mostro que a proliferação *deve ser usada*, apenas que o racionalista *não pode excluí-la*. E esse argumento não é apresentado de uma maneira negativa, mostrando como as objeções existentes são demolidas, mas *por meio de* um argumento que extrai a proliferação da própria ideologia monista. O argumento tem duas partes, uma baseada na Ciência, a outra na relação entre ideologias científicas e não científicas. O argumento da Ciência diz que a proliferação é consequência da própria demanda dos cientistas por um conteúdo empírico elevado (CM, p.41 e 47 [54 e 59]). Não aceito a demanda que é apenas uma das muitas maneiras de trazer ordem para nossas crenças (Ibid., p.204) e, portanto, não argumento em defesa de suas implicações. O que digo é que cientistas a favor de um conteúdo empírico elevado também estão envolvidos com a proliferação e, portanto, não podem

---

[6] Gellner diz que as consequências sociais do Racionalismo (ou Irracionalismo) são "tangenciais" a meus interesses principais (p.339). *É exatamente o contrário*. Para mim, a Democracia, o direito de as pessoas organizarem suas vidas como lhes pareça, "racionalidade", "verdade" e todas aquelas outras invenções de nossos intelectuais vêm em segundo lugar. Isso, aliás, é a razão principal que me faz preferir Mill a Popper e ter nada a não ser desprezo pela falsa modéstia de nossos racionalistas críticos, que ficam extremamente ansiosos em sua preocupação com "Liberdade" ou uma "Sociedade Aberta", mas que começam a erguer obstáculos sempre que as pessoas querem viver de acordo com as tradições de seus antepassados.

rejeitá-la.[7] O argumento baseado na existência de ideologias incomensuráveis diz (a) que sua comparação não envolve conteúdo e, portanto, não pode ser expressa em matéria de verdade *versus* falsidade, a não ser retoricamente (Capítulo 17),[8] (b) que todas as ideologias possuem métodos próprios e que a avaliação comparativa de métodos ainda nem começou. Tudo o que temos é a crença dogmática na excelência dos "métodos da Ciência" (em que todos têm ideias diferentes sobre os que esses métodos são). Mas, (c), as ideias e métodos não científicos; longe de serem fracassos completos, têm levado a descobertas surpreendentes no passado, são muitas vezes melhores que as ideias científicas correspondentes e

---

[7] Afirmo explicitamente que "minha intenção não é substituir um grupo de regras gerais por outro grupo semelhante: minha intenção é, pelo contrário, convencer o leitor de que *todas as metodologias, mesmo as mais óbvias, têm seus limites*" (p.32, grifo meu) – o que não impede que Gellner apresente "a proliferação irrelevante de pontos de vista" (p.340) como uma doutrina *positiva* minha e que explique passagens resistentes ou por alguma incoerência oculta de minha parte (p.333) ou por minhas "palhaçadas" (p.338).

À primeira vista parece que Gellner fez uma contribuição interessante para a arte do argumento retórico: suponha que você tenha de criticar um livro cuja maior parte está além de sua compreensão (p.334). Você se concentra "no restante do livro" (Ibid.), diz que "é de algum interesse" (Ibid.) e extrai uma série de teses dele. Você também apresenta as teses de uma maneira sistemática, organiza-as em uma "coluna espinhal" (p.333) e acrescenta argumentos que mostram que você está agindo de uma maneira justa e racional. Se os argumentos ou as teses contradizem argumentos encontrados no livro, você acusa o autor de incoerência. Se o autor não é seu acadêmico típico e antiquado, mas faz uma piada de vez em quando, você também pode explicar o conflito pelas "palhaçadas" dele. Com isso, pode chupar cana – você não precisa entender tudo o que lê – e assobiar também – você pode escrever uma resenha espirituosa, definitiva e provocativa. Infelizmente, Gellner só está vagamente consciente daquilo que faz. A maior parte do tempo acha que está produzindo uma crítica racional honesta (*passim*). Portanto, não podemos elogiá-lo por seu acúmen retórico, mas apenas mencionar sua incapacidade de entender o que lê.

[8] Assim, não é correto descrever minha visão como se ela sugerisse que "quase tudo pode conter alguma verdade" (p.335). A frase de Gellner, "as teorias epistemológicas... nos dão algum discernimento sobre como escolher entre estilos inteiros de pensamento" (p. 336), também não soluciona o enigma, pois todos os "estilos de pensamento" que têm respeito próprio terão, é claro, a própria epistemologia (cf. CM, p.246 [239]). O princípio, no entanto, de que "uma cultura que submete seu capital cognitivo para ser testado por árbitros *que não estão sobre seu próprio controle*" é superior a uma "que não faz isso" (p.336) iria preferir culturas com oráculos em vez de culturas com experimentos científicos, pois as últimas são, de modo geral, controladas muito mais rigidamente que as primeiras.

têm resultados melhores (cf. CM, p.49ss. [61ss.]).⁹ Juntando todos esses argumentos, chego à conclusão de que uma pessoa que quer apresentar ideias, métodos e formas de vida incomuns, ou que queira ressuscitar essas ideias, métodos e formas de vida, *não precisa hesitar* porque a Razão ainda não conseguiu colocar quaisquer obstáculos em seu caminho e a Razão científica até a exorta a aumentar o número de alternativas. Os únicos obstáculos que ela vai encontrar são o preconceito e a presunção.

Vamos permanecer um pouco mais com esse tema de proliferação para dar uma boa olhadela em Gellner, o crítico, em ação. Vimos que ele avalia erroneamente o *papel* da proliferação em meus argumentos. Ele tampouco compreende suas *consequências*. Repreende-me pela "admissão bem-vinda" (p.339) de que não podemos ter tecnologia sem cientistas. Para começar, de minha parte não houve essa admissão. Dirijo-me às pessoas que temem que a separação entre o Estado e a Ciência leve a um colapso da saúde, do transporte público, do rádio, da TV e assim por diante, porque – e isso é a razão dada por *eles*, não por mim – a tecnologia não pode existir sem cientistas (CM, p.299). Tentando diminuir esse temor, eu poderia ou refutar a razão, isto é, poderia argumentar que a tecnologia não necessita de sociedades fechadas de especialistas altamente qualificados para ter sucesso – e isso eu faço na página 307, embora um tanto sumariamente –, ou poderia dar uma resposta que deixa a Razão intocada – e isso eu faço na página 299. Presumindo que meu leitor pode acompanhar um argumento sem ser constantemente lembrado de suas pressuposições, eu declaro a ideia de meu oponente e as minhas lado a lado, como em um diálogo, mas sem explicitar os lados. Por exemplo, a página 299 quer dizer: *Oponente*: mas a separação do Estado e da Ciência não irá provocar um colapso da tecnolo-

---

[9] Gellner é "cético sobre [tais] realizações surpreendentes" (p.242) e isso é compreensível, pois ele não conhece a literatura. O que ele sabe realmente é que a maioria de seus leitores compartilha seu ceticismo e ficará impressionada com uma declaração desse tipo. Se ele também tivesse sabido que eles são céticos, porque são tão ignorantes quanto ele, então poderíamos ter lhe dado parabéns por seu uso elegante de um excelente princípio retórico: se seu oponente aborda questões sobre as quais seus leitores provavelmente nunca ouviram nada, então prove algo ao agir como se essas questões não existissem e como se seu oponente estivesse falando bobagem. Mas Gellner acha que sua informação é completa, o que significa: nós não estamos lidando com sofisticação retórica, e sim com ignorância, pura e simples.

gia? *Eu*: você parece achar que a tecnologia sem especialistas é impossível, tenho certas dúvidas sobre essa afirmação, mas vamos presumir que ela seja verdadeira. Então você deve compreender que sempre haverá pessoas que preferem ser cientistas... e assim por diante. Gellner mistura a tese do oponente e a minha resposta, transforma a fusão em uma única ideia, atribui essa ideia a mim, a analisa e triunfantemente expõe sua incoerência. E, conforme começa a meter contextos diferentes uns nos outros sempre que o argumento fica um pouco complicado, ele agora tem outro método – e um método extremamente eficiente – para encontrar inconsistências em meu livro. Mas a "trama" (p.338) que ele revela dessa maneira é nada mais que um reflexo de seus próprios hábitos simplórios de leitura: ele compreende "o gato está no tapete"; ele pode até entender, embora com algum esforço, "Joe diz que o gato está no tapete"; no entanto, "o gato está no tapete – você realmente acredita nisso? Eu não" mostra a ele que o autor está dizendo que o gato tanto está quanto não está no tapete e, portanto, é incoerente. Esta é a terceira "contribuição" de Gelnner para a arte do argumento retórico.[10]

Segundo, a "admissão bem-vinda" não é contrária à ideia da proliferação. Proliferação não significa que as pessoas não podem ter ideias bem definidas e até dogmáticas, e sim que a pesquisa consiste em jogar ideias umas contra as outras em vez de seguir uma única ideia até o amargo fim. Ela não implica que os cientistas estão *excluídos* ou que afirmações como "precisamos de cientistas", ou "Lysenko fracassou" (p.341), foram *removidas* da arena do debate; significa que afirmações que as refutem ou que zombem delas são *admitidas* e até bem-vindas, na esperança de que

---

[10] Exemplo típico: na p.21, nota de rodapé 12, defendo o Pacifismo dos dadaístas e digo que sou contra a violência. Na p.187, digo que o Anarquismo *político ou escatológico* considera a violência necessária. Gellner (p.340) junta as duas passagens para formar uma e diz que eu "incoerentemente combino" (lindas palavras!) a "mística da violência" com uma "postura pacifista de não machucar moscas", que, por sua vez, é combinada com "parasitismo cognitivo/produtivo". Boa tentativa, querido – mas você não acha que deveria ter lido o texto com um pouco mais de cuidado ou ter deixado que alguma outra pessoa o explicasse para você se não podia ler? O texto diz que a violência é necessária *segundo o Anarquismo político* e acrescenta que o Anarquismo político é uma doutrina que eu rejeito. A primeira frase do livro chama o Anarquismo político de "não a mais atraente das filosofias políticas" (p.17) e, uma vez mais, na p.189, distingo minhas ideias das do Anarquismo político, só para me garantir. Tudo em vão.

isso seja vantajoso. Com o Liberalismo, a situação é exatamente a mesma. Gellner me repreende por explicar a diferença entre Popper e Mill por referência ao Puritanismo de Popper. "Meu próprio Liberalismo", diz ele com orgulho (p.332), "é tal que acredito que até os puritanos não estão privados da verdade". Eu não disse que estavam. Eu falei que o Liberalismo de Popper é diferente do de Mill e que o Puritanismo é uma explicação (outra explicação é que Popper nunca enfrentou uma situação que o obrigasse a rever toda sua Filosofia e, talvez, seja incapaz de reconhecer uma situação assim). Tampouco passamos a ser não liberais quando negamos a verdade a um puritano. O Liberalismo, como Gellner devia saber, é uma doutrina sobre *instituições*, e não sobre *crenças individuais*. Ele não controla crenças individuais; diz que nada pode ser excluído do debate. Um liberal não é um joão-ninguém indeciso e tímido que não entende nada e perdoa tudo; ele é um homem ou uma mulher com crenças ocasionalmente bastante fortes e dogmáticas, entre elas a de que as ideias não devem ser removidas por meios institucionais. Portanto, sendo um liberal, não tenho de admitir que os puritanos tenham uma chance de encontrar a verdade. Tudo que preciso fazer é deixar que eles tenham sua opinião, e não os fazer calar por meios institucionais. Mas, é claro, posso escrever panfletos contra eles e ridicularizá-los por suas opiniões estranhas.

Finalmente, há o comentário de Gellner sobre a "proliferação irrelevante" (p.340). Obviamente a proliferação não é exatamente de seu agrado. Mas por que nem uma única palavra sobre os argumentos dos capítulos 3 e 4 [3 e 4] de CM, onde é demonstrado que e como a proliferação pode ampliar o conteúdo? (Por que nem uma única palavra sobre os excelentes argumentos de Mill em defesa da proliferação em *On Liberty*?) Será que ele considerou os argumentos irrelevantes? Será que descobriu falhas? Ou será que argumentos que tenham mais de duas linhas ultrapassam o limite de sua atenção? Suas observações sobre minha "admissão bem-vinda", que já foram comentadas, sugerem a última interpretação. Uma vez mais descobrimos que a ignorância é a força motriz por trás das observações de Gellner.

Em resumo: embora eu seja pessoalmente a favor de uma pluralidade de ideias, métodos e formas de vida, não tentei *sustentar* essa crença por meio de argumentos. Meus argumentos são de um tipo um tanto negativo, mostram que a Razão e Ciência *não podem excluir* essa pluralidade. Nem a Razão nem a Ciência são fortes o bastante para impor restrições à Democracia e impedir que as pessoas introduzam nela suas tradições mais queridas. (Outro resultado é que os racionalistas ainda não tiveram sucesso na vitória contra o ceticismo – todas as ideias são *igualmente boas* – ou sua extensão natural – *qualquer* avaliação de teorias e formas de vida é aceitável.[11])

(ii) Os racionalistas não podem racionalmente excluir o mito e as tradições antigas do tecido básico da Democracia. No entanto, eles os marginalizam, usando sofismas, táticas de pressão, pronunciamentos dogmáticos, muitos dos quais consideram argumentos e *apresentam* na forma de argumentos. Um pseudorraciocínio desse tipo ou pode ser exposto pela análise erudita ou pode ser ridicularizado. Eu escolho o último caminho, em parte porque eu já tinha dado argumentos quando foram necessários, em parte porque não me podia ver solenemente destrinchando esses produtos do convencimento e da pomposidade. Gellner não gosta de meu procedimento nem compreende sua função. Ele acha que eu o uso como um "truque para evitar críticas" (p.338), quando, na verdade, eu o aplico em um terreno em que o oponente bufa e sopra muito, mas já não está envolvido em um debate racional. Tendo se decidido a desconsiderar "as partes extensas [de meu livro] que argumentam [este] ponto de vista" (p.333), Gellner não tinha diretrizes quando entrou nesse terreno; tendo sido atraído por ele como todos os demais, não descobriu seus limites e, portanto, naturalmente, está irritado com aquilo que acha que é um tratamento injusto e irracional das pessoas "que fazem perguntas sobre o conhecimento com boa-fé" (p.342). Mas o problema é que essa "boa-fé" é uma fé em princípios que estão muito além do alcance do argumento e são aceitos apenas em virtude daquilo que diz o racionalista; o problema é que é uma fé em princípios que pertencem à teologia do Racionalismo.

Gellner também faz objeções ao uso do ridículo e da frivolidade. "Encorajado pelo espírito da época", escreve ele (p.334), ambos "tiveram

---

[11] CM, p.189. Gellner atribui a extensão à "exuberância temperamental" (p.335), enquanto ela é, na verdade, resultado de uma aplicação do método do cético (de equilibrar cada juízo com seu contrário) a seu próprio princípio básico (todas as ideias são igualmente boas). Aqui, como em outros lugares, Gellner é rápido em explicar posições pela Psicologia quando, na verdade, elas são resultados de argumentos.

permissão para penetrar entre as capas do livro". "Tiveram permissão para penetrar" – isso significa que o ridículo e a frivolidade *estão lá*, mas *não deviam* estar lá. Por que não? Presumivelmente porque eles não devem ocorrer em livros de certo tipo, por exemplo, não devem ocorrer em livros acadêmicos. Ora, em primeiro lugar, que passarinho disse ao Professor Gellner que eu tinha a intenção de escrever um tratado acadêmico? Em minha dedicatória deixo bem claro que meu livro foi concebido como uma *carta* (p. 7) para Lakatos e que seu estilo seria o de uma carta. (Além disso, não sou um acadêmico e não tenho nenhum desejo de sê-lo.[12]) Segundo, por que livros acadêmicos precisam ser secos, impessoais e sem frivolidade?[13] Os grandes escritores do século XVIII – Hume, dr. Johnson, Voltaire, Lessing, Diderot, que introduziram ideias novas, padrões novos, novas formas de expressar pensamentos e sentimentos – escreviam com um estilo jovial e animado, chamavam as coisas por seu nome, um tolo de tolo e um impostor de impostor. Debates acadêmicos ainda eram muito animados no século XIX, o número de insultos ocasionalmente competia com o número de notas de rodapé. Dicionários de línguas obscuras (latim medieval/inglês; sânscrito/inglês) usavam equivalentes picantes, introduções para edições importantes pululavam com insinuações ambíguas. Então, gradativamente, um tom mais comedido se estabeleceu, as pessoas ficaram mais solenes, começaram a franzir a sobrancelha para leviandades e comentários pessoais e a se comportar como se estivessem desempenhando papéis em um drama estranho e extremamente formalizado. A linguagem ficou tão descolorida e tão indistinta quanto o terno formal que hoje é usado por todos os homens, acadêmicos, empresários e assassinos profissionais. Estando acostumado a um estilo seco e impessoal, o leitor fica perturbado

---

[12] Gellner diz que a História e a Filosofia da Ciência são "áreas da [minha] especialidade profissional". Elas não são, como todos os historiadores e filósofos da Ciência ficarão muito felizes de confirmar. Além disso – como é que *ele* ia saber?

[13] Como Gellner, Rom Harré (op. cit.) fala das "últimas tendências no lugar indevido" de meu livro. "Lugar indevido"? Isso presume que CM não é o lugar apropriado para que apareçam as "últimas tendências". Mas CM não é um livro acadêmico; é um panfleto, uma carta a um amigo meu, que se divertia com um debate animado e ia respondê-la nos mesmos termos. E quanto à acusação de "últimas tendências", ela apenas significa que eu não sigo a tendência do próprio Harré de acumular elogios sob as luzes menores de uma profissão moribunda e, por isso, escrever em um estilo impessoal e anêmico.

com todos os desvios da norma monótona e vê neles um sinal óbvio de arrogância e agressão; considerando a autoridade com um respeito quase religioso, ele fica exaltado quando vê alguém dar um puxão na barba de seu profeta favorito. Este, meu caro professor Gellner, é o "espírito dos tempos", e não a tentativa de uns poucos estranhos de restaurar formas de escrever mais antigas e menos formalizadas. Não sei como foi que a mudança ocorreu, embora suspeite que "os grandes homens" de hoje, estando vagamente conscientes de sua estatura meio anã, encorajam modos de escrever que são igualmente descoloridos para que, em contraste, pudessem ainda parecer ter alguns sinais de vida. Não vejo qualquer vantagem nesse procedimento nem por que devo aceitá-lo como um *fait accompli*. Agora, vamos examinar a explicação que Gellner tem para minha discordância.

(iii) Segundo Gellner, eu "incoerentemente combino" uma "mística da violência" com uma "postura pacifista de não machucar moscas", à qual eu acrescento um "parasitismo cognitivo/produtivo" (p.340).

Nós já vimos como a primeira parte dessa mudança ocorre. Gelnner "combina" passagens que expressam minhas próprias ideias com passagens que descrevem as ideias de outros. A incoerência está na leitura dele, não em meu texto. A segunda parte da acusação é um mistério para mim e só posso explicá-la por algumas tendências cientificistas por parte de Gellner, ou por alguma falta surpreendente de técnicas de leitura. À página 300, que Gellner cita, embora de maneira incompleta, digo que os cientistas podem ter algumas ideias e dispositivos interessantes a nos oferecer, que nós devemos ouvir suas ideias e usar seus dispositivos, mas sem permitir que eles construam a sociedade à sua própria imagem, por exemplo, sem permitir que eles se transformem em donos da educação: deve haver uma separação do Estado e da Ciência, assim como há hoje uma separação entre o Estado e a Igreja. A razão para a separação é simples: todas as profissões têm uma ideologia e uma ânsia de poder que vai muito mais além de suas conquistas e é tarefa da Democracia manter essa ideologia e essa ânsia sob controle. A Ciência aqui não é diferente de outras instituições, como pode ser visto pela atitude da Medicina oficial com relação às ideias incomuns que ainda não passaram por seus próprios canais (e observe que a eficiência comparativa desses canais nunca foi examinada no passado e que a pesquisa realizada atualmente revelou deficiências alarmantes). Chamar um procedimento assim de "Parasitismo cognitivo" é tão sensato quanto chamar de parasitas todos os astrônomos que consultam registros antigos, mas sem adotar a Teologia que desempenhou um papel essencial em sua construção e interpretação. E, com relação ao "produtivo" desse "Parasitismo", só necessito repetir que os cientistas serão, é claro, amplamente recompensados por seus serviços[14] – o que é mais do que é concedido ao contribuinte que deve supostamente financiar a pesquisa científica, mas sem qualquer garantia de que suas necessidades serão levadas em conta.[15]

---

[14] Gellner omite em sua citação a passagem que descreve as recompensas, o que mostra que sua capacidade de ler e escrever varia de um lugar para outro. Às vezes, ele simplesmente não entende uma palavra daquilo que está lendo. Mas, em outras ocasiões, ele compreende muito bem e então muda o texto: ele é ou ignorante ou um mentiroso.

[15] A acusação de parasitismo cognitivo/produtivo vira a situação real de cabeça para baixo. O que é um parasita? Um parasita é um homem ou uma mulher que obtém alguma coisa em troca de nada. Hoje, muitos cientistas e intelectuais são parasitas precisamente nesse sentido. Eles obtêm alguma coisa – bons salários, "cercadinhos" caros – em troca de nada. Pois não nos esqueçamos de que só uma fração da pesquisa e do ensino realizada nas universidades públicas e em outras instituições sustentadas pelo contribuinte, como a Fundação Nacional de Ciência, beneficia a comunidade como um todo, ou é até concebida com a intenção de prover tais benefícios. Mesmo a pesquisa que parece eminentemente prática é conduzida de uma maneira que reduz a chance de resultados práticos rápidos: não exploramos procedimentos bem-sucedidos que são teoricamente difíceis de entender; preferimos uma abordagem que dê "entendimento", sendo que os critérios desse "entendimento" são definidos pelos próprios pesquisadores, por exemplo, a pesquisa do câncer. Procedimentos alternativos são rejeitados sem exame, não porque sejam imperfeitos, mas porque contradizem as crenças igualmente não examinadas de nossa própria seita. A atitude tem consequências deploráveis na educação. Tradições valiosas são eliminadas, a vida das pessoas é empobrecida não porque foi demonstrado que as tradições são inadequadas, mas porque elas não estão de acordo com as premissas básicas da Ciência e porque os cientistas agora têm o poder de impor sua ideologia a praticamente todas as pessoas. Com isso, cientistas e intelectuais não são apenas parasitas do livro de bolso, são parasitas da mente também e continuarão em seu caminho a menos que a Democracia os coloque em seu devido lugar. O que eu sugiro é o seguinte: que seja feito um exame cuidadoso da maneira pela qual os cientistas usam o dinheiro público e das doutrinas que eles impõem aos jovens. Sugiro que a pesquisa promissora seja devidamente recompensada – mas a ideologia subjacente não se tornará automaticamente parte da educação básica (a ideologia de guardas penitenciários pode ser excelente para manter os presos em seu lugar, mas pode ser imprópria como base para uma educação geral). Considerando o Chauvinismo narcisista da Ciência, um exame assim pareceria mais que razoável. É preciso um sociólogo para descrever o procedimento como "parasitismo cognitivo/produtivo", mas é compreensível por que Gellner reage assim: a realização do meu plano significa o fim de uma vida confortável para ele.

Após apresentar sua versão de minhas ideias, Gellner começa a classificá-las. Como é que ele procede? Ele ouviu dizer que agora estou em Berkeley e que algumas pessoas de lá algum tempo atrás pregavam a paz, mas eram atraídas pela violência. "Tirando as próprias conclusões", ele chama as minhas "doutrinas sobre violência" (que, como já vimos, são doutrinas que eu descrevo e depois rejeito) de "californianas", algo que não vai exatamente satisfazer Ronald Reagan e seus inúmeros seguidores em todo o Estado, de Los Angeles, Orange Country, até Goose Lake, e é uma injustiça contra os muitos revolucionários excelentes e íntegros que surgiram na Escola de Economia de Londres (LSE). A seguir Gellner lembra que nasci em Viena e também tem a ideia, sem dúvida extraída de alguns filmes norte-americanos, de que os vienenses gostam de viver de maneira relaxada. Uma vez mais, "tirando as próprias conclusões", ele chama algumas das minhas sugestões de "caracteristicamente vienenses" (p.332), o que é tão sensato como chamar o Dogmatismo de Popper de "convencimento papista" com a justificativa de que Popper é de Viena e Viena está cheia de católicos. Às vezes nos perguntamos se Gellner levou essas explicações a sério ou se elas não são, ao contrário, tentativas de fazer retórica quando a razão lhe falha. Um retórico, é claro, saberia que a invectiva só tem sucesso se seus elementos principais estão baseados em fatos e se ela não ofende a mente do leitor. Portanto, tudo depende de para quem Gellner escreveu essa resenha. Ouvi dizer que seus colegas na LSE estavam muito satisfeitos com ela – ele parece ter avaliado corretamente o nível de inteligência deles. Para leitores mais críticos, no entanto, a resenha é apenas outro exemplo do fato de intelectuais permanecerem racionalistas (ou racionalistas "críticos") enquanto isso é conveniente para seus objetivos.

Isso me traz ao último ponto de minha resposta, com relação à tentativa de Gellner de defender Lakatos. O último, diz Gellner, "observou os mais altos padrões de rigor, lucidez e responsabilidade", tanto em seus "escritos quanto [em suas] palestras" (p.332). Pobre Imre! Se uma coisa é certa é que os padrões de Lakatos eram muito diferentes dos de Gellner. Lakatos não era de forma alguma avesso a truques, frivolidade e uso do ridículo em suas palestras, e, apesar de todas suas tentativas de usar a leviandade, ele nunca desceu até o *tierischer Ernst*, que é a atitude básica de Gellner, e mesmo em seus escritos ele mais de uma vez saiu do caminho do argumento racional para dar uma pancada violenta e com muito boa pontaria em seu oponente. Por sua vez, Lakatos sabia ler e não tinha muita paciência com os tipos de explicação que acabei de discutir e que são encontrados não só na resenha de Gellner, mas também em todas suas obras. Tampouco era necessário alertar o leitor sobre minha dedicatória (p.331). Imre Lakatos, a quem pedi permissão, aceitou-a com alegria; ele sabia que era uma referência lúdica ao Capítulo 16, que trata de suas ideias, e estava ansioso para escrever sua resposta. Essa resposta, estou certo, não teria consistido em uma declaração indisfarçada de que a afirmação de que "a posição de Lakatos" era um "Anarquismo disfarçado" é totalmente infundada" (p.331), pois ele prestava atenção em meus argumentos e achava que eu tinha justificado plenamente essa afirmação. Interprete-o como quiser, o elogio que Gellner faz a Lakatos e sua tentativa de defendê-lo de mim é um insulto não merecido à memória de um grande estudioso e de um ser humano maravilhoso.

── Capítulo 3 ──
Contos de fadas marxistas vindos da Austrália

Sidnei tem um teatro de ópera, um centro de arte, um zoológico, um porto, mas dois departamentos de Filosofia. A razão para essa abundância não é qualquer demanda esmagadora por Filosofia entre os antípodas, mas o fato de a Filosofia ter linhas partidárias, de as diferentes linhas partidárias nem sempre se darem bem umas com as outras e de as pessoas em Sidnei terem decidido manter a paz por meio de separação institucional. Os dois membros do Departamento de Filosofia Geral que escreveram uma resenha de meu livro *Contra o método* claramente levam muito a sério a linha do próprio partido. Eles percebem que

> CM foi publicado sob o selo de uma das editoras mais importantes de livros em inglês de orientação "esquerdista" (principalmente marxista);

ouviram dizer também que minhas ideias "encontraram alguma recepção entre marxistas e radicais de modo geral"; estão preocupados com a possibilidade de que marxistas bons, honestos e lúcidos possam ser levados para o mau caminho e, portanto, decidiram fazer a crítica de meu livro "de um ponto de vista marxista".[1] Sua conclusão é de que sou uma ovelha em pele

---

[1] Curthoys e Suchting (CS), 1977. Minha resposta foi publicada no mesmo número. Os números em parênteses referem-se às páginas da resenha. Os números em parênteses precedidos por CM referem-se às páginas do meu livro. CS refere-se aos autores da resenha.

de lobo: não fui capaz de transcender a ideologia que estou tentando atacar, não consegui perceber minha dependência daquela ideologia e, dessa forma, estou duplamente "imerso na problemática empirista" (p.274). Os autores corrigem essa deficiência, oferecem uma nova visão do conhecimento humano, restauram a lei e a ordem e substituem um desempenho puramente verbal pelo radicalismo verdadeiro daqueles em contato com a realidade social. Visto "pelo menos" de seu ponto de vista avançado, meu livro "tem pouca ou nenhuma *importância* como contribuição para o entendimento da natureza das ciências e "ainda menos" para a teoria ético/política. Mas tem aquilo que pode ser chamado de "uma significância como índice da crise contemporânea do Empirismo e do Liberalismo" (p.249, cf. p.337-8). "Ético-politicamente", escrevem eles, quase no fim de seu ensaio,

> [minha] posição ilustra o desgaste do Liberalismo contemporâneo, que se torna cada vez mais desordenado e politicamente ambíguo à medida que se torna cada vez mais irrelevante para o cenário atual de uma crise capitalista que se aprofunda e das respostas cada vez mais poderosas dos oprimidos por aquela crise. Nessa situação, e nas mãos de intelectuais parasíticos e desconectados das classes sociais, o Liberalismo se despe de seu átomo constituinte, o indivíduo único, posando em desespero ou autolouvor (ou várias misturas de ambos), muitas vezes jorrando uma retórica pseudorradical meio *enfant-terrible* o tempo todo (p.338),

depois da qual eles abandonam o leitor assustado (ou levemente divertido) com uma história de bolso do Empirismo moderno do Círculo de Viena até o autor de CM.

Temos de admitir, nossos dois rapsodistas sulinos estudaram o vocabulário marxista muito bem. Não são muito originais[2] e há certamente melhores estilistas, mesmo entre marxistas contemporâneos. Ainda assim, eles conhecem as palavras certas e sabem como juntá-las. Mas o Marxismo não é apenas um inventário de frases, é uma *filosofia* e exige de seus praticantes um pouco mais do que um coração puro, pulmões fortes e uma

---

[2] Para a passagem que acabo de citar, eles tiveram que pedir emprestado ao arquirreacionário Ernest Gellner, que mencionam sem o menor sinal de constrangimento.

boa memória. Exige deles a capacidade de reconhecer um oponente, de separá-lo de outros oponentes – embora relacionados –, exige um faro para diferenças que possam parecer insignificantes quando comparadas com as "grandes questões do momento",[3] que, por sua vez, exigem uma capacidade para *ler* e *entender* o que é dito. Nisso, lamento dizer, nossos amigos marxistas fracassam miseravelmente. Já não me surpreendo quando descubro que eles me atribuem visões que nunca sequer considerei ter, pois esse é um hábito familiar entre críticos.[4] Até os admiro pela ousadia com que levam esse hábito até um novo nível de excelência: eles não só leram mal meu livro, eles leram mal *a própria resenha*; citam-me extensivamente e depois, poucas páginas depois (ou antes) da citação, censuram-me por dizer o que não digo ou por não dizer o que digo na citação. Com toda a certeza decidiram *a priori* que eu era um vagabundo empirista liberal que não valia nada e falava demais e depois adaptaram suas reações mentais a essa imagem. Mas estou assombrado de encontrar dois filósofos tão pouco familiarizados com os princípios elementares da arte de argumentação. Estou realmente constrangido de levantar essa questão e espero ser perdoado por ter começado minha resposta com uma breve lição de lógica para bebês. Ao leitor que estiver entediado, aconselho que vá imediatamente para a Seção 2, onde o argumento propriamente dito se inicia.

1. Uma orientação para os perplexos

Uma regra importante de argumentação é que um argumento não revela as "verdadeiras crenças" de seu autor. *Um argumento não é uma confissão*, é um instrumento destinado a fazer o oponente mudar de ideia. A existência de argumentos de certo tipo em um livro pode permitir ao leitor inferir aquilo que o autor considera um meio eficiente de persuasão, mas

---

[3] As divergências entre os Churchills e os Lloyd Georges... são bastante pequenas e pouco importantes do ponto de vista do... comunismo abstrato... que ainda não amadureceu e atingiu o estágio de ação... prática. Mas, do ponto de vista dessa ação prática... essas diferenças são muito, muito importantes". Lênin, 1965, p.99.

[4] Para detalhes, cf. Capítulo 4.

não lhe permite inferir o que o autor acha que é verdade. É interessante, embora um tanto surpreendente, ver até que ponto os críticos modernos compartilham do desejo puritano de "falar honestamente",[5] ou seja, de sempre falar a verdade, e com que frequência eles interpretam mal formas mais complexas de argumentação (*argumentum ad hominem, reductio ad absurdum*) sob essa luz. Para ajudá-los, aqui vai uma lista de regras relevantes com explicações e exemplos extraídos da resenha.[6]

Regra básica: Se um argumento usa uma premissa, isso não significa que o autor aceita aquela premissa, afirma ter razões para ela ou a considera plausível. Ele pode refutar a premissa, mas ainda assim usá-la porque seu oponente a aceita e, ao aceitá-la, pode ser levado em uma direção desejada. Se a premissa é utilizada para argumentar a favor de uma regra, de um fato ou de um princípio a que se opõem violentamente aqueles que o mantêm, então falamos de uma *reductio ad absurdum* (no sentido mais amplo).

Exemplo: os CS observam que eu extraio conclusões céticas do "Empirismo".[7] Inferem que sou um empirista.[8] A regra básica mostra que a inferência é inválida:[9] os autores nunca levaram a sério meu aviso (citado

---

[5] Nem todos os puritanos tinham uma mentalidade assim tão estreita e alguns deles cultivavam a arte da retórica sem escrúpulos.

[6] As regras foram introduzidas pelos sofistas. Foram sistematizadas por Aristóteles em seu *Topics*. Só alguns poucos leitores modernos parecem saber aplicá-las.

[7] No sentido dos CS (p.262, 266, 290 etc.): existência separada de sujeito e objeto, necessidade de estabelecer uma correlação entre os dois, a teoria da verdade de Tarski, observações oprimidas pela teoria, Metodismo, isto é, a crença em regras universais e estáveis que são impostas de fora sobre o conhecimento e garantem que ele é "científico". Características menos importantes serão mencionadas no decorrer da resposta.

[8] "Feyerabend é totalmente empirista" (p.267); "genuinamente empirista" (p.266); "identificamos a posição epistemológica de Feyerabend como empirista" (p.332) e assim por diante.

[9] E CM mostra que a conclusão é falsa: Não aceito "opressão da teoria" (CM, p.162s. [165s.] e mais abaixo nesta mesma nota), considero as regras do Metodismo apenas um caso especial das restrições que afetam o cientista (CM, p.187, n.15, citada pelos CS, p.253), considero as explicações sujeito-objeto do conhecimento tentativas especialmente problemáticas de entender nosso papel no mundo (CM, Capítulo 17 [16]), rejeito metodologias que impõem regras de fora e recomendo um estudo funcional do procedimento científico (CM, p.251ss. [244ss.] – subseções 2, 5, 6, 7; p.260 [254]), assim como uma "crítica cosmológica" das metodologias (CM, p.206) em vez disso – e assim por diante.

por eles *in extenso*) de que eu tinha a intenção de jogar "o jogo da Razão [empirista] a fim de solapar a autoridade da Razão" (p.256; CM, p.33 [47]). Eles estão corretos quando dizem que estou "na problemática empirista" (p.274, 290) e que nesta problemática há apenas a alternativa entre Metodismo e Ceticismo (p.290). Estão errados quando pensam que eu *aceito* a problemática e a alternativa ou que estou *submetido* a elas. Pelo contrário, eu *as uso* para transformar um ataque ao Metodismo em um argumento em defesa do Ceticismo e, com isso, em um *reductio ad absurdum* do racionalismo crítico (que é uma versão do Empirismo no sentido dos CS).[10]

O fato de os autores não estarem cientes (serem ignorantes) da natureza de um *reductio ad absurdum* (ou um argumento *ad hominem*) fica evidente com seu comentário de que

> o argumento de Feyerabend contra o Metodismo não funciona porque é produzido dentro da própria problemática empirista do Metodismo (p.332)

– isto é, ele não funciona porque é um *reductio ad absurdum* do Metodismo. Quase todas as objeções mais específicas contidas na resenha, assim como

---

Vamos examinar mais de perto a questão da "opressão da teoria", que desempenha um papel importante no retrato que os CS fazem de mim. Opressão da teoria significa que existe uma carga teórica e algo não teórico que leva a carga contida em todas as afirmações observacionais. Eu me opus a esta tese em todos meus escritos, começando com minha dissertação (1951) até o último – a edição (brochura) de CM. Em 1958, op. cit., propus interpretar as afirmações observacionais *exclusivamente* em termos teóricos; em "Das Problem der Existenz Theoretischer Entitäten" (1960), mostrei que a ideia de opressão da teoria leva a consequências paradoxais; em "Explanation, Reduction and Empiricism", que foi incluído na bibliografia dos CS, tentei explicar aquilo que normalmente chamamos de "núcleo observacional" de uma afirmação observacional *psicologicamente*, isto é, sem referência à divisão no *conteúdo da afirmação* ou na *natureza do objeto* a que se refere; em "Science without Experience" (1969, reimpresso no artigo "Contra o método", que também aparece na bibliografia dos CS), eu fortaleci mais meus argumentos contra a opressão da teoria. Essa breve nota, que fez cair sobre mim a ira de Ayn Rand (cf. a carta aberta a todos os filósofos norte-americanos de 3 de abril de 1970 e seu artigo no *Objectivist*, de março de 1970, que tem muitas semelhanças com a resenha de nossos amigos marxistas), é resumida em CM, p.262s [256s.]. Os CS devem ter desejado muito me transformar em um empirista para fazer vista grossa a uma evidência tão óbvia que prova o contrário.

[10] Assim é verdade que eu "celebro... a única alternativa... que o Empirismo tem diante do fracasso do Metodismo" (p.278) perante o ceticismo. Isso não é porque eu mesmo considero o Ceticismo a única alternativa ao Metodismo, mas porque meus oponentes o fazem e porque o fracasso do Metodismo significa o fim do empreendimento *deles*.

a Grande Acusação (PKF ainda é um empirista e ele nem sequer sabe disso!), têm como base essa não ciência (ignorância) e elas caem por terra com sua remoção. Isso lida com cerca de três quartos da resenha.[11]

A regra básica tem *corolários* simples.

Primeiro corolário: Se meu oponente aceita fatos históricos e interpretações de eventos históricos que possam ser usados contra ele, então esses fatos podem ser usados contra ele sem qualquer tentativa prévia de estabelecer sua validade.

Exemplo: Os autores me censuram por usar Galileu contra o Metodismo sem ter demonstrado que e por que é superior a Ptolomeu-Aristóteles. Nenhuma demonstração desse tipo é necessária, pois Galileu é um dos heróis do Empirismo (Racionalismo crítico).

Os autores também comentam sobre a "inadequação de [minha] justificação teórica da contraindução" (p.262,265). Eles não veem que uma justificação teórica não é nem necessária nem foi procurada. Usando princípios e fatos históricos aceitos pelo empirista, descobrimos que os heróis da Ciência praticavam a contraindução.[12] Isso é suficiente para criar um problema para o empirista. Não tenho nenhum desejo de ir adiante e digo isso de forma bastante explícita.[13]

Segundo corolário: Em um argumento contra um oponente, um autor pode usar premissas e procedimentos que ele demonstrou serem inaceitáveis em outras ocasiões, contanto que sejam aceitos pelo oponente.

Exemplo: No exemplo da moção browniana eu afirmo que uma multiplicidade de teorias irá produzir mais "fatos". Também argumento que não há

---

[11] "Nossa crítica de *Contra o método*", escrevem os CS, "está centrada na afirmação de que seus temas mais importantes são todos gerados por um 'Empirismo' *inconsciente* (p.266, meu grifo). Portanto, eles *realmente* perceberam que eu não defendo o Empirismo. Contudo, sem entender argumentos indiretos (em que usamos uma posição a fim de solapá-la) e estando envolvidos na própria ideologia, o único caminho aberto para eles era dizer que eu defendo o Empirismo "inconscientemente".

[12] "Não há nenhuma dúvida", escrevem os CS, "de que Galileu realmente agia contraindutivamente" (p.264).

[13] Cf. CM, p.32s. [46s.]. "Podemos ter a impressão de que recomendo uma nova metodologia que substitui a indução pela contraindução... Essa impressão certamente estaria errada. Minha intenção não é..." – o resto é citado pelos CS, p.256. Cf. também minha nota no *British Journal for the Philosophy of Science*, 1976b, p.384s.

qualquer "critério para 'fatos'". "Na ausência desse critério", escrevem os CS, "simplesmente não há base" para a afirmação (p.263). Mas o exemplo da moção browniana é dirigido ao empirista que afirma ter um critério de *realidade*. Eu o convido a usar esse critério junto com minha análise e prevejo que ele será persuadido a se tornar um pluralista (ou, se ele preferir o Monismo, a levar os fatos menos a sério).[14]

Terceiro corolário: Tendo usado parte de uma visão geral E para produzir um resultado repulsivo àqueles que aceitam E, podemos descrever o resultado em termos de E e, com isso, enfatizar seus aspectos aflitivos (para os defensores de E). Se o resultado refere-se a uma situação pela qual os defensores de E têm muita consideração, iremos obter formulações aparentemente paradoxais (isto é, para os defensores de E).

Exemplo: Falo da "trapaça" de Galileu, de seus "lances propagandistas", chamo sua linguagem observacional de "metafísica", seu procedimento de "irracional", falo da natureza "subjetiva" ou "irracional" da mudança de teoria (no Capítulo 17) porque é assim que um empirista que acompanhou e aceitou minha descrição de certos episódios na história das ideias terá de descrever a situação, e não porque eu considero a descrição a última palavra sobre o assunto.[15] De forma breve, eu argumento da seguinte maneira:

---

[14] Para comentários gerais sobre este modelo de argumentação, veja *British Journal for the Philosophy of Science*, op. cit., Seção I. Os comentários no texto também enfraquecem a observação dos CS de que eu "[evito] extrair as consequências céticas totais da tese da opressão da teoria" (p.262).

[15] Exemplo: no Capítulo 12 [11] de CM eu discuto brevemente uma filosofia que dá sentido ao procedimento de Galileu ou, para usar termos menos neutros, o torna "racional". Essa filosofia (a) considera as ideias em seu desenvolvimento, e não como entidades estáveis e imutáveis, e com isso enfraquece as objeções metodistas à equivocação; ela (b) mantém correntes diferentes de argumentação separadas, evitando, assim, a fricção entre elas; e (c) leva em consideração as diferenças de fase entre novas ideias e manifestações materiais das ideias antigas, por um lado, novas ideias e padrões aceitos, por outro, e assim elimina a crítica inapropriada; e ela (d) descreve sumariamente a função das forças sociais. Essas forças sociais, digo eu, "não produzem nenhum argumento novo" (CM, p.154 [154-5]), mas reduzem as fricções descritas em (b) e (c) e, com isso, facilitam o crescimento de novos objetos teóricos (nos CS essa *distinção* entre argumentos, que são parte dos objetos e condições teóricas que estimulam o crescimento dos próprios objetos, passa a ser uma "incapacidade de distinguir" entre "a necessidade de... fatores sociais para o desenvolvimento da teoria e o fato de eles não interviram *na produção da própria teoria*" [p.297]).

Olhem, meus caros amigos e racionalistas críticos! Aqui estão alguns eventos na História da Ciência que, para vocês, são passos dos mais importantes no desenvolvimento de uma visão de mundo nova e racional. No entanto, usando suas próprias ferramentas conceituais, tudo o que vocês podem dizer é que eles são irracionais, subjetivos etc.[16]

Tudo isso está além de McEvoy,[17] que acha que eu *aprovo* as ideias que fornecem minha munição terminológica,[18] e dos CS, que implacavel-

---

Com a incomensurabilidade a situação é exatamente a mesma. Cf. nota 38 da presente resposta. Em minha análise de Galileu tentei obter duas coisas: (i) tentei mostrar os limites do Empirismo (no sentido dos CS) e (2) tentei dar uma descrição do procedimento de Galileu. Até onde posso ver, os principais estudantes dos métodos de Galileu (inclusive Clavelin) tentaram encontrar uma chave, uma maneira específica de fazer pesquisa que iria desvendar o "segredo de Galileu". Ocasionalmente, acreditou-se que essa chave era filosófica: Galileu o *empirista*, Galileu o *platônico*. Em Clavelin encontramos a tentativa de fazer que *a simplicidade* seja uma noção orientadora. Todas essas tentativas deixam de ver o caráter "oportunista" da pesquisa de Galileu (para "oportunista" cf. o volume sobre Einstein da Library of Living Philosophers [ed. por P. A. Schilpp], p.683s., 1951). Elas deixam de perceber que Galileu *muda* seu método sempre que acha que a natureza modificou seus procedimentos, ou sempre que encontra obstáculos criados pela psicologia e fisiologia humanas (cf. sua explicação da irradiação). Ele tampouco evita a retórica. É um dos poucos cientistas (e nisso muito diferente de Descartes, por exemplo) que compreende que não basta "lutar pela verdade", mas devemos fazer que o caminho para a verdade seja *visível* para o homem e que procedimentos puramente lógicos, portanto, devem ser usados lado a lado com a retórica. Visto de uma perspectiva empirista, muito daquilo que Galileu faz é ilusão; visto de uma perspectiva mais erudita, ele mostra uma perspicácia maravilhosa das complexidades do conhecimento. A única pessoa que, a meu ver, fez uma descrição de como esses vários elementos se interpenetram em Galileu para formar argumentos é Maurice A. Finocchiaro, em seu ensaio ainda não publicado sobre a lógica do *Dialogue* de Galileu.

[16] Um dos poucos críticos a perceber essa característica de meus argumentos é G. N. Cantor (1976, p.273): "Essa forma de discurso pode ser apropriada para Feyerabend em seu duelo com Lakatos", e, no entanto, ele continua, "mas" se ignorarmos o fato de CM ser quase que inteiramente um duelo assim (cf. a nota no prefácio, CM, p.7 citada, mas não levada a sério pelos CS).

[17] Os CS citam McEvoy como uma autoridade para sua afirmação de que "os exemplos históricos de Feyerabend são bastante irrelevantes para seu caso" (nota 22), sem perceber que as bases de McEvoy para essa avaliação sobre trabalhos anteriores meus eram que eu ainda defendo a prioridade do método sobre a história (cf. a citação que McEvoy faz de meu texto na p.51 de seu ensaio) e, assim, revogando sua própria decisão (nota 3) de desenvolver o caso exclusivamente baseado em CM.

[18] Os exemplos históricos, escreve McEvoy (1975, p.65), "revelam na mente *do popperiano* Feyerabend..." (grifo meu). Cf. também Ibid., p.64, onde sou classificado como um "falibilista cético agarrando-se a qualquer oportunidade (*racionalista*)".

mente indicam que "uma 'inadequação empírica' inicial é precisamente o que deve ser esperado nessa situação (de Galileu)" (p.298) – como se eu pensasse diferente.[19]

Quarto corolário: Se um autor tem uma teoria que consiste de uma parte *A*, que ele considera proteção necessária contra a anarquia, e outra parte *B*, que pode garantir tal proteção se for interpretada de uma maneira diferente da dele, então é legítimo, após a remoção de *A*, dizer a ele que agora nada o separa da anarquia, pois ele próprio descreveria a situação dessa maneira.

Exemplo: A teoria de Lakatos de programas de pesquisa contém padrões e uma explicação da produção de teoria. Segundo Lakatos são os primeiros, e apenas os primeiros, que fazem que um empreendimento seja racional e o protegem da anarquia (ele ainda acreditava na distinção entre um contexto de descoberta e um contexto de justificação). Portanto, mostrar que não tem razão para aceitar os padrões e que os padrões aceitos não têm qualquer força, significa demonstrar a irracionalidade de seu empreendimento.[20]

Mais corolários podem ser facilmente produzidos e aplicados à crítica que os CS fazem de CM. O resultado é sempre o mesmo – a maior parte de sua crítica está simplesmente errada. Não sou um empirista, nem mesmo no sentido mais amplo definido pelos CS, não aceito o Metodismo, não aceito a tese da opressão da teoria e a correspondência sujeito-objeto como uma condição de correção, argumento contra todas essas coisas "bem diante dos olhos deles" (cf. p.287) e muito da minha "retórica pseudorradical" é retórica empirista (positivista) voltada contra o empirismo. Mas como é que todos esses erros surgem? Qual é a razão para essa cegueira quase sobre-humana? Existem algumas razões menos importantes, bem conhecidas pelos intercâmbios acadêmicos padrão: uma incapacidade de ler a lingua-

---

[19] Cf. a explicação de "movimentos retrógrados" em CM, p.152 [151], 158 [159], bem como na seguinte passagem de *Criticism and the Growth of Knowledge* (Lakatos e Musgrave, 1970, p.204): "seria uma surpresa total e até motivo para suspeita se toda a evidência disponível acabasse apoiando uma única teoria, mesmo que essa teoria por acaso fosse verdadeira".

[20] Como racionalistas críticos, os CS indicam que os padrões não são completamente impotentes, mas fortes o suficiente para *avaliar* uma situação, dizendo se ela está progredindo ou se degenerando. Mas de que vale um ponto de vista em que um ladrão pode roubar tanto quanto queira e é elogiado como um homem honesto tanto pela polícia quanto pelo povo, bastando que ele diga a todos que é um ladrão?

gem comum, uma tendência a perder o sentido de um argumento quando este ultrapassa certo grau de complexidade, uma tendência a fundir uma ideia com outras mais familiares que são vagamente semelhantes a ela. Mas, no caso dos CS, essas razões menores estão organizadas e unidas por uma fantasia que rasura qualquer evidência contrária. E é por isso que eu menciono o assunto. Não o menciono para "provar minha inocência", menciono-o para mostrar o poder de estereótipos antediluvianos sobre o pensamento claro: os autores reconhecem que estou a favor da "liberdade" e que não tenho muito respeito por instituições, por mais "racionais" que elas sejam. Eles não examinam o que quero dizer com liberdade, o que penso sobre ela e como tento alcançá-la, não fazem qualquer esforço para descobrir até que ponto eu concordo com as ideias existentes e em que difiro delas; não, eles apenas consultam a linha de seu partido, verbete "liberdade", e produzem uma equação mestre "liberdade = liberdade incondicional ou absoluta = liberalismo" (p.249 e *passim*). O Liberalismo, é claro, esteve em determinado momento muito próximo ao Empirismo (e ainda está, até certo ponto) e com isso eles inferem que devo ser um empirista também. Observem que todas as inferências ocorreram até agora dentro do estereótipo, eles nem sequer tocaram na "realidade". Mas é muito fácil lidar com a "realidade", isto é, com meu livro. Muitas vezes, uso o Empirismo em meus argumentos e critico ideias de um ponto de vista empirista. Conectando esse "fato" com o estereótipo por meio de uma leitura bastante descuidada (cf. o que já foi dito sobre as razões menos importantes para os erros cometidos), os autores agora podem se vangloriar de ter uma evidência independente para sua interpretação. E, assim, a análise continua, sem ser incomodada por evidência contrária, reforçando ainda mais o estereótipo.

Finalmente, duas perguntas que podem surgir de minha resposta, bem como as respostas a essas perguntas.

Pergunta número um: Se não sou um empirista, por que eu argumento de uma maneira que provavelmente irá induzir ao erro o marxista fiel e trabalhador, embora talvez não excessivamente inteligente?[21]

---

[21] "Estranhos", isto é, leigos, cientistas e simplesmente pessoas comuns, parecem não ter sido induzidos a erro dessa forma, embora tenham outra queixa: eles apenas não querem viver sem o Metodismo. "O que vou fazer?", eles me perguntam constantemente, como se não fosse tarefa *deles* procurar os métodos de que precisam para seu trabalho.

Resposta: Eu levo a sério a "terceira acusação do presidente Mao contra a escrita estereotipada do Partido", que é aquela "que atira ao acaso, sem considerar o público-alvo", e também levo a sério seu conselho (que é uma coisa bem familiar para os retóricos, mas que foi adaptada por ele a uma nova situação), que os escritores

> que realmente quiserem fazer propaganda devem considerar seu público e ter em mente aqueles que irão ler seus artigos e *slogans* ou ouvir seus discursos e palestras.[22]

Quem eu considero ser meu público?

Em primeiro lugar, todos os empiristas, seja da linha verificacionista (probabilista) ou falsificacionista, e isso significa praticamente todos os filósofos da Ciência anglo-americanos. Além disso, muitos cientistas que têm fortes convicções sobre como a Ciência deve atuar.[23] E uma grande parte do público em geral, que está hipnotizada pela Ciência e pelo Metodismo.

Em segundo e principalmente, a Imre Lakatos.[24] Quando chamo as coisas de "irracionais", "arbitrárias", "subjetivas", estou usando palavras que o próprio Lakatos utilizou com prazer contra oponentes na Sociologia, na Mecânica Quântica e na Filosofia da Ciência. Tento mostrar que, como as coisas estão na metodologia dos programas de pesquisa, ele deve aplicar essas palavras também para a Grande Ciência. Nisso pareço ter tido sucesso, pois em seu último ano Lakatos deixou de combater o ceticismo pela metodologia de programas de pesquisa e, em vez disso, começou a apelar para o bom-senso.[25]

Pergunta número dois: O anarquismo do livro é simplesmente um instrumento polêmico ou quero que meus leitores o levem a sério como uma filosofia positiva?

---

[22] "Oppose stereotyped Party Writing", 1965, p.58s. Mao fala de "comunistas", não de escritores em geral.
[23] Os CS percebem o fato de essas convicções muitas vezes colidirem com aquilo que eles próprios estão fazendo como cientistas: p.299, item 4.
[24] Cf. a nota introdutória para CM.
[25] Cf. "Imre Lakatos", 1975, p.17, assim como o Apêndice 4 de CM.

Resposta: As duas coisas! O Anarquismo é usado em CM de duas maneiras, ou seja, (1) como uma arma polêmica e (2) como uma filosofia positiva.[26] Por isso há dois tipos de argumento, ou seja, (a) argumentos que estabelecem sua função polêmica e (b) argumentos mais fortes que mostram que ele tem também uma importância intrínseca. Não aceito as premissas dos primeiros argumentos, mas aceito as do segundo. É interessante perceber como a situação parece aos olhos dos CS. Não estando ciente da Regra Básica e de seus corolários, mas estando muito ciente do estereótipo liberal-empirista, eles leem (1) como (2) e (b) como (a) e, com isso, me criticam por usar os argumentos mais fracos, (a), para defender o caso mais forte, (2). Eles realmente percebem que (a) não são os únicos argumentos no livro e citam dois argumentos do tipo (b), mas os chamam de "subsidiários" (nota 16) e decidem "não... discuti-los", "preferindo concentrar-se nos argumentos centrais" (nota 11) – que são precisamente os argumentos cujas premissas eu *não* aceito. Portanto, temos aqui o espetáculo divertido de dois críticos que interpretam erroneamente o uso polêmico de uma posição como sendo uma defesa direta dela e censuram-me por não fornecer sustentação suficiente, enquanto consideram os argumentos mais fortes, que dão aquela sustentação, "subsidiários" e "não centrais". Vamos agora examinar de mais perto essa questão do anarco-dadaísmo epistemológico.

2. Discurso sobre método

A fim de explicar o uso polêmico do anarquismo epistemológico (abreviado para AE), é conveniente discutir as seguintes posições metodológicas (algumas das quais são metodistas no sentido dos CS):

(A) Racionalismo antiquado ou ingênuo (Descartes, Kant, Popper, Lakatos; ancestrais: a Filosofia por trás das leis apodícticas de *Exodus*).
(B) Racionalismo dependente do contexto (alguns marxistas, muitos antropólogos e relativistas antropológicos; ancestrais: a Filosofia

---

[26] Mesmo aqui não defendo o Anarquismo como uma "filosofia eterna", mas como um "remédio" (CM, p.17 [31]) que pode ter de ser retirado quando as condições mudam (CM, p.22 [36]). A restrição passou despercebida aos CS (p.252).

por trás das leis de caso de *Exodus*, que é mais antiga que a Filosofia apodíctica e vem da Mesopotâmia;[27] ela pode também ser encontrada na Grécia pré-homérica e na China das inscrições em ossos de oráculo).[28]

(C) Anarquismo simplório (algumas religiões extáticas e várias formas de Anarquismo político).

(D) Minha própria visão (ancestrais: *Concluding Unscientific Postscript*, de Kierkegaard, e os comentários de Marx sobre *Philosophy of Law*, de Hegel.

Segundo (A), é racional (apropriado, de acordo com a vontade dos deuses) fazer certas coisas *independentemente das circunstâncias* (é racional preferir as hipóteses mais prováveis, evitar hipóteses ad hoc, teorias autoinconsistentes, programas de pesquisa em degeneração). A racionalidade é universal, estável, independente de conteúdo e de contexto e faz surgir regras e padrões igualmente universais. Alguns críticos, inclusive os CS, me classificaram como um racionalista antiquado nesse sentido, com a exceção de que tento substituir os requisitos do Racionalismo antiquado pelos requisitos mais "revolucionários" da proliferação, contraindução e assim por diante. Essa questão já foi abordada.[29]

Segundo (B), a racionalidade não é universal, mas há afirmações condicionais universalmente válidas que postulam o que é racional em quaisquer condições e que existem regras condicionais correspondentes. Isso também foi considerado a "essência da minha posição". Ora, embora seja verdade que muitas vezes comento sobre a necessidade de levar em conta o contexto, eu não o introduziria da maneira que é recomendada pelos racionalistas dependentes do contexto. Para mim as regras do Racionalismo dependente do contexto são tão limitadas quanto as regras para o Racionalismo antiquado.

A limitação de todas as regras é reconhecida por (C). (C) diz (a) que tanto as regras absolutas quanto as condicionais têm seus limites, de tal forma que, mesmo uma racionalidade relativizada, quando seguida ao pé

---

[27] Para a distinção entre leis apodícticas e leis de caso e seus ancestrais históricos, cf. Albright, 1968, capítulos 2 e 4.
[28] Para detalhes cf. meu *Rationalism and the Rise of Western Science*, até então não publicado.
[29] Cf. mencionado, nota de rodapé 13 e texto.

da letra, pode nos impedir de alcançar aquilo que queremos; e infere (b) que todas as regras metodológicas são inúteis e devem ser abandonadas. Alguns críticos acharam que Ca e Cb juntas expressavam minha posição, ignorando as muitas passagens em que mostro como certos procedimentos *ajudaram* os cientistas em sua pesquisa. Pois, em meus estudos de Galileu, da moção browniana e dos pré-socráticos, eu não só tento mostrar o *malogro* das metodologias tradicionais (do tipo metodista), mas também *quais procedimentos realmente tiveram sucesso* nesses casos e por que tiveram sucesso. Assim, concordo com Ca, mas não com Cb. Argumento que todas as regras têm seus limites, não que devemos proceder sem regras. Argumento por uma explicação contextual, mas que as regras contextuais não devem *substituir* as regras absolutas, e sim *complementá-las*. Em minhas polêmicas, não quero eliminar as regras nem mostrar sua inutilidade. Minha intenção é, pelo contrário, ampliar o inventário de regras e também sugerir uma nova utilidade para todas elas. É essa *utilidade* que caracteriza minha posição, e não qualquer *conteúdo* específico das regras. A seguir direi algumas palavras sobre esse assunto.

Absolutistas e relativistas do tipo (B) obtêm suas regras em parte da tradição, em parte de considerações abstratas relacionadas com "a natureza do conhecimento", em parte de uma análise de condições mais específicas, mas, ainda assim, concebidas absolutamente (as condições do homem, no caso do absolutismo de Kant). Presumem, então, que cada ação individual, cada pesquisa individual deve ser submetida às regras que eles encontraram. As regras (padrões) determinam a estrutura da pesquisa *a priori*, garantem sua objetividade e asseguram que estamos lidando com ação científica e racional. Ao contrário disso, *considero cada ação e cada pesquisa tanto um caso potencial da aplicação de regras como um caso experimental*: podemos permitir que uma regra oriente nossa pesquisa, ou os tipos de ações em que estamos interessados, podemos permitir que ela exclua algumas ações, molde outras e, de modo geral, governe como um tirano sobre nossas atividades, mas podemos também permitir que nossa pesquisa e nossas atividades suspendam a regra ou a considerem inaplicável, embora todas as condições conhecidas possam exigir sua aplicação. Ao considerar a última possibilidade,[30] presumimos que *a pesquisa tem uma dinâmica pró-*

---

[30] O que se segue é uma elaboração das ideias encontradas nos capítulos 2 [2] e 17 [16] de CM.

pria, que ela pode agir na ausência de regras claramente formuladas e que a pesquisa assim conduzida é substancial o suficiente para ganhar a atenção dos defensores do *status quo* e organizada o suficiente para servir como fonte para procedimentos novos e ainda desconhecidos. Essa premissa não é tão irrealista quanto parece. Aqueles que defendem a distinção entre um contexto de descoberta (que atua sem qualquer orientação pelas regras) e um contexto de justificação (em que as regras são aplicadas) a presumem; ela pode ser sustentada ao apontar para a inventividade da mente humana, que reage a problemas imprevistos com todo o tipo de ideias, assim como para a dinâmica interna de formas de vida, que acrescentam sua própria estrutura transindividual às conquistas de pensadores individuais. Ninguém pode prever a forma dos produtos que surgem dessa maneira, ninguém pode dizer quais regras e padrões serão suspensos e quais irão permanecer em vigor e, portanto, ninguém pode garantir a permanência de regras do tipo (A) e (B). Esta, em essência, é minha objeção ao Metodismo. Ela é fortalecida por estudos de caso que mostram *como* as regras foram suspensas e que procedimentos tomaram seu lugar.[31] Nenhum sistema de regras e padrões é sempre totalmente seguro, e o cientista que atua no desconhecido pode violar qualquer sistema como esse, por mais "racional" que seja. Esse é o controverso significado da frase "vale tudo".

Observe que o argumento depende da premissa de que formas de vida às quais é permitido suspender as regras metodistas são levadas a sério pelos metodistas. O argumento não fornece uma maneira de avaliar seus méritos; ele aceita a avaliação ("Galileu, um grande cientista!") dos oponentes. Observe também que as regras e padrões não são abolidos – não entramos na pesquisa sem nenhum equipamento metodista –, mas usados experimentalmente e mudados quando os resultados não são os esperados. Essas mudanças não provam que existem mais regras gerais que decidem quando regras específicas podem ser utilizadas e quando têm de ser suspensas, pois indivíduos, quando se comportam de uma maneira discipli-

---

[31] Os novos procedimentos nem sempre são "conhecidos" de seus usuários, não são explicitamente formulados e então seguidos; não, eles são introduzidos à guisa de regras respeitáveis, embora muitas voltas tenham de ser dadas para adaptar o ídolo à realidade. Newton é um exemplo excelente disso.

nada, constituem as regras e também as seguem. Observe, finalmente, como esse argumento em defesa do Ceticismo difere do argumento que os CS me atribuem:[32] ele não explora de maneira mais profunda as dificuldades da distinção sujeito-objeto e considera a situação precária das regras *vis-à-vis* o desenvolvimento de práticas existentes[33] e o aparecimento de práticas novas, pertencendo, assim, inteiramente ao "Terceiro Mundo" – se gostarmos de expressar questões simples em linguagem erudita.[34] Isso conclui minha explicação *do uso polêmico do ceticismo* em CM.

---

[32] Segundo os CS as *"dramatis personae"* do "Empirismo tradicional" são: "o sujeito conhecido face a face com um objeto real... então o quadro desse sujeito caracterizado por crenças" etc. (p. 339). Os comentários na última seção, bem como a breve explicação do ceticismo que acabamos de dar, mostram que esses personagens nunca aparecem em CM, nem mesmo nos argumentos polêmicos.

[33] Devemos observar que os argumentos não comparam regras com uma prática que é independente deles – ele não rejeita as regras porque elas não se encaixam na "história". O argumento é, pelo contrário, de que as regras críticas, *quando introduzidas em práticas existentes*, isto é, quando se lhes permite interferir com elas, irão atrapalhá-las de um maneira extremamente indesejável. Irão criar resultados que o defensor de regras provavelmente não aprovará.

[34] Os CS se esforçam muito para mostrar que Popper (que eles comparam a Faust – francamente, rapazes!) é um marxista de meio expediente e me criticam pelo "pecado" (PECADO?) de ignorar as ideias mais sensatas (isto é, mais marxistas) de Popper. Eu não consigo entender como eles podem dizer isso, pois em minha resenha de *Objective Knowledge* (*Inquiry*, v. 17 [1974], n. 4), a que eles se referem, mas aparentemente sem tê-la lido, trato exclusivamente dessas ideias "sensatas". Indico que elas não pertencem a Popper, mas retrocedem pelo menos até Aristóteles, que as expressou de uma maneira mais simples e menos técnica: Aristóteles começou o estudo da história de ideias porque acreditava em um "terceiro mundo" criado pelos homens. Discuto alguns dos argumentos de Popper e mostro que eles são ou simples declarações de fé ou má retórica. Critico sua tendência de solucionar problemas de redução por meio de uma ascensão rápida a reinos superiores do ser (a pesquisa científica, e não as manobras filosóficas, deve decidir se os fenômenos psicológicos são "redutíveis" a processos materiais). E, por fim, mostro que Popper constantemente confunde a distinção entre autonomia causal relativa e diferença ontológica. Para ele, as leis da Aritmética tratam de entidades que não são materiais, enquanto eu afirmo que elas são leis autônomas *da matéria* diferenciadas de maneira causal, *mas não ontologicamente*, de outras leis da matéria. Ora, antes de os CS falarem de "reducionismo" (uma acusação favorita levantada por obscurantistas contra aqueles que fazem o esforço de estudar as leis da matéria em mais detalhes), eles devem ler meus argumentos contra a interpretação das leis aritméticas de Popper e minhas próprias sugestões positivas (que não são nada diferentes das sugestões encontradas em Engels e, em nossos dias, em Hollitscher). Deixem que eles levantem a acusação de reducionismo em *conexão*

Voltando-nos agora para o *argumento contra o Ceticismo* dos CS, a primeira coisa que observamos é que não é *um argumento*, mas simplesmente uma *rejeição* (prolixa e enfadonha) do Ceticismo. Os CS formulam uma visão – o Marxismo – que, em sua opinião, exclui o Ceticismo. Isso não é nada de extraordinário, pois há muitas visões assim. Por exemplo, o Ceticismo não surge em um mundo sem seres humanos e não surge em um mundo com seres humanos obedientes que nunca se desviam do *status quo*, nem mesmo em seus pensamentos. E depois existem outras visões que dão ampla sustentação *ao* Ceticismo. Os CS nunca argumentam a favor da visão que *eles próprios* adotam. Simplesmente dizem que irão criticar o Ceticismo "de um ponto de vista marxista". O máximo que podem mostrar, portanto, é que o Ceticismo não é bom Marxismo, mas não podem mostrar que ele é incorreto.

O comentário pode ser generalizado. Todas as críticas que os CS fazem de mim consistem em mostrar um conflito com o Marxismo. Logo, mesmo que a crítica chegue a atingir seu alvo (que, como vimos, ela não o faz), no máximo mostraria que eu não sou um marxista, e não que não estou certo.

Os CS tentam mostrar que o Marxismo exclui o Ceticismo, mas a tentativa não funciona. Segundo eles, o Ceticismo é eliminado por uma prática que não apenas *determina as ações* do trabalhador teórico, mas também *produz os objetos* de sua Ciência. Um Ceticismo que obtém sua força da dificuldade de correlacionar duas entidades distintas e separadas, um sujeito isolado e "absolutamente livre" (p.334) e um objeto que é "totalmente outro" (p.289) agora parecem perder muito de sua plausibilidade. O objeto aparentemente inalcançável não só pode ser alcançado, mas até ser produzido.[35]

Ora, seria muito ingênuo presumir que, com isso, simplesmente eliminamos o Ceticismo. A produção muitas vezes não acerta no objeto real,

---

com uma *crítica assim*, e não no espaço vazio, e verão que a questão não é nada simples e que Popper parecia um materialista de meio expediente apenas porque nenhum dos materialistas atuais tem a perseverança para ler todos seus "argumentos" em detalhe nem a inteligência para ver suas falhas. Além disso, tudo que lhes interessa são as declarações que vagamente concordam com aquilo que eles acham que é doutrina partidária marxista, não se preocupam com a análise e o aprimoramento daquela doutrina. Isso se aplica aos CS, a Althusser e todos os demais.

[35] O argumento da prática e da visão histórica baseada nela se deve a Althusser.

exatamente como a correlação o faz. A própria prática da pesquisa provou que muitos casos de produção são ilusórios. No auge da caça às bruxas, demônios *eram produzidos*, recebiam ordens para desempenhar tarefas complexas e *desempenhavam* essas *tarefas* não só na imaginação dos contemporâneos, mas segundo as práticas das quais esses contemporâneos eram os "portadores" (p.271) (grande parte da feitiçaria era engenharia espiritual). Com a ajuda de preparações cuidadosas e um tanto sofisticadas, os místicos podiam ascender além do Sétimo Céu e ver Deus em todo Seu Esplendor e outros podiam se transformar em animais e voltar a ser humanos outra vez. O flogístico, o éter, os raios N, os monopolos magnéticos e a herança de propriedades adquiridas eram todos produzidos em determinado momento e tinham sua existência negada em outros. É claro, nós hoje podemos dizer (ou, lembrando-nos de erros anteriores, *achamos* que hoje podemos dizer) o que realmente foi produzido, mas a questão é que, enquanto todos os critérios da produção apontavam para um objeto, outro objeto estava realmente presente. Nisso, a produção não é nada diferente da correlação. Além disso, não só acabou ficando claro que a "produção" não tinha conseguido agarrar o objeto verdadeiro e tinha "produzido" uma ilusão em seu lugar, mas também, e com base nos mesmos argumentos, que o objeto real não continha partes produtíveis e, portanto, não podia ser inteiramente captado por uma Ciência no sentido dos CS: o desenvolvimento de Aristóteles até Newton veio de um espaço que era produtível e cujas partes eram produtíveis (cf. a teoria do contínuo de Aristóteles no Livro II de *Física*) para uma entidade da qual nenhuma parte podia ser modificada ou produzida por meios naturais. Da mesma forma, forças produtíveis foram substituídas pela força não produtível da gravidade.[36] E, mais recentemente, uma velocidade da luz produtível (por meio das ações do éter) e características produtíveis das partículas elementares foram substituídas por constantes absolutas e eliminadas do domínio da Ciência segundo os CS. Seguindo a prática científica ("cientí-

---

[36] É curioso ver que Aristóteles, cuja filosofia é considerada "ideologia" pelos CS (p.298), dá uma explicação-produção do espaço, de objetos terrestres, do contínuo, até do conhecimento, enquanto seus sucessores introduziram entidades isoladas: a transição de Aristóteles para Newton contém transições das explicações científicas para as não científicas (no sentido dos CS).

fico", agora, no sentido comum), nós, portanto, aprendemos que o mundo contém entidades produtíveis lado a lado com entidades isoladas (entidades que têm efeitos, mas não podem ser produzidas nem pela natureza nem pela Ciência),[37] que uma Ciência no sentido dos CS não é completa e que a produção pode ser ilusória. Isso dissolve o "argumento" mestre dos CS contra o Ceticismo.

Até aqui o argumento mestre demonstrou ser problemático de duas maneiras: ele não oferece quaisquer argumentos para a visão que supostamente excluiria o Ceticismo, isto é, a visão de produção do conhecimento, e o Ceticismo não é excluído por essa visão sem sustentação. Além disso, o argumento nunca foi direcionado contra o Ceticismo como um todo, mas apenas contra uma versão particular dele. Outras versões ainda não foram consideradas.

Essas outras versões podem ser desenvolvidas independentemente do Metodismo e da ideologia sujeito-objeto e levam a uma forte presunção de que o Ceticismo e sua generalização, o Anarquismo epistemológico, podem, afinal de contas, ser uma explicação aceitável da natureza do conhecimento.

Para começar esse novo argumento, lembremo-nos de que normalmente não há apenas uma única prática para lidar com determinado objeto real, mas várias delas. Na Medicina temos uma abordagem "científica" ocidental (que surgiu da extensão da problemática da Ciência do século XVII para o organismo humano) lado a lado com a Medicina do *Nei Ching* e as Medicinas tribais. Essas práticas são científicas no sentido de que ou produzem estados do organismo ou podem dizer como esses estados são produzidos; elas têm sucesso porque curam e realizam outras transformações desejáveis e todas lidam *com o mesmo objeto real*, mas com base em problemáticas radicalmente diferentes. Cada prática também determina a atitude de seus praticantes. É claro que cada prática tem defeitos e lacunas, mas esses defeitos estão distribuídos de maneiras diferentes entre as várias tradições. Um "observador neutro", que ainda não tenha se encantado

---

[37] "Nossa tese central", escrevem os CS (p.296), "é de que a conquista básica de Galileu... consistiu no fato de ele ter estabelecido a parte principal dos fundamentos da Física como uma Ciência". Certamente não como uma Ciência no sentido dos CS – cf. a nota anterior.

pela Ciência e que avalie as práticas pela maneira como elas restauram a saúde, teria dificuldade de fazer uma escolha. Um oponente "periférico" de uma prática específica, no entanto, não precisa terminar em uma terra de ninguém. Ele pode encontrar abrigo em uma tradição diferente, mas igualmente aceitável. *A mudança de práticas não precisa diminuir o contato com a realidade.*

Segundo, lembremos que as práticas têm suas oscilações, iniciam-se de começos insignificantes e crescem sob o olhar invejoso de um rival bem-dotado. Essas diferenças em sofisticação teórica nem sempre refletem as diferenças na relação com o objeto real. Algumas práticas podem parecer estar à frente de outras pelo fato de produzirem quase todos os objetos descritos, mas a produção pode ser uma quimera, enquanto um rival ainda ineficaz pode ter uma problemática que eventualmente irá captar a realidade de uma maneira mais eficiente. Resultado: *trocar uma prática poderosa por uma tradição insignificante não significa necessariamente diminuir o contato com a realidade objetiva* (embora, é claro, isso possa levar a um conflito com a realidade social ou "científica").

Terceiro, as tradições costumam ser removidas pela força, e não em virtude de desenvolvimentos "autônomos". Um conhecimento valioso desapareceu sob a pressão de circunstâncias externas, e não porque foi considerado deficiente: *trocar uma tradição poderosa por um mero sonho não significa necessariamente diminuir o contato com a realidade.* O mundo em que vivemos tem muitos lados, muitos aspectos, muitas potencialidades. Pessoas hesitantes, pensadores periféricos, sonhadores, simples tolos *têm uma chance real* (e não apenas uma possibilidade lógica) de fazer descobertas que estão além do alcance de tradições estabelecidas.

Deixem-me repetir os ingredientes deste argumento para que aquilo que se presume e aquilo que se afirma sejam esclarecidos.

Presume-se que o objeto real permite que práticas com problemáticas diferentes tenham conquistas comparáveis (isto é, alcancem um equilíbrio comparável de fracasso e de sucesso) e afirma-se que um indivíduo que troca de prática (por exemplo, que deixa a Ciência e vai para o Taoísmo), portanto, não necessita perder o contato com a realidade. Presume-se que as práticas podem desaparecer por razões externas e afirma-se que um indivíduo que deixa uma tradição poderosa e entra numa terra de ninguém com nada mais que umas poucas fantasias "periféricas" para orientá-lo não precisa perder contato com o objeto real (com Deus, com o mundo material, com o Não Ser). Ele pode, e muito provavelmente irá, perder contato com a *realidade social* que o rodeia e se tornar um estranho. Ao perder contato com a realidade social, ele pode também perder aquela "sensação do real" que acompanha tanto a produção como a produção falsa e faz que seja tão difícil distinguir as duas. Ele pode perder seu sentido de linguagem e ficar reduzido à gagueira e à falta de articulação. Reformistas religiosos e cientistas tiveram essa sensação quando se aventuraram além dos limites do *status quo*. Mas eles também sentiram uma forte orientação objetiva, o que significa, para usar os termos dos CS, que havia uma problemática oculta em seus sonhos e que ela estava a ponto de se revelar e se transformar em um mal-estar comum. Observe até que ponto as premissas sociocosmológicas entram no argumento: as duas premissas feitas anteriormente são generalizações de um fato histórico. Observem também com que cuidado o objeto teórico (social) está separado do objeto real. É essa separação (junto com as premissas) que nos permite afirmar que o pensamento periférico, o sonhar, e o duvidar não precisam necessariamente perder contato com a realidade.[38]

---

[38] Um breve esboço do argumento pode ser encontrado em CM, p.20 [34], 206, 293 (que, incidentalmente, são os argumentos considerados "subsidiários" pelos CS – cf. o fim da Seção 1) e, em especial, no capítulo sobre *incomensurabilidade*. Os CS fazem uma confusão com esse capítulo, portanto, deixem-me dar uma breve explicação daquilo que ele contém. Primeiro, o capítulo traz uma refutação da ideia empirista de que quaisquer duas teorias podem ser comparadas com relação ao seu conteúdo, ou que existem pares de conceitos, um que pertence a uma teoria, o outro à outra, que podem ser trazidos para uma relação inclusão/exclusão/imbricação. Para refutar essa ideia uso a "reconstrução" empirista de teorias, isto é, uso cortes transversais de seu desenvolvimento, sem considerar a origem, a problemática, os detalhes do crescimento (cf. CS, p.323). Mostro que existem pares de teorias nesse sentido cujos conteúdos não podem ser comparados, embora pareçam lidar com "fatos na mesma área". Desse modo, mostro as limitações de todos os critérios envolvendo conteúdo (até Lakatos usa um critério desse tipo). Não infiro que as "teorias" (no sentido empirista) também são incomparáveis em outros aspectos nem presumo que a explicação empirista das teorias é adequada.

Com relação ao primeiro ponto, considerei uma variedade de critérios de comparação que não envolvem conteúdo (para um levantamento que trata de minhas tentativas desde 1951 até o presente, cf. Seção VI de "Changing Patterns of Reconstruction", *British Journal for the Philosophy of Science*, v.28 [1977], até então não publicado.). Esses critérios foram destinados a "reconstruções" empiristas, mas alguns deles têm aplicações mais amplas.

Ora, como é que nosso sonhador pode transformar a *chance real*, isto é, a sua chance *dada a estrutura do mundo real*, em *uma chance social*, ou seja,

---

Com relação ao segundo ponto, enfatizo que uma teoria "nunca pode ser totalmente separada do contexto histórico" (CM, p.66 [81]) e ofereço as linhas gerais da problemática e os princípios da construção (desenvolvimento) tanto para o universo homérico (onde a questão é um tanto difícil de verificar) quanto para os pré-socráticos. Explico também a maneira pela qual alguns objetos teóricos são construídos (objetos físicos e humanos: CM, p.247 [240]; conhecimento: CM, p.246 [240]).

Também tento explicar a noção vaga, encontrada em muitos historiadores da Arte, bem como em alguns dos seguidores de Wittgenstein (Hanson, por exemplo), de que "vemos" a realidade em relação a nossos conceitos. A noção acaba sendo verdadeira apenas em casos especiais e tento determinar esses casos de maneira mais detalhada. O próprio objetivo da investigação mostra que eu não "combino" (será que os CS não têm uma palavra menos feia para descrever o processo?) "teoria e experiência" (p.326). Eu (a) insisto que as teorias são mais amplas que a experiência (escrevi uma nota "Science without Experience" – lembram? Cf. nota 9 desta resposta), e (b) faço um esforço muito grande para mostrar que é apenas em circunstâncias especiais que as teorias moldam a experiência à sua imagem (CM, p.236ss. [228ss.] – os CS citam um longo excerto desse argumento, mas, como sempre, não o compreendem). Tampouco digo em momento algum que o que é o mesmo que se pensa que é ("combinação" [*conflation*] do objeto teórico com o objeto real). O "Realismo", como foi definido no capítulo da incomensurabilidade, não significa que o real é *identificado* com o objeto teórico; significa que *tentamos entender* o real em termos teóricos, em vez de considerá-lo um "dado". Essa, pelo menos, é *minha* opinião sobre a relação entre o objeto real, o objeto teórico e o objeto vivenciado.

Ora, *minha visão* nem sempre é *a visão das culturas que examino*. Muitas culturas, inclusive alguns períodos da Ciência, não fazem uma distinção clara entre o objeto real e o objeto teórico, e algumas que fazem essa distinção o fazem de uma maneira puramente verbal, sem significância teórica (algumas versões do *Ding an sich*, de Kant). Ocasionalmente, a distinção é feita *e* deixa um vestígio no objeto teórico: o conhecimento e o pensamento humanos são inadequados para compreender Deus, e a fé e a revelação precisam vir em seu socorro. Ora, ao discutir incomensurabilidade, eu não estava apenas interessado em tornar a vida dos racionalistas críticos mais difícil. Queria também entender as mudanças que ocorrem quando uma nova visão do mundo entra em cena. Essas mudanças podem ser examinadas de várias maneiras. Podem ser examinadas "de fora", isto é, olhando para elas do ponto de vista de uma Filosofia preferida (Marxismo, no caso dos CS). Não nego que um exame assim é possível nem que ele possa ter sucesso em racionalizar todas as mudanças (os CS me atribuem a crença na "impossibilidade de racionalizar toda a mudança científica" [p.331] – mas eu restrinjo a incomensurabilidade a *tipos especiais* de mudança e concedo que "explicações externas" podem ter sucesso em racionalizar até esses casos especiais [CM, p.232 – 224]). Contudo, um exame externo realmente não me interessa muito. Não estou interessado na aparência de um evento específico quando projetado sobre uma ideologia posterior; estou interessado em sua aparência "de den-

como é que ele pode fazer que seus sonhos sejam *populares*?[39] Conectando partes dele com práticas existentes de tal maneira que a popularidade das práticas flua para o sonho ou então contando seu sonho de uma maneira sensata que faça que ele se funda com "fatos" e opiniões da época. É fascinante ver como indivíduos e pequenos grupos falsificam seus sonhos exatamente da maneira que acabamos de descrever e, depois, mudam a realidade (social) que lhes tinha dado os instrumentos da falsificação.

Até aqui dei uma descrição totalmente individualista da mudança social. Não é assim que a questão parece aos olhos de alguns pesquisadores. Vendo os eventos em retrospectiva, eles muitas vezes percebem uma progressão organizada de instituições, condições sociais e ideias sem qualquer papel importante para o indivíduo. Nossos autores vão ainda mais

---

tro", isto é, relacionada às partes envolvidas. Será que essas partes podem dar sentido às mudanças que estão ocorrendo, será que podem submetê-las àquilo que consideram como sua própria racionalidade, ou serão forçadas a admitir que as mudanças são parte de um processo que não podem dominar com as formas da Razão disponíveis? Isso, incidentalmente, é também a pergunta que surge em épocas de revoluções científicas. A pergunta é, então, não se toda a conflagração vai parecer razoável quinhentos anos mais tarde, *mas sim até que ponto ela pode ser razoável quando ocorre e até que ponto devemos permitir que a Razão seja violada* (a "Razão" sempre querendo dizer a forma de Razão que é acessível aos participantes). Obviamente um exame assim é de extrema importância para qualquer pesquisador. Ele o prepara para eventos que, de outra forma, poderiam pegá-lo de surpresa.

Ora, quando examinamos tradições "de dentro", devemos adotar as ideias e os procedimentos dos participantes e tentar reconstruir o mundo como este lhes parece (seu "mundo fenomenal"). Se os participantes não distinguem o objeto real e o objeto teórico, então nós também não devemos estabelecer essa distinção, e as "interpretações sintomáticas" (p.328s.), que importam critérios externos, estão fora. Essa é a razão pela qual eu muitas vezes desconsidero a distinção entre objeto real e objeto teórico e pela qual eu ocasionalmente também desconsidero a distinção entre percepção e objeto teórico. Não sou eu que "combino" aquilo que deve ser mantido separado, são os CS que combinam as explicações externas e as explicações internas e introduzem critérios e distinções externas onde elas não têm lugar.

Finalmente, por que deveriam o "objeto real" e o "objeto teórico" estar separados? Quais são os motivos que nossos críticos supercríticos podem nos dar para essa distinção? Eles não nos dão nenhum. Dizem que a distinção ocorre no Marxismo – e param por aí. Portanto, mesmo que sua crítica conseguisse atingir o alvo, ou seja, eu (e vimos, em inúmeras ocasiões, que ela não consegue fazer isso), isso apenas demonstraria que não sou um marxista, e não que não estou certo. O peso *dessa* crítica, no entanto, é facilmente suportável.

[39] A popularidade não é necessária para a cognição, mas sim para o conhecimento desta.

longe e zombam do "mito da criação" (p.265), que considera os indivíduos pontos de partida para as ideias. Para eles, dúvidas, sonhos e sensações de descontentamento são eventos periféricos que *acompanham* um processo teórico objetivo mas não o *orientam*.

> Os indivíduos são... 'portadores' da relação do processo de produção teórica no qual estão envolvidos. Suas ações, crenças etc. podem ser parcialmente explicadas com referência a esse processo, mas não o contrário (p.271).

Essa visão é o último obstáculo em nosso caminho.

Para remover o obstáculo admitimos que as tradições, as teorias e os problemas obedecem a leis próprias, mas acrescentamos que seu desenvolvimento não é governado exclusivamente por essas leis. A melhor maneira de mostrar isso é por meio de uma *analogia com o computador*.[40]

Os computadores podem solucionar alguns problemas, mas não outros, e ocasionalmente param de funcionar. Lidamos com essas dificuldades consertando-os, isto é, mudando sua estrutura e/ou seu programa, embora não drasticamente, ou então os substituindo. Substituir um computador significa construir um computador com um programa diferente e uma estrutura básica também diferente, em parte usando material novo, em parte o hardware do computador que está sendo substituído. A substituição é precedida por projetos (metafísica no caso de tradições científicas) e há fases em que o computador-padrão opera ao lado de novos computadores que estão funcionando apenas parcialmente e que são construídos segundo projetos promissores, embora, ainda assim, quebrem com frequência. Vamos considerar uma situação em que temos um computador-padrão com dificuldades claramente identificáveis, projetos alternativos que relacionam as dificuldades com as características básicas de sua estrutura e programa, uma concretização de algum projeto em funcionamento parcial que parece operar bem em algumas áreas, não tem absolutamente nenhuma reação em outras (embora essas outras áreas

---

[40] Isso objetiva o conhecimento, tornando-o relativamente estável e independente de sentimentos subjetivos, mas sem qualquer ascensão a um "Terceiro Mundo". Cf. nota 22 de minha crítica de *Objective Knowledge, Inquiry*, v.17, 1975.

também possam fazer parte do funcionamento do computador-padrão), bem como medidas provisórias para as dificuldades do computador-padrão (exemplo: o computador-padrão = teoria do campo quântico; as medidas provisórias = renormalização; a alternativa = teorias de variáveis ocultas). Continuaremos a usar o computador-padrão, iremos abandoná-lo e concentrar-nos no desenvolvimento de seu rival, tentaremos desenvolver ainda outros rivais, nos envolveremos em todas essas coisas ao mesmo tempo, ou que outra coisa faremos? Aqui está um problema genuíno. Qual é a solução?

A solução não é difícil se existir um supercomputador lidando com os méritos relativos de computadores e produzindo diretrizes para seu desenvolvimento. Deixamos o problema para ele e ele pode nos dar uma resposta sem ambiguidade. O desenvolvimento teórico (o trabalho do supercomputador), e não a decisão pessoal, decide o que vai acontecer. É claro que o problema eventualmente irá ocorrer outra vez em um nível mais elevado e assim por diante. Ora, eu presumo que o *processo histórico consiste apenas de um número finito de "níveis" desse tipo*. Resultados na teoria da decisão mostram que nem todos os problemas de computadores de nível n podem ser solucionados por computadores de nível $n - i$, para qualquer valor de i. Portanto, temos de admitir que desenvolvimentos históricos decisivos são ou eventos acidentais *ou nós devemos introduzir o indivíduo como um agente causal que muda aspectos das tradições e produz revoluções*. A última interpretação significa, é claro, que sonhos, sentimentos de dúvida e ideias "subjetivas" periféricas funcionam como já foi descrito: elas não apenas *refletem* a mudança social, mas podem também *iniciá-la*. Adotarei essa interpretação. Como resultado, agora podemos dizer que o mundo é constituído de tal maneira que qualquer tentativa de libertação subjetiva, qualquer tentativa de desenvolver nosso próprio ser, tem uma chance real (e não apenas uma possibilidade lógica) de contribuir para a libertação social e para aprimorar nossa compreensão do mundo verdadeiro.[41]

---

[41] A premissa relacionada com o número de níveis deve, é claro, ser confirmada por um estudo mais detalhado das revoluções científicas (e outros tumultos) do que aquele que está disponível para nós agora. Devemos examinar a *mente* dos participantes, suas memórias, seus hábitos, suas convicções, seus sonhos. Devemos tentar encontrar elos que conectem esses elementos e a atividade teórica em que estão envolvidos e devemos examinar essa ati-

3. Sobre a liberdade

Os CS dizem que eu presumo a liberdade absoluta. Eu digo que a liberdade absoluta é uma abstração que não é encontrada neste mundo, mas que a liberdade condicional é possível, desejável e deve ser procurada. Digo também que, em nosso mundo, a liberdade condicional não é apenas um luxo – embora não haja nenhum motivo para evitarmos o luxo –, mas uma maneira de chegar a conhecer novas características do mundo. E é extremamente difícil de conseguir. Para falar temos de internalizar uma língua, para pensar temos de absorver outras relações teóricas, para agir e ser bem-sucedidos temos de estar familiarizados com os humores, as exigências, os truques da sociedade e devemos ser capazes de reagir sem refletir ou a reflexão pode nem começar. Nossa mente e nosso corpo estão limitados de várias maneiras. Nem nossa educação nos ajuda a diminuir

---

vidade teórica em muito mais detalhes (a análise mais recente de Stillman Drake de algum MSS Galileu é exemplar no último aspecto). Depois vem o estudo do papel de indivíduos essenciais *em sua profissão*. Qual era sua credibilidade, quem os ouvia, até que ponto eles podiam distender sua reputação e, ainda assim, ser levados a sério, até que ponto eles realmente distenderam sua reputação? Isso nos dá alguns elos entre sua atividade teórica e o *status quo* em sua profissão. (Aqui podemos descobrir que não eram os argumentos que importavam, mas a reputação pura e simples.) A seguir vem o exame do papel da profissão na sociedade como um todo e o efeito retroativo, na profissão, dos eventos externos ao sujeito. Protestantes, como Maestlin, considerariam a reforma do calendário do papa com olhos diferentes dos católicos (hoje, cientistas nas agências de proteção do Governo consideram a evidência de uma maneira diferente dos cientistas contratados pelo mundo de negócios e, com isso, chegam a conclusões distintas. Isso foi confirmado por uma série de estudos extremamente interessantes. Cf. "Behind the Mask of Objective Science" em *The Sciences*, nov./dez. 1976). As forças são pequenas e continuam despercebidas por aqueles que aumentam os efeitos da razão, a tal ponto que nada mais pode ser visto, mas forças pequenas que passam por amplificadores, como homens inteligentes com uma boa reputação, podem ter grandes efeitos. Nenhuma dessas coisas é acessível àqueles que atuam com base em uma ideia preconcebida do método, que insistem em uma separação das coisas internas e externas e outras restrições semelhantes. Não é nenhuma surpresa que o debate continue eternamente.

Considerando as premissas no texto, podemos, é claro, usar a teoria que emerge de uma conflagração ou alguma teoria posterior para projetar uma estrutura subjacente na própria conflagração e, assim, revelar "desenvolvimentos inevitáveis". Mas o argumento é de que a teoria racionalizadora não estava presente à época da conflagração e não podia dar estrutura às ações dos participantes. Essas ações, portanto, eram causas primárias genuínas.

essas restrições. Desde a infância somos submetidos a um processo de socialização e aculturação (usar palavras feias para um processo feio) diante do qual o processo de treinamento de animais domésticos, animais de circo e cães policiais é mera brincadeira de criança. Os dons humanos mais nobres, o talento para a amizade, para a confiança, a necessidade de companheirismo, a vontade de agradar que irá fazer *outras* pessoas felizes são mal utilizados e corrompidos neste processo por professores que têm apenas uma fração dos talentos, da inventividade e do encanto de seus alunos. Eles não estão totalmente inconscientes de suas deficiências e, por isso, se vingam. Pois seu único objetivo – a ambição de sua vida – é reduzir os alunos a seu próprio estado de esqualidez e estupidez. Até os professores inteligentes e compreensivos não *protegem* seus alunos de serem soterrados pelo material que supostamente devem absorver. Eles apenas tentam fazer que a aquisição desse material seja *mais fácil* e, assim, colocam a liberdade em uma situação desvantajosa desde o começo. Qual é o resultado dessa educação? Nós o encontramos diariamente em nossas universidades: não entidades servis que tentam inutilmente identificar a fonte de sua infelicidade e que passam o resto da vida tentando "se encontrar". O que eles realmente encontram quando continuam com seus estudos é que a falta de perspectiva é de fato "responsabilidade do pensamento", que a ignorância é na verdade "competência profissional" e que a constipação mental é "erudição". Com isso, o ensino básico dá as mãos à educação secundária para produzir indivíduos que são extremamente limitados, privados de liberdade em suas perspectivas, embora de forma alguma não em sua determinação de impor limitações aos outros sob o nome de conhecimento. Vocês alguma vez já viram um gatinho encarar um objeto estranho? Todo o seu ser é afetado como se lhe pedissem que se tornasse diferente de si mesmo. Os professores e "as pessoas que sabem" são afetados dessa mesma forma, mas aprenderam a lançar seu desconforto sobre o mundo como desaprovação e desprezo. Mas não nos deixemos ficar muito tempo com as universidades, pois a situação é igual nas igrejas, na política, nos estabelecimentos militares. Em todas as partes as pessoas sem esperança arrancam a esperança daqueles que ainda a têm, encorajam-nos, atormentam-nos e usam de persuasão para convencê-los a "encarar a realidade" e, assim, garantir que o mundo nunca vai ficar sem pessoas como eles.

O mau trato da mente é acompanhado pelo mau trato do corpo. A Ciência médica agora já se transformou em um negócio cujo objetivo não é restaurar o *estado natural* do organismo doente, mas sim fabricar um *estado artificial* em que os elementos indesejáveis já não ocorrem mais. Ela triunfa em áreas de intervenção cirúrgica e é quase totalmente impotente quando se depara com distúrbios que envolvem o equilíbrio do organismo, como é o caso de certas formas de câncer. A abordagem tecnológica, com sua desconfiança da natureza incorporada, sua crença arrogante na excelência da Ciência e sua determinação de refazer o homem e a natureza à sua própria imagem, naturalmente é a favor de cirurgia, mesmo nos casos menos importantes que poderiam ser facilmente tratados por outros meios. Milhares de mulheres perderam seus seios quando eles poderiam ter sido curados por simples massagens, dieta, acupuntura e tratamento com ervas. Há vários motivos pelos quais essa incompetência fantástica da Medicina científica moderna continua escondida do público. Primeiro, a Medicina moderna define seus próprios padrões. Um corpo mutilado que mal pode se arrastar e que precisa ser sustentado por pílulas, injeções, hemodiálise e, ocasionalmente, segundas operações é "o melhor que a Ciência moderna pode fazer por você". Um segundo motivo é que a enorme quantidade de pesquisa que está sendo realizada e que, como o Vietnã, sempre oferece a promessa de um "avanço" dá respeitabilidade àquilo que, sem isso, não seria nada mais que um trabalho sistematicamente malfeito. Terceiro, não devemos esquecer o fascínio que as pessoas têm por engenhocas. A maquinaria usada pela Medicina moderna é muitas vezes supérflua; qualquer médico na China rural pode diagnosticar com mais eficiência por meio do pulso, da urina, da textura da pele e daquilo que diz o paciente – mas quem hoje em dia vai preferir a engenhosidade humana pura e sem adulterações em vez da exibição tecnológica? Depois, há a televisão, onde a vida profissional incompreensível e maravilhosa dos dedicados bombeiros do corpo é combinada com sua vida privada compreensível e nada maravilhosa, criando assim uma mistura estranha e extremamente atraente de serviço público e tragédia pessoal. Finalmente e de maior importância: faltam à Medicina científica moderna *as verificações externas necessárias*. *Temos* as tradições que poderiam expor suas chamadas produções. Mas não é permitido trabalhar essas tradições: matar de maneira científica é legal, enquanto curar de maneira não científica é ilegal.[42] *Esta* é a realidade (apenas uma parte microscópica dela!) a que temos de nos dirigir, esta é a realidade que os CS cultuam em sua ideia de uma prática, este é o mundo que eles defendem zombando dos que buscam uma vida mais agradável. É verdade que o Marxismo em determinado momento foi por um caminho diferente e tinha objetivos diversos. Mas a visão de seus fundadores agora se transformou em uma doutrina, seus *insights* foram enterrados em notas de rodapé e o pequeno grupo de humanitários se transformou em um enxame de intelectuais que criticam outros intelectuais e são censurados por ainda outros intelectuais, uma linha lacrimosa aqui e ali que substitui o humanitarismo que está ausente de todo o empreendimento.

Diante desses assassinos de mentes e traficantes da Razão, diante desses mutiladores científicos do corpo e do espírito, eu tento defender a liberdade do indivíduo, seu direito de viver como lhe pareça, seu direito de adotar a tradição que ele venera, seu direito de rejeitar a "Verdade", a "Responsabilidade", a "Razão", a "Ciência", as "Condições Sociais" e todas as outras invenções de nossos intelectuais, e também seu direito a uma educação que não o transforme em um macaco triste, um "portador" do *status quo*, mas em uma pessoa capaz de fazer uma escolha e de basear toda sua vida nela. Eu *defendo* esse direito – mas como ele pode ser *concretizado*? E será que a tentativa de realizá-lo não irá criar um desastre ainda pior que aquele em que já nos encontramos?

A primeira resposta a essas perguntas é que as tradições que dão aos indivíduos um lar longe de seu "lar" oferecido pelas sociedades científico-industriais e, assim, permitem que eles examinem essas sociedades, em vez de apenas viver nelas, já existem. Tradições tribais e tradições de impérios não ocidentais sobreviveram ao ataque destrutivo e ao chauvinismo

---

[42] A acupuntura pode hoje ser praticada na Califórnia por pessoas que não são formadas em Medicina. No entanto, enquanto um médico pode praticar fora de sua especialidade, o acupunturista precisa de uma licença adicional como nutricionista se quiser prescrever uma dieta, outra licença se ele recomendar chás e ainda outra se fizer massagens. O dinheiro, é claro, é a consideração primordial. Mas há também a ideia de que uma pessoa que passou por uma educação pseudocientífica está em melhor forma para avaliar as coisas do que uma pessoa que não o fez. Os fatos, no entanto, mostram que não é bem assim.

educacional dos conquistadores ocidentais e ganharam mais importância hoje, quando novas classes e novas raças entram na luz do dia da vida cívica. Não sobreviveram em sua forma original e algumas delas tiveram de ser reconstruídas de vestígios escassos – mas há material suficiente *e disposição* para construir alternativas à "corrente principal" da cultura ocidental (que inclui a Rússia comunista). É interessante ver que tanto liberais quanto marxistas dão pouca importância a essas tradições. Eles as examinam, as estudam, escrevem sobre elas, as interpretam, as usam para apoiar suas próprias ideologias, mas nunca lhes concederiam um papel fundamental na educação e nunca lhes permitiriam deslocar a Ciência do papel central que ela assume hoje. Esse dogmatismo só é percebido raramente, pois nada é mais popular hoje em dia do que elogiar a arte primitiva, a música negra, a Filosofia chinesa, as histórias indianas e assim por diante. O que não se percebe, nem mesmo pelas próprias culturas e raças envolvidas, é que grande parte dessa chamada Arte era também uma Ciência, continha visões do mundo e regras para a sobrevivência nele. O que os intérpretes nos mostram hoje é uma versão truncada dessas visões do mundo, que faz delas brinquedos maravilhosos para os intelectuais (marxistas, psicanalistas etc.), mas os mesmos intelectuais rejeitariam essas visões no momento em que elas se afirmassem com plena força: *"Igualdade racial" não significa igualdade de tradições e de conquistas; significa igualdade de acesso a posições na sociedade do homem branco.*[43] Ela presume a superioridade dessas sociedades e com magnanimidade concede permissão para entrar nelas *nos próprios termos*. Um homem negro, um indiano pode se tornar um médico especialista, pode se tornar um físico, um político, pode progredir para posições de eminência e poder em todos esses campos, mas não pode praticar as disciplinas "científicas" que são parte de sua própria tradição, nem para si mesmo nem para seus cotradicionalistas. A Medicina Hopi é proibida, para os Hopi e também para qualquer outra pessoa. Essa atitude é compartilhada por marxistas e por liberais. Ela depende de uma crença não examinada na excelência da Ciência e do Racionalismo ocidentais. Depende de uma crença não

---

[43] No momento, estou descrevendo principalmente a situação nos Estados Unidos – mas a ideologia que a subjaz é muito mais ampla.

examinada das conquistas do Homem Branco no domínio da Ciência e do conhecimento em geral.[44]

Mas essas conquistas – e, com isso, chego ao segundo ponto – são muito menores do que anunciam. O circo tecnológico é muitas vezes redundante e procedimentos alternativos, muitas vezes superiores. Se juntarmos isso com as considerações feitas na última seção, isso significa que as tradições que diferem da Ciência não são bolsões de desconsideração intencional da "realidade", mas sim modos diferentes de lidar com o real ou explicações de partes da realidade que são inacessíveis à Ciência. Além disso, não há motivo para que pessoas adultas que têm tradições próprias devam prestar atenção àquilo que outros chamam de "realidade", especialmente tendo em vista o fato de a abordagem científica à realidade respeitar apenas a eficiência e a adequação teórica, sem se importar com o dano que possa fazer ao espírito do homem, enquanto tradições mais antigas tentam preservar a integridade humana e da natureza. Podemos aprender muito com as tradições não ocidentais, tanto em eficiência quanto em humanidade.[45] E podemos ganhar muito se deixarmos que essas tradições habitem livremente em nosso meio em vez de mutilá-las com "interpretações" racionalistas ou marxistas.

É claro também que a *liberdade pessoal* será acentuada pela possibilidade de fazer uma escolha entre formas diferentes de vida. O homem, afinal, deve ser capaz de fazer mais do que *imitar* seu ambiente. Ele deve também ser capaz de olhar *através dele*, reconhecer seus erros, assim como suas vantagens, e, com isso, tornar-se um membro consciente de sua tradi-

---

[44] Com a libertação das mulheres a situação é exatamente a mesma. A maioria delas faz um tremendo esforço para conseguir acesso a posições definidas como masculinas para que possam ser capazes de repetir e, considerando sua verve, talvez até amplificar o idiotismo masculino.

[45] Isso foi percebido pelos comunistas chineses, que obrigaram hospitais e faculdades de Medicina a usarem a Medicina tradicional lado a lado com a Medicina ocidental. Meios semelhantes terão que ser usados pelos governos democráticos do Ocidente, pois não há nenhuma esperança de que a "dialética interna" da Medicina ocidental levará a uma atitude igualmente esclarecida. Há muita coisa em jogo, tanto financeiramente quanto com relação à "reputação" da Ciência ocidental. Os governos, no entanto, têm o dever de fornecer os melhores ambientes que possam ser obtidos com meios humanos para seus cidadãos. Cf. CM, p.50 [63].

ção, em vez de um boneco empurrado pelo fluxo da História.[46] A presença de tradições diferentes da nossa permite que ele adquira essa consciência e, com ela, certa quantidade de liberdade *intelectual*. Mas sonhos, pensamentos periféricos e um vago descontentamento agora também deixam de ser aflições subjetivas e passam a ser possíveis caminhos para a realidade. Esses caminhos podem ser expandidos para formar um domínio público, podem se tornar práticas poderosas que acentuam a libertação *material e emocional* do homem, mas podem também permanecer como um negócio privado de uns poucos. De qualquer forma – todos os homens hoje têm uma oportunidade de combinar a própria autolibertação com uma mudança social objetiva e, desse modo, com a libertação de outros. Vamos construir sociedades nas quais essa combinação passe a ser parte da vida normal!

4. Por que se importar?

Os CS perguntam por que um anarquista deveria prestar atenção à irracionalidade de seus críticos (nota 218) e, com isso, presumem que sou um anarquista. Não estou ciente de ter feito essa confissão em qualquer parte de meu livro. Digo que o livro foi escrito

> na convicção de que o anarquismo... é um remédio excelente para a Epistemologia e para a Filosofia da Ciência (CM, p.18 [31]),

mas, é claro, me reservo o direito de não agir de acordo com essa convicção e com frequência faço uso desse direito: minha vida particular e meu livro são duas coisas diferentes. Eu achei que AE era uma ideia interessante, perguntei-me até que ponto ela poderia ser desenvolvida, descobri que a "racionalidade" não oferece quaisquer argumentos contra ela (e isso hoje quer dizer tanto a racionalidade do Metodismo quanto a "racionalidade" dos CS) e que a Ciência tem muitos traços anarquistas. Para mim, isso

---

[46] Obter uma separação (parcial) do homem e de seu habitat social e, assim, permitir que ele veja as limitações daquele habitat é um dos objetivos principais do método de Brecht de *Verfremdung* (distanciamento).

significa que a Razão desempenha um papel muito menor nos negócios humanos, e até mesmo nos negócios da Ciência, do que nossos intelectuais presumem e que isso deixa espaço para o desenvolvimento de uma grande variedade de formas de vida. Além disso, o mundo em que vivemos pode dar substância a diversas abordagens e, portanto, cabe a nós sermos ou disciplinados, isto é, continuar como "portadores" de uma tradição bem definida, ou dadaístas, isto é, dar um salto no vazio fora de todas as tradições. Quanto a mim, eu prefiro um modo de vida disciplinado, em parte por razões de saúde, em parte porque me confundo facilmente com o caos, embora esteja bastante ciente de ter feito uso de seus aspectos criativos. Todas essas possibilidades estão além dos CS. Eles revelam suas mentes. Não conseguem imaginar que um escritor possa redigir uma explicação de um tipo de vida, viver outro, pertencer a um grupo que está relacionado com outro e fazer propaganda para um estilo que é diferente de todos esses três. Para eles, o ser humano é como uma estátua feita de areia e posta para secar: basta tocá-la em algum lugar e ela se desintegra totalmente.[47]

Segundo, é óbvio que um anarquista não é obrigado a desconsiderar argumentos. Argumentos não são abolidos, apenas têm restrições em seu uso. "Vale tudo", afinal, significa que argumentos também valem.

Terceiro, é extremamente interessante ver como os racionalistas reagem a um produto como meu livro. Eles querem argumentos e nada mais. Meu livro está dirigido a muitas pessoas e, portanto, contém muitos expedientes diferentes. Há argumentos para fazer os racionalistas se sentirem em casa, árias em vários tons para satisfazer o leitor mais dramático, contos de fadas para atrair o romântico, há retórica para aqueles que gostam de um debate vigoroso sem quaisquer restrições, há comentários pessoais para as pessoas que sentem corretamente – que as ideias são feitas pelos homens e que as entenderemos melhor quanto maior for nosso conhecimento das mentes que as criam. Ora, o estranho é que praticamente nenhum dos racionalistas autodenominados que leram o livro *reconheceu* os argumentos ou *respondeu* a eles, e as respostas que foram dadas são, no mínimo, patéticas (cf. Seção 1 anterior). Além disso, eles muitas vezes se queixaram das árias e da retórica

---

[47] Um erro semelhante é cometido por aqueles que me consideram um popperiano, ou um antigo popperiano.

(que ocupam menos de um décimo do livro) como se um autor tivesse a obrigação de agradar somente a eles e a ninguém mais. Não reconheço essa obrigação e, mesmo que a reconhecesse, seria inútil que eu tentasse agir de acordo com ela, pois os racionalistas raramente obedecem aos padrões que tentam impor aos demais.

A resenha de Gellner, mencionada pelos CS, é um exemplo disso. Foi publicada no *British Journal for the Philosophy of Science,* o órgão do partido do Racionalismo crítico e organizado por J. W. N. Watkins, o severo zelador do templo popperiano. Na primeira página da resenha, Gellner confessa que a História e a Filosofia da Ciência (que são as áreas cobertas pela publicação) são coisas que ele não compreende, o que significa, em qualquer explicação sensata da questão ("sensata" nos termos de J. W. N. Watkins, não nos meus), que ele é incompetente para criticar CM. Ele é incompetente também por outras razões. Nunca ouviu falar de um *reductio ad absurdum* e não sabe ler o inglês corrente.[48] Além disso, faz uma barbeiragem interessante nas citações. Ele me cita, mas omite um "não" aqui e um "mas" acolá e, com isso, dá um sentido oposto a algumas de minhas afirmações. Ora, isso não é um fato interessante? Não é um fato interessante que racionalistas críticos sob fogo não lutem eles próprios, mas mandem ignorantes para as trincheiras? Não há dúvida de que fazem isso a fim de preservar o número cada vez menor de racionalistas irredutíveis que ainda não desempenharam papel de bobo em suas publicações. Eu achei que tudo isso era muito interessante e também que merecia ser conhecido por um público mais amplo – por isso escrevi minha resposta.

Meus motivos para responder aos CS são um pouco diferentes. Quando finalmente os conheci, eu já tinha lido um número considerável de resenhas. Descobri que quase todos os críticos abordam o livro de acordo com certo padrão. (1) Eles presumem que um autor, quando apresenta uma posição, revela seus pensamentos mais íntimos: ou seja, todos os livros são autobiográficos; (2) eles estendem essa premissa até as partes mais abstratas do livro e, com isso, interpretam argumentos indiretos como argumentos diretos e assim por diante; (3) eles presumem que aquilo que uma pessoa diz ou faz forma uma unidade psicoconceitual, um "sistema"

---

[48] Cf. minha resposta da p. 140ss. citada.

que pode ser explicado em termos simples, de forma que a explosão do sistema é igual a explodir o livro todo; e (4) eles raramente sabem ler, ou se lembram daquilo que leram. Achei também interessante descrever esse padrão, pois ele é bastante comum e pode explicar certas características da mudança científica e de outros tipos de mudança.

No caso dos CS, o item (3) tem o apoio da ideologia dos críticos, que é o Marxismo vulgar. O Marxismo vulgar fornece estereótipos simples e manipuláveis, uma espécie de kit de pensamento para pobres. Tendo formado uma vaga impressão de CM, os CS escolhem um estereótipo adequado. Desconsiderando as sutilezas dos argumentos, a ironia, a linguagem indireta e outras características do discurso civilizado, eles só percebem as ideias que se encaixam com o estereótipo.[49] Portanto, agora eles entendem

---

[49] Para dar à sua "análise" um ar de sutileza, eles a enfeitam com "evidência" originária de apartes e comentários pessoais meus. Alguns de seus comentários sobre esses pedaços de *feyerabendianismos* (que para eles se tornaram indicadores profundamente significativos) revelam sua incapacidade normal para reconhecer as pressuposições de uma afirmação ou de uma posição. Por exemplo, recomendo a separação do Estado e da Ciência, mas também que o Estado intervenha quando a Ciência perder o controle. Os CS (nota 203) inferem que eu tenho uma visão "peculiarmente contraditória do Estado". Mas a intervenção é compatível com a separação se ela tenta introduzi-la, protegê-la ou restaurá-la ao ser transgredida. Em outros comentários os CS rejeitam minha crítica porque é contra a linha de seu partido. Assim, fiz alguns comentários sarcásticos sobre as ações de estudantes esquerdistas durante a revolução estudantil do final dos anos 1960. Os CS não perguntam quais foram essas ações, simplesmente dizem que me falta compreensão política (nota 206). Isso significa que a "ação radical" é boa e um crítico da "ação radical" é um idiota, independentemente dos detalhes da ação? Será que a pura estupidez deixa de ser pura estupidez se for praticada por "radicais" portadores do cartão do partido? Tive a oportunidade de observar estudantes radicais de perto em Berkeley, Londres e Berlim. Muitas vezes conversei com eles e fiquei chocado com sua inocência tática, seu puritanismo e seu anti-humanitarismo. Especialmente em Berkeley, os oponentes não eram considerados pessoas que precisavam de *informação*, eram desprezados e ridicularizados. A masturbação política era a ordem do dia até Ronald Reagan, que sabia muito bem como fazer uso dessa incompetência, varrer todo aquele negócio para fora do palco como um pesadelo. Para ser um reformador não é suficiente ter boas intenções; precisamos saber também algumas poucas coisas, devemos ser capazes de adaptar teorias abstratas a eventos concretos e, acima de tudo, devemos respeitar as pessoas, inclusive os oponentes. A seguir, os CS desencavam eventos antigos para completar o retrato que fazem de mim: eu traduzi *Open Society*, de Popper, "sua contribuição principal para a Guerra Fria" (nota 216). Uma vez mais, não há qualquer análise (por exemplo, eu poderia ter traduzido o livro para expor Popper aos marxistas alemães, que eram fascinados por sua epistemologia e precisavam

meus motivos e têm evidência independente para eles. O próximo passo é a avaliação moral ou, para usar termos mais simples, os insultos. Parte deles é divertida: os CS me chamam de parasita à margem da classe por causa de minhas piadas, o que significa que a vida deve ser bastante monótona no centro das classes. Grande parte dos insultos é da safra-padrão do Marxismo vulgar, como falado por marxistas em filmes B sobre os feitos heroicos do FBI. Não há qualquer análise, qualquer sutileza, apenas a imagem embaçada de um oponente, uma lembrança vaga de *slogans* do partido e *bang*! Lá vai o tiro de canhão. O canhão nem sempre é dos próprios CS, eles ocasionalmente têm de pedir alguma coisa emprestada e pedem a Gellner, o arquirreacionário. Ora, Gellner me chama de parasita porque acha que quero explorar cientistas, mas sem recompensá-los de forma adequada. O que de fato sugiro é que cientistas sejam usados, pagos adequadamente e elogiados também de maneira apropriada, mas que já não lhes seja permitido moldar a sociedade à sua imagem. A moldagem da sociedade deve ser feita por seus cidadãos, não por intelectuais famintos de poder. Gellner cita a passagem, extrai dela a parte que se refere às recompensas e elogios e lança sua acusação de parasitismo. Os CS, que precisam apenas de uma única palavra para tomar um novo rumo, aceitam agradecidos a palavra "parasita" e a acrescentam a seu estereótipo. E, assim, a vanguarda ignorante do proletariado dá as mãos à retaguarda ignorante da reação para propor: PKF o parasita. Agora, examinemos essa acusação um pouco mais de perto, por mais cômicas que sejam as razões nas quais ela é baseada. Sou um parasita – mas não estou ciente de que os CS obtêm sua renda de uma maneira mais cansativa do que eu. Eles dão aula em universidades, exatamente como eu; eles passam o tempo escrevendo ensaios, resenhas, exatamente como eu; por meio de seus agradecimentos percebo que têm

---

acordar – este *não* foi meu motivo, mas poderia ter sido), apenas a coleção de fatos grosseiros e sua adição ao estereótipo (eu me pergunto o que os CS teriam dito se soubessem que eu adorava brincar com soldadinhos de chumbo quando era criança, fui tenente no exército alemão quando era um pouco maior e vejo pelo menos um filme de samurais por semana?). O Marxismo deve estar em um triste estado se fantasias inarticuladas podem ser consideradas conhecimento e se um trabalho de cortar e colar estereótipos, fatos não interpretados, passagens lidas erroneamente e argumentos incompreendidos pode se fazer passar por análise.

datilógrafas para digitar seus manuscritos e bodes expiatórios para discussões, que é mais do que eu tenho, pois digito meus próprios manuscritos e nunca incomodo ninguém com minhas ideias – portanto, em que se baseia essa acusação de parasitismo? Será que uma pessoa que vive como parasita deixa de ser um parasita quando começa a escrever ensaios marxistas, ou será que esses críticos estão simplesmente incomodados porque ganho mais e me levo menos a sério do que eles o fazem? Não sei. O que *realmente* sei é que é interessante ver como marxistas, racionalistas e outros intelectuais hoje em dia defendem seus respectivos galinheiros e perceber que seus métodos de defesa estão de acordo com aquilo que digo sobre "mudança racional" em CM. E esse é o motivo pelo qual respondi aos CS.[50]

---

[50] O editor me informa que os CS fizeram mudanças e cortes em suas provas. Naturalmente não me foi possível levar isso em consideração.

Capítulo 4

Do profissionalismo incompetente à incompetência profissionalizada – o surgimento de uma nova raça de intelectuais

I. Um problema

Contra o método foi meu primeiro livro e o primeiro trabalho cujas resenhas eu estudei de uma maneira mais ou menos pormenorizada. No decorrer desse estudo descobri duas coisas. Muitos críticos são pessoas "jovens" cuja carreira começou há uma ou duas gerações (acadêmicas) após a era Kuhn-Lakatos, e suas resenhas (com algumas raras exceções aqui e ali) têm certas características em comum. Achei essas características interessantes, surpreendentes e bastante inquietantes e decidi examiná-las mais de perto. Relatórios preliminares daquilo que encontrei são minhas respostas a Agassi, Gellner, Curthoys e Suchting (CS) e Hellman.[1] Quando escrevi minhas respostas, achei que estava me defrontando com incompetência individual: os eruditos cavalheiros (e a única dama erudita que entrou na dança) não eram muito inteligentes, mas um tanto mal informados e, por isso, tinham naturalmente feito papel de bobos. Desde então percebi que

---

[1] A resenha de Hellman foi publicada em *Metaphilosophy*, 1978. Este texto foi publicado pela primeira vez em *Philosophy of the Social Sciences*, em 1978. As resenhas a que esta nota se refere foram publicadas no número do outono de 1977 da mesma publicação. A Seção 3 foi reescrita e existem omissões grandes em outras seções.

essa é uma maneira um tanto superficial de olhar as coisas. Pois os erros que percebi e critiquei não ocorrem simplesmente nessa ou naquela outra resenha, eles estão bastante difundidos. E sua frequência não é apenas um acidente da História, uma falta temporária de intelecto, ela exibe um padrão. Falando de maneira paradoxal, podemos dizer que a incompetência, tendo sido padronizada, agora passou a ser uma parte essencial da excelência profissional. Já não temos profissionais incompetentes, temos incompetência profissionalizada.

A seguir, tentarei fazer duas coisas. Primeiro, tentarei expor parte do padrão de que estou falando. As três resenhas de meu livro nesta publicação fornecem um material excelente para essa tentativa. Segundo, tentarei explicar como esse padrão surgiu. Meu procedimento na primeira parte será afirmar teses e ilustrá-las com exemplos das resenhas (H: Hattiangadi; K: Kulka; T: Tibbets). Cada ilustração será acompanhada por observações críticas.

2. A evidência

Primeira tese: O discurso racional é apenas uma maneira de apresentar e examinar uma questão e, de forma alguma, a melhor delas. Nossos novos intelectuais não estão conscientes de suas limitações e da natureza das coisas externas.

É assim que T empreende sua crítica "com compreensível trepidação", porque acha que eu "já não sou receptivo aos padrões normais de racionalidade e sensatez". "É impossível", escreve ele,

> determinar quando ele deve ser levado a sério ou quando está sendo meramente absurdo para chocar e confundir os não dadaístas.

Realmente, isso é impossível – considerando nada mais que os critérios do filósofo da Ciência comum. Ao usar esses critérios e nada mais, é também impossível reconhecer ironia, metáfora, exagero lúdico. No entanto, autores que estudaram essas categorias, que as examinaram na obra de outros e que as usam em suas criações não estão nada perdidos, fazem suas avaliações com um número mínimo de erros e com facilidade total. É verdade que seus "critérios" não ocorrem nas obras-padrão sobre a Filosofia da Ciência. Mas esses critérios podem ser aprendidos, aplicados, aprimorados. Simplesmente não é verdade que um escritor que abandona o terreno do discurso racional deixa de fazer sentido e que um leitor que o acompanhe fica sem orientação, embora possa parecer assim para aqueles que só leram Popper e Carnap e nunca sequer ouviram falar de Lessing, Mencken e Tucholsky.

Enquanto T observa que eu nem sempre estou envolvido em um debate racional e infere que eu nem sempre faço sentido, K não reconhece essas distinções. Para ele, todas as afirmações são semelhantes a "o gato está no tapete". É difícil acreditar – mas ele realmente enche três páginas com argumentos para provar que minha dedicatória é falsa e que Imre Lakatos não era uma anarquista (Gellner, pelo menos, contentou-se com um pequeno sermão). Quem tinha a menor dúvida sobre *isso*? Quando CM estava pronto para ser publicado, Imre Lakatos e eu discutimos várias possibilidades para uma dedicatória. Eu sugeri: "Para Imre Lakatos, amigo e colega *racionalista*" – uma alusão irônica à suspeita muitas vezes expressa por Lakatos de que eu era um racionalista no âmago e ficaria horrorizado se todos se tornassem anarquistas (ele tinha razão). Depois, considerei dedicar o livro a três senhoras sedutoras que tinham quase impedido que eu o terminasse. Lakatos aprovou a ideia porque conhecia duas delas. A seguir sugeri "Para Imre Lakatos, amigo, e colega *anarquista*". Ele disse que estava "lisonjeado", contanto que a vírgula que eu tinha posto depois de "amigo" fosse removida (não foi).[2] Mal sabíamos nós, quando nos divertíamos dessa maneira leviana, que uma piada assim tão óbvia e transparente seria um belo dia cuidadosamente analisada e acusada de faltar à verdade em relação a seu conteúdo. No entanto, isso é precisamente o que K faz em sua resenha. Ele sabe que a maioria das pessoas a essa altura já está familiarizada com as ideias de Lakatos. Presume que estou ciente desse fato. Observa uma lacuna entre aquilo que eu digo e aquilo que a maioria das pessoas acredita e reconhece meu mérito em também perceber

---

[2] As cartas relevantes podem ser encontradas nos arquivos de Lakatos na Escola de Economia de Londres (LSE).

a lacuna. Até aqui, tudo bem. Mas agora ele presume que a única maneira de preencher uma lacuna entre duas coisas é por argumento e então diz que "tento *justificar* minha *acusação*" (de que Imre Lakatos é um anarquista). Ora, é bem verdade que meu livro faz uma crítica ao método de programas de pesquisa de Lakatos. Um dos resultados é que, embora Lakatos deteste irracionalidade e anarquismo, ele pode excluí-los apenas usando medidas que são irracionais de acordo com seus próprios padrões. Isso não faz dele um anarquista ou um irracionalista: faz dele um racionalista que, por acidente, acaba na irracionalidade. Por isso, nunca *acusei* Lakatos de anarquismo. Eu simplesmente *brinquei* com ele ao chamá-lo de "anarquista disfarçado" e ao dar-lhe as boas-vindas como aliado (inadvertido e sem vontade) na luta contra a Razão. Preenchi a lacuna percebida por K não por meio de um argumento, ou um argumento presumido; preenchi-a com uma *zombaria* e usei argumentos para dar substância à zombaria, e não para "justificar" argumentos factuais sobre a Filosofia de Lakatos. Desculpe, caro Tomas, se tudo isso confundiu você, mas deveria ter lido meu aviso, no prefácio, de que eu iria apresentar uma *carta* (não um livro "acadêmico", como diz H) para *Lakatos* (não para pedantes ignorantes) e que meu estilo seria o de uma carta. O que me leva à segunda tese.

Segunda tese: Embora nossos novos intelectuais louvem a virtude de um debate racional, raramente eles obedecem às próprias regras. Por exemplo, não leem aquilo que eles criticam e sua compreensão dos argumentos é das mais primitivas.

No Capítulo 2 de CM escrevo:

> Minha intenção não é substituir um conjunto de regras por outro conjunto semelhante; ao contrário, minha intenção é convencer o leitor de que *todas as metodologias, mesmo as mais óbvias, têm seus limites*. A melhor maneira de mostrar isso é demonstrar os limites e até a irracionalidade de algumas regras que certas pessoas provavelmente irão considerar como básicas. No caso da indução (inclusive indução por falsificação), isso significa demonstrar como o procedimento contraindutivo pode ser bem sustentado por argumentos:

contraindução, proliferação etc. não são introduzidas como novos métodos para *substituir* a indução ou a falsificação, mas como meios de mostrar os limites da indução, falsificação, invariância de significado e assim por diante. No entanto, K diz que eu tenho uma metodologia e que "vale tudo" é a "tese central"; T me coloca defendendo um pluralismo metodológico com a Ciência na superfície e o mito mais perto das profundidades da compreensão; e H diz que quero substituir a indução pela contraindução.

No mesmo capítulo enfatizo que não tenho a pretensão de saber o que é progresso, mas uso a explicação dada por meus oponentes. K interpreta isso como se eu estivesse dizendo que "não há tal coisa como progresso" e acha "estranho" que a noção ainda possa ocorrer em meus argumentos (será que ele nunca ouviu falar de *reductio ad absurdum*?). Enfatizo que vou usar procedimentos racionalistas, um argumento incluído para complicar as coisas para os racionalistas, e não porque amo argumentos; H diz que eu ainda não descartei inteiramente a sustentação do Racionalismo.

Esses exemplos, cujo número poderia ser facilmente aumentado, mostram que os críticos não só não sabem ler como não estão familiarizados com uma regra elementar da argumentação que já estava fora de moda quando Aristóteles escreveu *Topics*, ou seja, que um argumento não é uma confissão, e sim um instrumento destinado a constranger os oponentes. Tudo que é necessário para concretizar esse objetivo são (1) premissas que sejam aceitas pelo oponente (2) encadeamentos de ideias que levem das premissas às conclusões que (3) estão em conflito com as crenças do oponente. Nem (1), nem (2), nem (3) implicam que o autor do argumento também aceita as premissas ou o modelo de argumentação. No entanto, isso é o que os críticos presumem constantemente, apesar da ajuda adicional que eu lhes dou na forma de negações explícitas.[3]

Aqui está ainda outro exemplo para ilustrar a situação. K observa que Kuhn, Toulmin, Lakatos e eu tratamos fatos *históricos* como "vacas sagradas", émbora todos nós sejamos muito críticos com relação *a fatos*

---

[3] Por exemplo, nenhum dos meus críticos parece ter notado que eu introduzi "Anarquismo" como um *remédio*, não como uma Filosofia final, e que eu imagino a possibilidade de períodos em que o Racionalismo é preferível (fim do Capítulo 1).

em outras ocasiões. Não posso falar por Kuhn etc. (embora Elkana, sob cuja supervisão benevolente o ensaio foi escrito, deveria estar ciente disso no caso de Lakatos), mas quanto a mim a situação está clara como água. Analiso eventos concretos na Ciência antiga, nos períodos iniciais e tardios da Ciência moderna e produzo afirmações que podem ser consideradas descrições de fatos. Em nenhuma parte do livro considero essas descrições "vacas sagradas", isto é, inalteráveis e absolutas. É claro, eu as uso para solapar a premissa de que a Grande Ciência obedece a padrões universais, mas um uso assim é perfeitamente compatível com a possibilidade de elas serem hipóteses, ou "contos de fadas", como eu ocasionalmente as chamo. Os racionalistas críticos constantemente usam hipóteses ("afirmações básicas aceitas") para criticar outras hipóteses. Eu adoto esse procedimento (veja menção feita, sobre a regra elementar da argumentação) para criar dificuldades para sua Filosofia de estimação.

Além disso, não confronto regras e métodos com uma História que estaria separada deles. Convido os defensores das regras a introduzi-las no processo histórico em que estão interessados e depois predizer que elas irão distorcê-lo de uma maneira que lhes desagradará extremamente (os passos do balé clássico são lindos de ver, mas quem iria acreditar que podemos usá-los para escalar montanhas?).

Digo que grande parte da crítica revela uma incapacidade de ler e de entender argumentos simples. Talvez a culpa não seja dos críticos? Talvez as passagens que eu menciono e que eles não notam são ilhas mínimas em um oceano de afirmações que apontam para uma direção diferente? Vejamos!

Terceira tese: Os estudos históricos são tratados de uma maneira sumária ou são totalmente negligenciados mesmo quando constituem o núcleo de um argumento.

K apresenta meu caso da seguinte maneira: "Como não podemos conhecer nada com segurança, então não podemos conhecer nada e, portanto, todas as ideias têm o mesmo valor epistêmico", o que significa que eu argumento da incerteza para a ignorância. Em outra ocasião, K diz que Lakatos e eu tivemos sucesso em demonstrar que existem contraexemplos históricos para todos os padrões normativos que foram propostos como um método universal da Ciência

e também nos acusa, em uma passagem já descrita, de usar fatos históricos como "vacas sagradas". Eu argumento conforme a incerteza; eu argumento conforme as "vacas sagradas"; eu digo que não podemos conhecer nada, eu "demonstro" – é claro que K não sabe o que fazer com os estudos de caso.

Ele (e Elkana, cuja mão um tanto pesada fica mais perceptível nessa ocasião – por que ele não saiu e levou os golpes ele mesmo, em vez de se esconder por trás de um aluno?) tampouco os leu.

Continuando a passagem citada, ele escreve:

> Ou, para retornar à metodologia: já que não há nenhuma metodologia perfeita, todos os métodos são inúteis e, portanto, "vale tudo".

(T argumenta da mesma forma.) No entanto, em meus estudos de caso não só tento mostrar o *fracasso* das metodologias tradicionais, mas também que alguns procedimentos *ajudaram* os cientistas e, *portanto, devem ser usados. Critico alguns procedimentos, mas defendo e recomendo outros.* Assim, quando explico os passos complexos que Galileu dá em seu esforço para enfraquecer o argumento da torre, deixo bem claro que e por que era *sensato* proceder dessa maneira e por que os procedimentos recomendados por alguns racionalistas teriam sido desastrosos. Quase no final do Capítulo 17, indico que é um estudo assim de casos concretos, e não os áridos exercícios dos racionalistas, que deveria orientar um cientista e argumento a favor de um estudo antropológico e contra um estudo lógico de padrões. Nos capítulos 2, 12 e 17, mostro como e por que a estrutura do conhecimento e as leis do desenvolvimento humano, juntas com algumas simples premissas cosmológicas, favorecem uma abordagem histórica antropológica. Nenhuma dessas sugestões parece ter sido percebida por meus críticos, e isso apesar de sua discussão envolver mais da metade do meu livro. Tudo que eles percebem são meus sumários um tanto irônicos e a única afirmação positiva que eles encontram - e imediatamente ascendem-na, transformando-a em uma "tese central" ou um "princípio" da "metodologia de PKF" – é o slogan "vale tudo". Mas "vale tudo" não expressa qualquer convicção minha, é um sumário jocoso do predicamento do racionalista: se você quer padrões universais, digo eu, se você não pode viver sem princípios que se mantêm independentemente da situação, da forma do mundo, das exigências da pesquisa, das peculiaridades temperamentais, eu posso lhe dar um princípio assim. Ele será vazio, inútil e bastante ridículo – mas será um "princípio". Será o "princípio" de que "vale tudo".

Veja dois grupos de comentários antes de ir para a próxima tese.

(I) H tem uma maneira interessante de evitar discutir o Capítulo 17, que lida com a incomensurabilidade. Ele diz que eu concordo com Giedymin sobre a incomensurabilidade ser "pouco clara e insuficientemente precisa", que tenho muitas dificuldades com ela como "agora admito", que introduzo a incomensurabilidade "quase como uma reflexão posterior" e que ele, por essas razões, decidiu não discutir a questão, embora ela desempenhe um papel importante em sua explicação da "posição de Feyerabend". Mas, quando concordo com Giedymin sobre o fato de a incomensurabilidade ser "pouco clara e insuficientemente precisa", não aceito a crítica que vai com a frase, mas argumento que e por que maior claridade e maior precisão seriam desastrosas e o "agora" apenas mostra que H não leu o Capítulo 17; porque aqui afirmo ter solucionado as dificuldades que em determinado momento (o "agora" de H) eu percebi. E com relação à "reflexão posterior" posso bem imaginar por que o Capítulo 17 parece ser assim aos olhos de H: ele é principalmente histórico, as considerações filosóficas estão inseparavelmente ligadas com o caso que estou discutindo, e a História, a Antropologia e questões a elas relacionadas não são, é claro, mais do que "reflexões posteriores" para nossa raça de intelectuais.

H diz também que CM fracassa porque eu considero as teorias explicações e ele, um tanto constrangido, refere-se à sua própria obra em que essa premissa é abandonada. Mas as explicações não desempenham papel algum em CM. Elas desempenharam um papel em determinado momento, no ensaio que H analisa mais detalhadamente, mas já não ocorrem em CM: nem todos os autores carregam as poucas coisas que descobrem consigo como se fossem as economias de toda sua vida. H indica que o método nem sempre pode ser evitado – um cantor, por exemplo, deve cantar de certa maneira ou ficará rouco. Uma grande verdade! Mas esse "de certa maneira" não pode ser captado em regras fixas e estáveis e é por isso que existem várias *escolas* de canto e é também por isso que um cantor que infringe as regras básicas compartilhadas por quase todas as escolas pode, ainda assim, cantar melhor que seus colegas obedientes a regras (exemplo: o falecido Helge Roswaenge). Finalmente, H tenta dar profundidade à sua análise ao construir um contexto ideológico para minhas ideias. Ele acha que sou um romântico.[4] Realmente sou um romântico, mas não nesse sentido. Para ele o Romantismo é um anseio por antigas tradições e um amor pela imaginação e emoção. Eu digo que as tradições antigas deveriam ser mantidas não porque são *antigas*, mas porque são *diferentes* do *status quo*, porque nos permitem ver esse mesmo *status quo* em perspectiva e porque muitas pessoas ainda estão interessadas nelas e querem viver de acordo com elas. Também gosto da imaginação e da emoção, mas não quero que elas *substituam* a Razão; quero apenas que elas a *limitem* e a *complementem*. Isso, aliás, era a intenção dos verdadeiros românticos, como Novalis, e pós-românticos, como Heine. Eles são muito diferentes dos românticos dos livros escolares que H parece ter em mente (e que são, na maior parte das vezes, invenções de professores de Literatura confusos).

(2) K, de perfeito acordo com sua incapacidade de distinguir tipos diferentes de afirmações (veja o material da primeira tese), considera minha piada "vale tudo" um "princípio" básico da minha "metodologia" – mas também não tem muito sucesso com esse "princípio". Ele diz que esse "princípio" implica "não selecionar". Mas, se *vale tudo*, selecionar também vale. Ele diz que o princípio exclui a Razão científica. Mas, se vale tudo, então a Razão científica também vale. Ele diz que as pessoas a quem apresentarmos esse princípio deixarão de raciocinar. Aqueles que não podem pensar a menos que sejam orientados por algum líder, até mesmo um líder incorpóreo como uma regra metodológica, certamente estariam perdidos. Contudo, as pessoas com mentes independentes as usariam com vigor renovado. K diz que a Idade Média era bastante intolerante. Eu não disse que não era; disse que a Ciência agora adotou a tradição medieval de intolerância, mas rejeitou algumas das ideias maravilhosas sobre as quais

---

[4] Toulmin e outros tentaram exibir a extensão de suas leituras por meio de "análises" semelhantes.

os filósofos medievais eram intolerantes, e sugiro que essas ideias sejam utilizadas. (T também comenta que a feitiçaria é tão dogmática quanto a Ciência; pergunto-me se ele já a estudou. Mas eu, é claro, nunca neguei que o Dogmatismo pode ser encontrado fora das Ciências.) K diz que não está ciente de quaisquer descobertas extraordinárias antes do aparecimento da Ciência moderna e sugere que eu acredito que as coisas seriam melhores na ausência da Ciência. Tenho uma forte impressão de que ele não tem a menor ideia das coisas que ocorriam na Idade da Pedra ou no século XII – mas desde quando a ignorância passou a ser um argumento? Além disso, eu nunca disse que a intolerância era uma propriedade *exclusiva* da ciência. Só mencionei a ciência como um *bom exemplo* que *ainda está conosco*. K pergunta se eu teria uma atitude compreensiva e solidária se todos os meus ensaios fossem rejeitados. Eu não me importaria nem um pouco porque meu princípio não é (como o dele parece ser): sou publicado, portanto existo. (Por que, então, publiquei CM? Para provocar Lakatos, como eu disse no Prefácio.) K pergunta por que uso aviões e não vassouras para ir de um lugar a outro. Já respondi a perguntas desse tipo no Apêndice 4 e repito: porque sei como usar aviões, mas não sei como usar vassouras, e porque não quero o incômodo de ter de aprender. K sugere que não refutei todas as metodologias, que a metodologia está progredindo (será que seus comentários são um exemplo desse progresso?) e que minhas teses podem ser derrubadas em breve. Bem, estou esperando...

Quarta tese: Diante de um desafio às crenças básicas (tal como a crença de que a Ciência supera todas as outras formas de entendimento e de controle do mundo), nossos novos intelectuais normalmente recitam frases-padrão do breviário racionalista sem argumento. Quanto mais fundamental for o desafio, mais sonora será a recitação.

Uma das objeções mais frequentes com que me deparo é que existem "contradições" ou "inconsistências" em meu livro. Quase todos fazem esse comentário, mas ninguém explica por que deveríamos levá-lo a sério. A acusação: "inconsistência!" – até o *som* da palavra deve agir como um feitiço que paralisa o oponente. Este é o primeiro exemplo de crítica e o mais comum expresso por frases-padrão.

Ora, para começar, o número de contradições em meu livro é muito menor do que acreditam os críticos e minhas explicações sob as teses um e dois já indicaram por quê: os críticos me atribuem premissas que *não aceito*, eu apenas as *uso* como parte de minha polêmica contra os racionalistas. Mas, segundo, o que há de errado com inconsistências? É verdade, existem alguns sistemas lógicos um tanto simplórios em que *uma* contradição vincula todas as afirmações; mas existem também outros sistemas, por exemplo, certas partes da Ciência, que não têm essa propriedade. Existem também sistemas de lógica, tais como o de Hegel, nos quais as inconsistências funcionam como princípios de desenvolvimento conceitual.[5] Nada disso parece ser conhecido pelos críticos. A acusação de inconsistência, portanto, não é uma consequência de argumentos bem pensados. É um reflexo patelar sem conteúdo intelectual.

T presume que eu argumento com base no falibilismo para mostrar a inferioridade metodológica da Ciência. Nenhum argumento desse tipo pode ser encontrado em meu livro. Nem eu disse alguma vez que a Ciência é inferior, metodologicamente, a outras formas de conhecimento. Mas me opus à condenação maciça de outras formas com a justificativa de que não são "científicas" e critiquei a imagem da Ciência proposta pelos lógicos e pelos epistemólogos. (Essa imagem é inferior tanto à Ciência quanto às suas alternativas.) Contra minha tentativa de criticar juízos como "a Ciência é melhor que o mito", T produz uma série de *slogans*, mas nenhum argumento. E como os *slogans* são encontrados não só nele, mas também em outros autores, talvez não seja totalmente desinteressante examiná-los.

O que dá à Ciência seu *status* privilegiado, diz T, é o caráter autocrítico, autocorretivo de investigação científica. Uma afirmação assim é uma

---

[5] A crítica que Popper faz de Hegel parte da premissa de que a lógica hegeliana contém a lógica simplória em que uma contradição vincula todas as afirmações, enquanto Hegel, desde o princípio, enfatiza a diferença entre sua lógica e a "lógica formal" de seus contemporâneos. Portanto, tudo o que Popper pode dizer é que a lógica de Hegel não é a lógica que ele ama – mas não pode dizer que ela é inadequada. A crítica que Carnap faz de Heidegger é mais simples, mas exatamente do mesmo tipo. Ele mostra que o símbolo de negação da lógica proposicional não é usado como "Das Nichts" em "Das Nichts nichter", de Heidegger. Essa seria uma objeção se Heidegger tivesse a intenção de descrever a vida do sinal de negação – algo que ele certamente não tinha.

leitura agradável para os racionalistas – mas será que é verdadeira e, se o for, será que é desejável, e será que ela realmente distingue a Ciência de outros empreendimentos?

Para tratar do último ponto em primeiro lugar: a Ciência é autocorretiva, a feitiçaria, não. Logo iremos ver que T não examinou a questão com muito cuidado no caso da Ciência – mas onde ele obteve a informação a respeito da feitiçaria? Que doutrina específica ele examinou para ter chegado à conclusão de que a feitiçaria não é autocorretiva? A Ciência agora é acessível a todos, podemos estudá-la ao ar livre, por assim dizer, embora o estudo seja difícil e não seja tão fácil obter resultados corretos. Mas hoje já não há quase nenhuma escola conhecida de feitiçaria nos lugares que T frequenta, enquanto os estudos antropológicos dos quais ele pode ter obtido sua informação cobrem um período curto demais para serem decisivos. Além disso, mostram a feitiçaria em uma situação de dissolução. Antropólogos também são sabidamente maus metodologistas e, portanto, seus resultados devem ser verificados com muito cuidado, exatamente como devemos verificar aquilo que os historiadores da *Ciência* oferecem como características principais do desenvolvimento científico. Que antropólogos T leu, como é que ele fez essa verificação, em que forma específica de feitiçaria ele baseia sua afirmação? Não recebemos qualquer resposta. E por aquilo que ele diz em outras ocasiões, devemos inferir que ele apenas repete *boatos* racionalistas sem ter examinado sua validade. Dessa forma, obviamente não temos um argumento, apenas outro reflexo patelar, outra frase piedosa.

O fato de a frase piedosa estar incorreta em muitos casos que T parece ter em mente é demonstrado por um estudo de desenvolvimento da Doutrina da Igreja. Esse empreendimento procura o erro, define-o, elimina-o e, assim, constantemente melhora a teoria básica. As ideias sobre anjos que São Tomás tinha eram diferentes das ideias sobre anjos de Santo Agostinho; elas são resultado de uma discussão que leva as ideias de Santo Agostinho em conta, são resultado de um debate autocorretivo. T pode, é claro, ter objeções a isso e muitos racionalistas reclamam que a Teologia não *melhora*, apenas *muda*. Não quero discutir esse ponto, quero perguntar o que lhes dá a garantia de que o mesmo não se aplica à Ciência? Em determinado momento cientistas acreditavam no éter, depois o eliminaram. Um período sem éter veio depois de um período com éter.

Se quisermos dizer que essa sequência é acompanhada pela eliminação do erro, então devemos poder dizer que a situação hoje é melhor do que antes. E se quisermos postular a eliminação de erros para toda a Ciência, devemos ter padrões universais que possibilitem essas avaliações. Mas todos os padrões universais que foram propostos até aqui estão em conflito com a prática científica (eles não são apenas *falíveis*, muitas vezes são inaplicáveis ou inválidos). Com isso uma justificativa principal para a crença no caráter autocorretivo da Ciência desaparece.[6] Que outra justificativa T tem para oferecer?

Terceiro, será que a autocorreção do tipo imaginado por T é *desejável*? Aristóteles achava que não. Ele deu argumentos não apenas nesse sentido (cf. seus argumentos contra Parmênides), mas também construiu uma Cosmologia, uma Física, uma Astronomia, uma Psicologia, uma Teoria Política, uma Ética, uma Teoria do Drama que obedeciam à sua ideia de que, embora a Ciência possa estudar e corrigir *erros locais*, ela deve deixar os *perfis gerais* do mundo intactos. Esses perfis são determinados pela natureza do homem e por seu lugar no Universo. O conhecimento depende deles, e não dos sonhos de pequenos grupos de intelectuais. Aristóteles também desenvolveu uma teoria de mudança e observação que se encaixa com os fatos, explica por que esse encaixe produz conhecimento e ajuda na remoção do erro. Que argumento T possui contra um procedimento assim? Não é um procedimento "científico" no sentido de T, concordo, mas será que é pior? É bem verdade, Aristóteles foi rejeitado nos séculos XVI e XVII – mas por que devemos repetir o juízo dos chauvinistas do século XVII? Eles podiam citar algumas razões na Astronomia e na Física (que não eram de forma alguma livres de ambigüidade, como queremos fazer delas atualmente – cf. Parte Um), mas não havia razões na Psicologia, na Fisiologia, na Medicina. Aqui, Aristóteles ainda era usado com sucesso por pesquisadores renomados como Harvey.[7] Nas ciências biológicas as leis

---

[6] E com relação ao *fato* de autocorreção, será que preciso lembrar T que muitas partes da Ciência hoje se transformaram em negócios em que o objetivo já não é encontrar a verdade por meio da autocorreção (se é que isso foi o objetivo um dia), mas fazer que o dinheiro continue entrando? Desastres são apresentados como se fossem sucessos que os aproximam cada vez mais de seu objetivo; a mentira e a ilusão são a ordem do dia.

[7] Cf. Pagel, 1967.

gerais do movimento de Aristóteles foram aplicadas até o final do século XIX – e com resultados excelentes. E há também o drama, que, segundo Aristóteles, nos dá uma *explicação* para eventos históricos aparentemente acidentais (é Sociologia e, como tal, superior à História), há sua Política, a História das ideias e assim por diante: Aristóteles ainda está conosco e tem de estar. Mas tudo que T parece saber de uma maneira muito superficial são certos episódios da Astronomia (que, para ele, são marginais para a Ciência, de qualquer maneira – veja a seguir) e isso resolve a questão. Além disso, não foi somente Aristóteles que fracassou – a Ciência moderna fracassa constantemente e ainda assim é mantida. Todos esses problemas são desconsiderados no uso suave da frase a "natureza autocorretiva da Ciência".

A Ciência, diz T, não é apenas autocorretiva; ela também é bem-sucedida em termos de previsões e "credibilidade com o passar do tempo". A credibilidade nós podemos conceder, pois a Ciência é de fato extremamente crível para os fiéis. É diferente no caso das *razões* para essa credibilidade. A razão principal, diz T, é a "previsão bem-sucedida". "Não posso concordar", entoa ele,

> que é minha preferência subjetiva e arbitrária ou meu condicionamento social que me fazem levar meu filho doente ao pediatra e não ao feiticeiro. Vou ao primeiro porque creio – com base na experiência individual e da comunidade – que as avaliações dele têm muito mais probabilidade de serem verdadeiras, tanto no curto quanto no longo prazo, que as do último.

E

> dado um conjunto de sintomas, como dor de garganta, febre alta e manchas vermelhas, a vacina do sarampo tem mais probabilidade de ser eficiente do que o toque das mãos e os encantamentos.

Ele admite que a Ciência pode falhar ocasionalmente – ela não é infalível –, mas afirma que *é mais provável* que ela tenha sucesso. Isso é o que ele diz. E, considerando o estardalhaço que ele faz sobre a necessidade de basear avaliações científicas em experimentos controlados, presumiríamos que ele já levou a cabo esses experimentos ou leu sobre experimentos em que os sucessos de peritos curandeiros (*não* de incompetentes) são comparados com os sucessos de peritos pediatras (*não* de incompetentes) ou com o resultado de vacinas. Por que ele não descreve esses experimentos? Ele já tentou um curandeiro (experiência "individual")? E o que é essa "comunidade" a que ele se refere (experiência "comunitária")? Por que uma reticência tão casta com relação às fontes de sua convicção? Ou será que não há nenhum experimento? Será que a "experiência individual e comunitária" a que ele se refere é uma experiência de fé e de *slogans*, não de fatos, e que a atitude de T é, portanto, resultado de condicionamento social, exatamente como eu já disse sobre outros intelectuais?

(Eu, ao contrário, tenho "experiência comunitária" e "experiência individual" detalhadas com curandeiros, acupunturistas, feiticeiras e outras pessoas mal-afamadas. Tive muitas oportunidades de comparar sua eficiência com a de médicos "científicos" e, desde então, comecei a evitar estes últimos como se evita a peste.)

Os breves comentários de T sobre Astrologia revelam a mesma ignorância autoconfiante (e aqui ele está em boa companhia – pois a encíclica contra a Astrologia que foi publicada na *Humanist* e assinada por 186 "cientistas", entre eles 18 ganhadores do prêmio Nobel, é um paradigma de ignorância convencida). A Astrologia, diz T, é acompanhada por certeza absoluta. Ora, já vimos que só isso não faz que ela seja suspeita (veja os comentários feitos sobre Aristóteles). Mas a afirmação também não é verdadeira. A Astrologia pode ser e foi revista para levar em conta novas descobertas (exemplo: revisões depois da descoberta de Netuno e de Plutão). Uma das revisões mais importantes no passado foi realizada por Kepler, que defendia a Astrologia sideral, se opunha à Astrologia tropical (será que T sabe o que esses termos significam? Será que já ouviu falar deles?) e coletou evidência para previsões estatísticas pela primeira.

T não só é ignorante sobre as áreas não científicas que condena, ele também tem algumas ideias muito estranhas sobre a Ciência. Diz que eu generalizo com base no experimento da torre e presume que todos os experimentos são do mesmo tipo lógico. Não há nenhum vestígio de uma generalização desse tipo em meu livro. O que eu realmente digo é que argumentos (lembrem que eu chamei o caso da torre de *argumento*, e *não* de *experimento*) que envolvem uma mudança de conceitos têm algumas características em comum que podem ser encontradas mais facilmente por uma análise do argumento da torre. Eu acrescentaria que os "experimentos" que T tem em mente presumem que conhecemos que conceitos usar e, portanto, pressupõem o tipo de argumento que eu examino. Ora, para T, a Ciência são métodos estatísticos e experimentos controlados, e ele se queixa de que eu "raramente desço" àquele "nível, se é que o faço alguma vez". Na verdade, não desço àquele nível porque estou mais interessado nos argumentos e experimentos que produzem mudança fundamental. O experimento de Michelson, o experimento de Reines, de Weber, a maioria dos experimentos microfísicos são desse tipo e isso também se aplica à Astronomia. Posso ver facilmente como uma discussão de eventos assim parecerá "estar totalmente divorciada do contexto real e atual da investigação" para alguém que tem objeções contra a Astronomia como um paradigma da Ciência e cujo conceito de Ciência se enquadra melhor com as favelas dos estudos estatísticos na Sociologia. Mas não vamos brigar sobre preferências! Estou satisfeito de ter demonstrado, em parte pela minha pesquisa, em parte com a ajuda de outros, que Galileu, Einstein, Kepler, Bohr etc. não atuaram de acordo com padrões universais e posso bem ficar sem o apoio dos tipos de pesquisa em que T está interessado.

Uns poucos pontos menos importantes: T diz que não há sentido em dizer que a evidência está contaminada se não admitimos a existência de evidência saudável. Concordo e, por isso, sugeri uma terminologia diferente.[8] Isso parece que T não notou. T diz que Dom Juan não tem nenhuma compreensão da composição química de drogas e afirma que, portanto, ele deixa escapar alguma coisa. Mas esse é o ponto em questão: sabemos alguma coisa sobre drogas quando conhecemos sua composição química? T considera meu livro mais um sintoma e menos uma contribuição para a Filosofia da Ciência; para mim, nenhum problema nisso, considerando aquilo em que a Filosofia da Ciência parece ter se transformado: uma coleção de comentários pedantes baseados em ideias um tanto simplórias sobre o discurso humano e rodeados por frases que parecem boas aos ouvidos dos fiéis, mas para as quais não são dados quaisquer argumentos, e que

---

[8] Cf. também o que eu digo sobre opressão da teoria na nota 9 de minha resposta a Curthoys e Suchting.

revelam uma ignorância gigantesca das coisas avaliadas. Houve uma época em que os filósofos da Ciência eram pessoas inteligentes e bem informadas e a Filosofia da Ciência era uma disciplina bastante interessante. O que ocorreu desde então? Como podemos explicar essa deterioração? Vejamos!

3. Por que alguns filósofos modernos da Ciência são muito mais ignorantes que seus antecessores: observações sobre Ernst Mach, seus seguidores e críticos

A moderna Filosofia da Ciência surgiu no Círculo de Viena e de seus esforços para reconstruir os componentes racionais da Ciência. É interessante comparar sua abordagem com a de filósofos mais antigos, por exemplo, Ernst Mach.

Ernst Mach era um cientista. Era um especialista em Física, Psicologia, Fisiologia, História da Ciência e história geral de ideias. Era também um homem culto. Conhecia bem as Artes e a Literatura de sua época e estava interessado na Política. Mesmo já paralítico, ele fez que o levassem na cadeira de rodas a uma sessão do Parlamento para votar a legislação trabalhista.

Ernst Mach não estava satisfeito com a Ciência de sua época. A seu ver, a Ciência tinha se petrificado parcialmente. Usava entidades como espaço e tempo e existência objetiva sem examiná-las. Além disso, os filósofos tinham tentado mostrar e os cientistas tinham começado a crer que essas entidades não poderiam ser examinadas pela Ciência porque eram "pressupostas" por ela. Isso Mach não estava disposto a aceitar. Para ele, todas as partes da Ciência, inclusive as "pressuposições", eram um tema passível de pesquisa e sujeito à correção.

Por sua vez, estava claro que a correção nem sempre podia ser realizada com a ajuda dos procedimentos normais, que continham algumas ideias de forma tal que as protegiam das dificuldades. Portanto, era necessário introduzir um novo tipo de pesquisa baseado em uma nova cosmologia. Mach fez um esboço rudimentar daquilo que esse novo tipo de pesquisa iria presumir e como iria proceder.

Segundo ele, a Ciência lida com os *elementos e suas relações*. A natureza dos elementos não é dada, mas precisa ser descoberta. Coisas conhecidas, como sensações, objetos físicos e sistemas de objetos físicos no espaço, são combinações de elementos. As combinações podem reproduzir as antigas diferenças, mas também podem produzir arranjos de um tipo inteiramente diferente; por exemplo, podem levar a uma interpenetração do "sujeito" e do "objeto" no sentido antigo. Mach estava convencido de que as antigas distinções eram inadequadas e deveriam ser abandonadas.

A concepção da Ciência de Mach tem duas características que a distinguem daquilo que os filósofos da Ciência pensam a respeito do assunto hoje em dia.

Primeiro, Mach tinha uma visão crítica da Ciência *como um todo*.[9] Os filósofos modernos ocasionalmente fazem uma grande ostentação de sua independência e de seu conhecimento especializado criticando teorias científicas específicas e sugerindo mudanças de pouca importância. Mas nunca ousariam criticar a Ciência como um todo. São seus criados mais obedientes. Segundo, Mach criticava as ideias científicas não ao compará-las com padrões externos (critérios de significado ou demarcação), mas ao mostrar como a *própria pesquisa científica* sugeria uma mudança. Por exemplo, princípios metodológicos eram examinados não por meio de uma consulta a uma teoria de racionalidade abstrata e independente, mas sim demonstrando como eles ajudavam ou prejudicavam os cientistas na solução de problemas concretos. (Mais tarde, Einstein e Niels Bohr desenvolveram esse procedimento e fizeram dele uma arte.)

Uma terceira característica interessante da "Filosofia"[10] de Mach era sua indiferença pelas distinções entre as áreas de pesquisa. Qualquer método, qualquer tipo de conhecimento deveria fazer parte da discussão de um problema específico. Ao construir sua nova Ciência, Mach apelou para a Mitologia, a Fisiologia, a Psicologia, a História das Ideias e a História da Ciência, assim como para as Ciências Físicas. A *visão de mundo mágica* que ele recebeu de Tylor e Frazer dissolveu a distinção entre sujeito e objeto sem terminar em caos. Mach não aceitava essa visão de mundo, mas ele a usava para mostrar que a ideia do século XIX de existência objetiva não

---

[9] Cf. seu debate com Planck, reimpresso em Toulmin, 1965.
[10] Coloquei a palavra entre aspas porque Mach sempre se recusou a ser considerado proponente de uma nova "Filosofia" – o que está de acordo com a descrição que fiz dessa prática de pesquisa.

era um ingrediente necessário do pensamento e da percepção. Seus estudos minuciosos da fisiologia dos sentidos lhe mostraram que ela tampouco era *adequada*. As sensações são entidades complexas que contêm ingredientes "objetivos", os "objetos" são constituídos por processos (as bandas de Mach, por exemplo) que pertencem ao "sujeito", a fronteira entre o sujeito e o objeto muda de um caso para o outro: para nós, ela se encontra na ponta de nossos dedos, para o cego que usa uma bengala, ela se encontra na ponta da bengala. A *História da Ciência* e da *Física* mostrou que teorias "objetivas", como a teoria de espaço e tempo de Newton e o atomismo, estavam em dificuldade, precisamente em virtude de suas características objetivistas. Entretanto, existiam teorias de um tipo diferente, como a teoria fenomenológica do calor, que tiveram sucesso embora sem ser baseadas em substâncias materiais. Tendo começado com a classificação das sensações (cf. a Teoria do Calor de Mach), tais teorias sugeriram a Mach que *pelo menos nesse estágio da pesquisa* os elementos podiam ser identificados com as sensações. Temporariamente, então, a nova Ciência de Mach podia ser desenvolvida com base em duas premissas, ou seja:

(1) o mundo consiste de elementos e suas relações. A natureza dos elementos e das relações, bem como a maneira pela qual as coisas são construídas a partir deles, deve ser determinada pela pesquisa usando os conceitos que parecem mais econômicos em determinado estágio de Ciência

(2) elementos são sensações.

Foi assim que Mach combinou a informação fornecida pelos diferentes campos para dar forma à sua própria ideia de pesquisa.[11]

A ideia de pesquisa de Mach era mais abrangente que a de seus contemporâneos e certamente de todos seus sucessores na Filosofia. Antes,

---

[11] Observe que a segunda premissa citada é uma *hipótese*, e não uma "pressuposição" da pesquisa. É comparável à premissa de cientistas "objetivistas" de que os blocos de construção últimos da matéria são esferas elásticas, como bolas de bilhar. Ela dá partida à pesquisa, não é um padrão imutável de sua adequação. Tendo criticado os padrões e as "pressuposições" da ciência de seu tempo, Mach não ia agora substituí-los por algum outro dogmatismo (isso fica bem claro em seus cadernos).

presumia-se que nem todas as partes da Ciência poderiam ser examinadas por meios científicos. Acreditava-se que o espaço, o tempo e a independência do observador estavam além do alcance do argumento (científico). Ora, havia meios de criticar não só essas ideias, mas também os próprios padrões de pesquisa: nenhum padrão pode orientar a pesquisa sem ser submetido ao controle da mesma.

É interessante observar como filósofos "científicos" posteriores transformaram esse ponto de vista rico e produtivo. A tentativa de Mach de fazer a pesquisa mais abrangente para que ela pudesse lidar com questões "científicas" e também "filosóficas" continuou despercebida tanto por seus seguidores quanto por seus oponentes. O que eles, sim, perceberam foram suas premissas e hipóteses e essas eles transformaram em "princípios" exatamente do tipo que Mach tinha rejeitado. A teoria dos elementos passou a ser uma "pressuposição", a identificação dos elementos e das sensações, uma definição, e as relações entre os conceitos foram impostas de acordo com algumas regras um tanto simplórias, já não eram mais determinadas pela pesquisa. A construção de sistemas conceituais tendo essas regras e esses princípios como suas condições-limite agora passou a ser *a* tarefa de uma disciplina nova e um tanto agressiva – a Filosofia da Ciência. Com isso, a antiga dicotomia entre especulação filosófica e pesquisa científica que Mach tinha tentado absorver na Ciência reapareceu – mas era uma Filosofia muito empobrecida e ignorante a que ocupou o lugar de seus ancestrais gloriosos. Menosprezando as ideias antigas, aos novos filósofos faltava perspectiva e logo começaram a repetir todos os erros tradicionais.[12]

---

[12] Uma dificuldade que eles compartilharam com o Iluminismo – exceto que os autores daquele período *inventaram* sua filosofia, enquanto os membros de Círculo de Viena apenas *copiaram* as ideias distorcidas de seus grandes predecessores. Os filósofos do Iluminismo também lidaram com a Ética, a Estética e a Teologia, fundaram uma nova Antropologia e ampliaram consideravelmente o horizonte de seus contemporâneos. Nada nem mesmo levemente comparável é oferecido pela nova Filosofia "científica", que se originou com o Círculo de Viena (e o Popperianismo) e que está principalmente interessada nas Ciências Físicas e em algumas imagens destorcidas do homem, como já vimos. Qualquer extensão além dessas fronteiras é uma imitação de segunda mão de ideias anteriores e compartilha a superficialidade dessas imitações. Característico do empreendimento é um tom de professor primário que ocorre sempre que a imaginação deixa de funcionar e é substituída por respostas rotineiras. Uma comparação superficial entre Popper e, digamos, Lessing

Surgiram então uma vez mais duas maneiras de lidar com problemas gerais, como os problemas de espaço, tempo, realidade e problemas relacionados, ou seja, *a maneira dos cientistas e a maneira dos filósofos*.

Um *cientista* começa com uma carga de material que consiste de ingredientes diferentes e conflitantes. Existem teorias formuladas de acordo com os mais altos padrões de rigor e precisão lado a lado com aproximações sem fundamento e descuidadas,[13] existem fatos "sólidos", leis locais baseadas em alguns desses fatos, existem princípios heurísticos, formulações experimentais de novos pontos de vista que em parte concordam, em parte colidem com os fatos aceitos, existem ideias filosóficas vagas, padrões de racionalidade e procedimentos que colidem com eles. Sendo incapaz de fazer que esse material esteja de acordo com as ideias simples de ordem e coerência, o cientista costuma desenvolver uma *lógica prática* que lhe permite obter resultados no meio do caos e da incoerência. A maioria das regras e padrões dessa lógica prática é concebida de uma maneira *ad hoc*, serve para eliminar uma dificuldade específica e não é possível transformá-la em um órganon da pesquisa. "As condições externas", escreve Einstein (Schilpp, 1951, p. 683ss.),

> que são colocadas para [o cientista]... não lhe permitem se deixar ficar muito limitado na construção de seu mundo conceitual pela aderência a um sistema epistemológico. Portanto, ele deve parecer ao epistemólogo sistemático como um tipo de oportunista sem escrúpulos...

E Niels Bohr

> nunca tentaria esboçar qualquer retrato final, mas pacientemente passaria por todas as fases de um problema, começando com algum paradoxo aparente e gradativamente indo na direção de sua elucidação. Na verdade, ele nunca consideraria os resultados obtidos sob nenhuma outra luz que não

---

mostra a diferença entre o verdadeiro Iluminismo e a imitação servil de sua forma externa. (Kant, que queria se tornar famoso e sabia que os professores primários são aceitos mais facilmente que mentes independentes, mudou seu estilo no meio da vida. E tinha razão: as três Críticas fizeram grande sucesso.)

[13] Cf. a descrição de aproximações *ad hoc* em CM, p.63 [78].

fosse como pontos de partida para mais exploração. Ao especular sobre a prospectiva de alguma linha de investigação, ele rejeitaria as considerações normais de simplicidade, elegância e até mesmo coerência com o comentário de que tais qualidades só podem ser avaliadas adequadamente depois do evento... (Rosenfeld em Rosental, 1967, p.117)

É claro que é possível descrever casos específicos, mas a única lição que podemos tirar das descrições é uma advertência: nunca espere que um truque inteligente, ou um "princípio", que ajudou em uma ocasião vá ser útil em outra. Uma característica importante da pesquisa científica, especialmente do tipo imaginado por Mach, é seu menosprezo por limites estabelecidos. Galileu argumentou como se a distinção entre a Astronomia e a Física – que era uma pressuposição básica do conhecimento de sua época – não existisse; Boltzmann usou considerações da Mecânica, a teoria fenomenológica do calor e a Ótica para determinar o alcance da teoria cinética; Einstein combinou aproximações específicas com um levantamento global e muito "transcendental" das visões do mundo físicas; Heisenberg obteve algumas ideias básicas do *Timaeus* e, mais tarde, de Anaximandro. Princípios metafísicos são usados para fazer progredir a pesquisa, leis lógicas e padrões metodológicos são suspensos sem muita confusão por serem considerados restrições indevidas, e concepções arriscadas e "irracionais" existem em abundância. O pesquisador bem-sucedido é muitas vezes um homem culto, conhece muitos truques, ideias, maneiras de falar, está familiarizado com detalhes da História e abstrações da Cosmologia, pode combinar fragmentos de pontos de vista bastante diferentes e rapidamente mudar de uma estrutura para outra. Não está atado a uma linguagem específica, pois pode falar a linguagem do fato e a linguagem do conto de fadas lado a lado e misturá-las das maneiras mais inesperadas. E, para sua informação, isso se aplica tanto ao "contexto da descoberta" *quanto* ao "contexto de justificação", pois examinar ideias é uma atividade tão complexa quanto introduzi-las.

A luta sobre a teoria cinética da matéria quase no final do século passado e o surgimento da teoria quântica são exemplos excelentes das características que acabei de descrever. No caso da teoria quântica temos: Mecânica celestial clássica, Eletrodinâmica clássica e a teoria do calor clássica. Sommerfeld e Epstein estenderam a primeira e a segunda a seus limites, complementando-as com a "quarta lei de Kepler", ou seja, as condições quânticas. Seus sucessos sugeriram que a Mecânica quântica poderia ser desenvolvida com base na teoria clássica sem muita mudança. Por sua vez, as considerações originais de Planck, generalizadas por Poincaré, pareciam indicar que ideias fundamentais, como a de uma trajetória, eram inerentemente problemáticas. Einstein, reconhecendo seu caráter problemático, trabalhou quase que inteiramente com aproximações e inferências dessas ideias e seus resultados (efeito fotoelétrico; estudos estatísticos) tiveram apenas uma aplicação limitada: eles não puderam explicar as leis da interferência. Pareciam até mesmo estar em conflito com experimentos e receberam muito pouca atenção até que Millikan mostrou a correção de algumas das previsões feitas. Trabalhar com aproximações passou então a ser *o* método da escola de Copenhagen. Os físicos da linha de Sommerfeld não gostavam desse método nem o entendiam bem, mas explicaram a aplicabilidade limitada até mesmo dos instrumentos matemáticos mais sutis. E, assim como um rio grande e agitado descarta muitos objetos estranhos em suas margens, da mesma maneira o rio grande e agitado da Mecânica quântica de antes de 1930 produziu inúmeros resultados, precisos mas mal compreendidos, tanto na forma de "fatos" como na de "princípios" (sendo um deles o princípio de mudança adiabática de Ehrenfest).

O *modo do filósofo* é muito diferente – não poderia haver um contraste maior. Há algumas ideias e padrões gerais que são explicitados detalhadamente e há os princípios da lógica escolhida. Não há quase nenhuma outra coisa – uma consequência da "revolução na Filosofia" iniciada pelo Círculo de Viena. A Lógica utilizada foi, é claro, discutida e mudou, pois a Lógica é uma Ciência como qualquer outra – mas somente suas partes mais prosaicas participaram do debate filosófico. Assim, temos não apenas uma separação entre a Ciência e a Filosofia, mas ainda outra separação entre a Lógica científica ("Matemática") e a Lógica para filósofos. É como se os cientistas não usassem a Matemática mais avançada de sua época, mas alguma expressão idiomática antiga, e tentassem formular seus problemas nesses termos. A pesquisa do tipo filosófico então consiste em propor ideias que se enquadram nas condições limites, isto é, nos padrões e na lógica simples escolhida.

Essas ideias são ao mesmo tempo muito amplas e muito estreitas. São muito amplas porque o conhecimento contemporâneo dos fatos não é levado em conta (uma teoria do caminhar puramente filosófica certamente será ampla demais porque não considera as restrições impostas pela Fisiologia e pela paisagem). E são estreitas demais porque os padrões e regras que as restringem não são afetados por aquele conhecimento (uma teoria do caminhar puramente filosófica é estreita demais porque impõe restrições que não são equiparadas pelas vastas possibilidades do movimento humano). É essa última característica que torna uma crítica filosófica tão monótona e repetitiva. Enquanto um bom cientista tem objeções a "contar a mesma piada duas vezes",[14] um filósofo insiste em argumentos-padrão contra as violações-padrão de padrões-padrão. Exclamações como "inconsistente!", *ad hoc!*", "irracional!", "degenerativo!", "cognitivamente sem sentido!" ocorrem com uma regularidade exaustiva. A ignorância, no entanto, não só não tem importância, ela é um sinal de excelência profissional. *Ela é exigida*, não apenas tolerada. Todas as distinções da disciplina (contexto de descoberta, contexto de justificação, lógico/psicológico, interno/externo e assim por diante) têm apenas um objetivo: transformar a incompetência (a ignorância do material relevante e a falta de imaginação) em *expertise* (garantia feliz de que as coisas desconhecidas e inimagináveis não são relevantes e que seria profissionalmente incompetente usá-las).

A adição muito admirada da Lógica formal moderna à Filosofia encorajou a ignorância, dando-lhe um *órganon*. Mais que tudo, ela permitiu que os estéreis pais do Positivismo negassem suas dificuldades e afirmassem, não sem um orgulho considerável, que eles não estavam interessados no progresso do conhecimento, e sim em sua "clarificação" ou sua "racionalidade". Mesmo os críticos não tentaram restabelecer contato com a prática da ciência,[15] eles simplesmente tentaram libertar as "reconstruções" sugeridas de dificuldades internas.[16] A distância entre a prática científica

---

[14] A resposta de Einstein à pergunta de por que ele não se aferrou às ideias filosóficas que o levaram até a relatividade especial.

[15] Lakatos, é claro, tentou encontrar uma conexão, mas ele veio mais tarde e só conseguiu fazer contato verbal; cf. CM, p.196 ss.

[16] Assim, a teoria de falsificação de Popper está relacionada com um aprimoramento da *Lógica da confirmação*, não da Ciência. O mesmo se aplica à sua teoria de verossimilitude.

e a Filosofia da Ciência continuou tão grande quanto sempre foi. Mas essa deficiência, essa irrealidade surpreendente do empreendimento, já tinha sido transformada em um bem: diferenças entre reconstruções e a Ciência real eram consideradas erros da *Ciência*, não erros das reconstruções. É claro, ninguém tinha ousadia suficiente para fazer esse mesmo jogo com a Física (embora alguns tenham obtido muitos benefícios dos conflitos *internos* da Física, como o conflito entre Bohr e Einstein). Mas, se a dificuldade vinha de uma Ciência menos adorada, então o veredicto estava claro: cortem-lhe a cabeça! Enquanto a crítica de Mach era parte de uma *reforma* da Ciência que *combinava a crítica com novos resultados*, a crítica dos positivistas e de seus ansiosos inimigos, os racionalistas críticos, agia com base em alguns ingredientes congelados da Filosofia machiana (ou modificações dela), que já não podiam ser atingidos pelo processo de pesquisa. A crítica de Mach era dialética e produtiva, a crítica dos filósofos, dogmática e infrutífera. Ela mutilou a Ciência em vez de fazê-la crescer. Isso deu início à tendência cujos filhos tardios temos agora diante de nós.

É interessante comparar os dois procedimentos em um caso concreto.[17]

A ideia de Mach de uma Ciência da qual todos os padrões e princípios estão sob seu próprio controle foi concretizada, de formas diferentes, por Einstein e por Bohr. De maneira bastante interessante, esses dois cientistas (e alguns de seus seguidores, como Max Born) se consideravam diletantes e definiram e abordaram seus problemas de uma maneira independente dos padrões existentes. Não tinham qualquer remorso de misturar Ciência e Filosofia e, com isso, de promover as duas. A inclinação filosófica de Einstein fica clara pela maneira como ele organiza seu material. A Filosofia de Bohr é um elemento essencial da antiga teoria quântica.[18] É verdade que Mach criticou seriamente algumas das consequências posteriores da pesquisa de Einstein – mas devemos examinar seus motivos antes de concluir que Einstein estava fora do programa de pesquisa de Mach. Ninguém até aqui prestou atenção ao comentário de Mach, contido em sua crítica, de que

---

[17] No Círculo de Viena apenas Neurath tinha uma clara concepção das propriedades da pesquisa científica (em contraste com a análise filosófica). A diferença entre os dois modelos é bem explicada na crítica que Ayer faz de Neurath em seu *Foundations of Empirical Knowledge* [Fundamentos do Conhecimento Empírico].

[18] Para detalhes, cf. meu ensaio sobre Bohr, 1968/69, op. cit.

suas investigações na fisiologia dos sentidos o tinham levado a resultados diferentes daqueles atribuídos à relatividade. Isso estabelece uma conexão com a análise anterior de Mach do espaço e do tempo e indica que ele não tinha objeções à nova *teoria*, mas à sua *reificação* por Planck e Von Laue. Pois aqui a relatividade foi usada para dar suporte à mesma noção de realidade ingênua e inarticulada à qual Mach tinha feito objeções e começado a examinar. O exame teve prosseguimento com a teoria quântica, que deu um novo conteúdo à noção de um elemento, revelou relações novas e complexas entre os elementos e, assim, modificou nossa ideia da realidade. Tudo isso ocorreu nas décadas de 1920 e 1930. O que é que os filósofos tinham a oferecer, nesse período e depois?

No caso da relatividade, tinham muito pouco a oferecer. O que fizeram foi observar o desenvolvimento das margens, aplaudi-lo e "clarificá-lo", ou seja, descreveram-no como um caso de resolução de problema no sentido deles próprios. As "clarificações" criaram alguns mitos filosóficos interessantes. Por exemplo, criaram o mito de que Einstein progredia ao eliminar a Metafísica, ou ao eliminar hipóteses *ad hoc*, ou porque era um operacionista, ou porque levava as refutações a sério. O comentário de Zahar de que a relatividade especial não era nenhum progresso é o último e mais divertido mito desse tipo.

A situação foi diferente no caso da teoria quântica e sua concepção da "realidade". Enquanto a corrida quântica estava ocorrendo, o Círculo de Viena passou de linguagens de dados sensoriais para linguagens fisicalistas. A mudança foi tão arbitrária quanto a escolha de dados sensoriais tinha sido no começo. Dados sensoriais foram eliminados porque foi devolvida a uma interpretação da Ciência a ideia que dados sensoriais supostamente deveriam testar. E voltávamos a essa interpretação não porque um teste tinha sido realizado e fracassado, não estávamos sequer cientes da função teste dos dados sensoriais na Filosofia de Mach, apenas lembrávamos alguns princípios da Ciência que ele queria aprimorar e os usávamos como argumentos contra a realização desse aprimoramento.[19]

---

[19] A natureza arbitrária da mudança é claramente percebida por Carnap, que, em seu *Logical Syntax of Language* [Sintaxe Lógica da Linguagem] e nos ensaios anteriores, faz da escolha de dados sensoriais *versus* linguagens fisicalistas uma questão de conveniência ("princípio da tolerância").

Essa meia-volta irrefletida ocorreu precisamente no momento em que a ideia da existência objetiva era examinada pelos físicos e substituída por uma descrição mais complexa da realidade. O evento não teve o menor efeito nos debates entre fisicalistas e defensores dos dados sensoriais e podemos ver por quê. Ele não foi considerado uma introdução a argumentos diferentes, mais complexos e mais realistas sobre a questão, e sim simplesmente uma versão técnica, mas filosoficamente inferior, de um exame do segundo, o tipo filosófico. Isso ficou bem claro com a explicação do assunto dada por Popper. Escrevendo mais de vinte anos mais tarde, ele reclama:

> Sem qualquer debate sobre a questão filosófica, sem produzir qualquer argumento novo, a visão instrumentalista tornou-se um dogma aceito (Popper, 1963, op. cit., p.99ss.).

Para ele os argumentos físicos detalhados, as muitas tentativas de evitar o "instrumentalismo", como ele chama a posição final da escola de Copenhagen, simplesmente não existem. A tendência a "traduzir" premissas cosmológicas no "modo formal da linguagem" e assim a ocultar seu conteúdo factual contribuiu para essa cegueira e a resultante rigidez da abordagem dos filósofos. Assim, Popper, no ensaio já citado (op. cit., p.115), elimina o "essencialismo" e introduz o "realismo", referindo-se ao "fato" (como ele o chama) de "o mundo de cada uma de nossas teorias poder ser explicado por outros mundos... descritos por outras teorias". Isso, obviamente, é seu modelo da Ciência, em que a rejeição de hipóteses *ad hoc* desempenha um papel essencial. O modelo para de funcionar em um mundo finito – mas seu colapso nunca se tornará visível para um filósofo que oculta premissas factuais por trás de princípios "lógicos" e padrões "metodológicos". É dessa forma que problemas complexos que precisam de ideias pouco comuns e mentes pouco comuns foram transformados em enigmas banais, que eram então explicados longamente e solucionados com uma grande exibição de esforço intelectual.[20] E é assim que a concepção da

---

[20] Muitos trabalhos de positivistas e racionalistas críticos podem ser resumidos em poucas linhas.

realidade da Física clássica pôde passar por uma reabilitação na Filosofia, depois de ter sido vencida pela pesquisa científica.

Os autores do Círculo de Viena e os primeiros racionalistas críticos, que distorceram a Ciência e arruinaram a Filosofia da maneira que acabamos de descrever, pertenciam a uma geração ainda vagamente familiarizada com a Física. Além disso, eles começaram uma nova tendência, não simplesmente deram sequência à tendência de predecessores mais inventivos. *Inventaram* os erros que propagaram, tiveram de *lutar* para que fossem aceitos e, por isso, tinham de possuir pelo menos uma pequena quantidade de *inteligência*. Suspeitavam também que a Ciência era mais complexa do que os modelos que propunham e, portanto, trabalhavam duro para torná-los plausíveis. Eram pioneiros, ainda que pioneiros só de simploriedade. A situação é muito diferente com a nova raça de filósofos da Ciência que hoje povoa nossas universidades. Esses receberam sua filosofia já pronta, não a inventaram. Tampouco têm muito tempo ou inclinação para examinar seus fundamentos. Em vez de pensadores ousados que estão dispostos a defender ideias implausíveis contra uma maioria de oponentes, hoje temos conformistas ansiosos que tentam esconder seu temor (de fracasso, de desemprego) por trás de uma defesa implacável do *status quo*. Essa defesa entrou em seus estágios epicicloidais: a atenção é direcionada para os detalhes e faz-se um esforço considerável para encobrir erros e deficiências de menor importância. Mas a ignorância básica continua e é reforçada, pois quase nenhum dos membros dessa nova raça possui o conhecimento detalhado do procedimento científico que ocasionalmente fez que seus ancestrais ficassem um pouco hesitantes em seus pronunciamentos. Para eles, a "Ciência" é aquilo que Popper ou Carnap, ou, mais recentemente, Kuhn dizem que ela é – e ponto final. Podemos admitir que algumas ciências, passando por um período de estagnação, agora apresentem seus resultados de forma axiomática, ou tentem reduzi-los a hipóteses correlacionais. Isso não elimina a estagnação, mas torna as ciências mais semelhantes àquilo que os filósofos da Ciência acham que ela é. Não tendo qualquer motivação para romper o círculo e muitos motivos (tanto emocionais quanto financeiros) para permanecer dentro dele, os filósofos da Ciência podem, portanto, ser ignorantes com a consciência limpa. Não é nenhuma surpresa que seja tão difícil encontrar uma crítica inteligente.

Postscriptum

H e T responderam a meus comentários. T quer que eu dê uma explicação mais detalhada da literatura que me fez criticar sua ideia de mito e das experiências que me fizeram duvidar da competência da Medicina científica. Mas, em sua resenha, ele afirmou a supremacia e o caráter autocorretivo da Ciência sem sugestão de nenhum argumento, isto é, sobre uma base ainda mais frágil do que aquela que usei para criticá-lo. Se ele estava satisfeito com as próprias afirmações, *então* por que não está satisfeito com as minhas *agora*? T também pergunta:

> Se *ele* tivesse um filho diagnosticado com leucemia, iria procurar seus amigos curandeiros ou o Instituto Sloan Kettering?

Posso garantir que eu procuraria meus "amigos curandeiros", para usar sua terminologia um tanto imprecisa, e *o mesmo fariam muitas outras pessoas na Califórnia* cuja experiência com a Medicina científica foi tudo menos encorajadora. O fato de a Medicina científica ser a única forma de Medicina existente em muitos lugares não significa que ela é a melhor, e o fato de formas alternativas de Medicina terem sucesso onde a Medicina científica teve de recorrer à cirurgia mostra que ela tem lacunas graves: inúmeras mulheres relutantes de terem seus seios amputados como tinha sido aconselhado por seus médicos foram consultar acupunturistas, curandeiros e herbalistas e ficaram curadas. Pais de crianças pequenas que supostamente tinham doenças incuráveis, entre elas leucemia, não desistiram, consultaram "curandeiros" e seus filhos ficaram curados. Como é que eu sei tudo isso? Porque eu mesmo aconselhei alguns desses homens e mulheres e acompanhei o destino de outros. As desvantagens da Medicina científica são discutidas com ampla documentação em *Medical Nemesis* [Nêmese médica], de I. Illich, e, de um ponto de vista diferente, em *Divided Legacy* [Herança dividida], de Coulter. Esta última obra mostra como ideias teóricas que foram importadas para a Medicina sem considerar a experiência médica propriamente dita eliminaram práticas valiosas e reduziram o índice de sucesso da Medicina como um todo. Com relação à capacidade de "curandeiros" para explicar melhor qualquer descoberta que possam ter feito, estando envolvidos como estão em uma teoria de maus espíritos, indico a T a história da feitiçaria clássica de *Canon Episcopi* até o *Malleus Maleficarum*, que é a história de um desenvolvimento progressista (no sentido de Lakatos) com base em uma teoria detalhada de demônios. A teoria de São Tomás de Aquino do pacto implícito desempenha um papel importante nesse desenvolvimento e amplia consideravelmente o conteúdo da teoria. Para a situação da teoria no século XVII, veja o ensaio de Trevor-Roper, para seu desenvolvimento, o tratado de Hansen e o livro que lhe serviu de fonte, e o material da Coleção Dean White da Biblioteca da Universidade Cornell. A alegação de T de que a contribuição de formas de vida não científicas para o conhecimento é *tropeçar* em relações causais interessantes nos lugares onde os cientistas não teriam olhado sem a capacidade de *explorá-los* quando foram descobertos é refutada pelo material em Lévi-Strauss (op. cit.), especialmente no Capítulo 1, e pela Astronomia da Idade da Pedra (veja a obra de Thom, Hawkins, as discussões na conferência sobre o lugar da Astronomia no mundo antigo, publicada pela Academia Britânica), juntamente com a interpretação de A. Marshack (*Roots of Civilization*) [Raízes da civilização] e de De Santillana – Von Dechend (*Hamlet's Mill* [O moinho de Hamlet], com uma bibliografia abrangente), pela história da Acupuntura, que realmente teve início graças a uma descoberta acidental, mas foi desenvolvida a partir dali e transformada em um sistema médico completo (veja a obra de Needham, especialmente os volumes a serem publicados sobre Biologia), por aquilo que agora é conhecido sobre a astronomia polinésia e por muitos outros desenvolvimentos. Todas essas questões vieram à luz bastante recentemente (embora Lévi-Strauss esteja conosco há bastante tempo) e não são conhecidas dos filósofos da Ciência. É claro, o material pode ser interpretado de várias maneiras – mas o argumento é que já não é possível presumir a supremacia da "Ciência" (seja lá o que *isso* for) ou se satisfazer com as afirmações pouco estimulantes que T faz em sua resenha.

H escreve:

> Diante de um mundo com uma pobreza devastadora, doenças sociais incapacitantes em meio à abundância e às ameaças políticas ao futuro da existência, Feyerabend é um acadêmico que encontra nas ideias, sobretudo, um meio de autorrealização hedonista.

O argumento seria aceito de bom grado se os filósofos da Ciência e os metodologistas que ele defende fossem interessados nos problemas sociais ou capazes de contribuir para sua solução. Até o exame mais superficial das listas de bolsa da Fundação Nacional de Ciência e de outras instituições semelhantes sustentadas pelos contribuintes mostram que isso não ocorre. Os filósofos da Ciência não só desperdiçam milhões do valioso dinheiro dos impostos em projetos ridículos, como também protestam fortemente quando cidadãos responsáveis sugerem uma supervisão pública de seu ensino e de sua pesquisa e, em especial, do uso que fazem do dinheiro dos impostos (a emenda Baumann!). Além disso, eles demonstram apenas desdém por formas de vida diferentes das suas próprias. Não examinam essas formas de vida a não ser de uma maneira extremamente superficial (cf. os comentários já feitos por Kulka e Tibbets em suas resenhas e minha resposta a Tibbets), mal lhes dedicam um olhar apressado e não se interessam em saber a importância que elas têm para a vida das pessoas (os índios, por exemplo – isto é, os índios *norte-americanos*), rejeitam-nas como sendo tolice inútil e fazem o possível para que elas sejam eliminadas. Grande parte da miséria espiritual dos sobreviventes das culturas não ocidentais nos Estados Unidos é resultado do Fascismo intelectual desinformado da maioria de nossos principais filósofos, cientistas e filósofos da Ciência. A acusação que H faz de "onanismo metodológico" deve ser vista tendo isso em mente. H *parece* presumir que qualquer um que rejeita as ideias dos filósofos científicos modernos e se recusa a ter relações com eles certamente terá uma vida solitária. Mas eu lhe asseguro que o onanismo não é a única alternativa a dormir com *ele*. Há os filósofos e cientistas mais antigos, a começar pelo divino Platão, e existem inúmeras formas de vida não ocidentais. Para mim, a preservação de antigas tradições é muito mais importante do que as charadas de nossos intelectuais hipermodernos. Primeiro, porque as pessoas têm o direito de viver como querem e, segundo, porque as tradições não ocidentais têm soluções para "doenças sociais incapacitantes e ameaças políticas..." (veja resposta a T). O argumento de *Contra o método* era de que aqueles que quiserem transformar uma filosofia científica estreita em um mal-estar público sem qualquer supervisão pelo público não terão qualquer tipo de apoio - avaliados segundo padrões *intelectuais*, eles são apenas uma superstição entre muitas (cf. CM, Capítulo 18).

H não está muito satisfeito com o fato de eu preferir Mach em vez dele e seus colegas filósofos. Mas se eu o faço, o motivo é que eles não têm qualquer coisa pela qual valha a pena "babar" – para usar sua maneira pitoresca de falar. Mach criticou a Ciência de sua época por motivos intelectuais e sociais, deplorou a separação da Ciência e da Filosofia, inventou uma nova forma de pesquisa que continha as duas, examinou as premissas mais fundamentais e, com isso, forneceu instrumentos para a revolução na relatividade e na teoria quântica. Ele e seus seguidores realmente formam uma "parada de sucessos intelectual" e, comparados a ela, seus sucessores futuros no século XX são um triste bando. Basta tomar a própria tentativa de H para superar a visão que Hempel-Popper têm das teorias. É bastante divertido vê-lo tentar destruir ideias absurdas, mas sua pesquisa é tão relevante para as "grandes questões da época" quanto uma luta de bêbados em um campeonato de boxe; a verdadeira ação está no rinque – e ele não está nem perto dele. Ele não está perto nem mesmo dessas lutas externas, como podemos ver por seus breves comentários sobre mim. Eu digo que as formas de vida podem ser dedutivamente desconectadas; ele infere que apoio a ideia de Hempel-Popper. Mas classes de declarações, ações e atitudes podem ser dedutivamente desconectadas sem ser parte de sistemas dedutivos, como ele poderia ter percebido se tivesse se escolhido ler o Capítulo 17 de CM.

H também se irrita com minhas mudanças frequentes de ponto de vista. Bem, pensar é uma coisa difícil e ainda não descobri o segredo de penetrar de uma vez no próprio núcleo da verdade. Será que ele já? Admito que é preciso um "bobo da corte" para descobrir e expressar esses fatos, pois a maioria das pessoas não está disposta e tem muito medo de criticar seus imperadores, que, afinal, são a fonte tanto de sua vida intelectual quanto de seus salários. Mas gostaria que H não me conectasse com uma "corte popperiana": primeiro, porque o popperianismo não é uma corte, mas, quando muito, uma casinha do lado de fora, e, segundo, porque eu teria esperança de ter um público mais interessante que isso. Acho um pouco engraçado ler que ele me quer fora "da plataforma pública" – será que ele perdeu seu sentido de realidade a tal ponto que acredita que sua própria algazarra é uma questão de interesse público? Tampouco entendo muito bem seu comentário de que "quase todos" hoje me ignoram – se essa é sua atitude, então por que seu eminente jornal publicou *três* resenhas de meu livro em vez de uma? Aliás, por que publicar qualquer resenha? Devemos admitir – as resenhas não foram muito competentes, eram praticamente ilegíveis, mas essa não era a intenção do editor, como mostra sua réplica.

A sugestão mais curiosa vem no final: deveria haver uma publicação para filósofos que só querem ficar contentes consigo mesmos. Bem, de certa maneira, essas publicações já existem; não uma, mas muitas. Quase todas as publicações na Filosofia da Ciência lidam com problemas que não interessam a ninguém mais a não ser um pequeno bando de intelectuais autistas. Por que essas publicações não são suficientes? Porque os colaboradores levam a sério seus jogos intelectuais. Com isso, pobrezinhos, ficaram com o pior de todos os mundos possíveis. Não são nem "relevantes" nem se divertem. Não é de se surpreender que eles fiquem irritados com alguém que faz as duas coisas.

―――――― **Capítulo 5** ――――――
Vida na Escola de Economia de Londres (LSE)?

"'O método' está vivo!" exclama John Worral (1977, p.243-97) no fim de sua resenha. É bem possível que esteja – mas vejamos que tipo de vida é essa!

Worral começa dizendo que, embora certamente devesse haver incongruências em meu livro, na verdade não há nenhuma. Ora, se isso é verdade, por que ele trouxe o assunto à tona? Por que ele diz que

> seria... bastante fácil ganhar alguns pontos no debate mostrando as incongruências na exposição de Feyerabend

e, apesar disso, acrescenta que "o espírito normalmente pode ser preservado com bastante facilidade por meio de um remendo local"? O que ele quer dizer obviamente é que o livro está cheio de contradições, que ele é astuto o bastante para tê-las percebido, mas também suficientemente generoso para separar a apresentação da substância e admitir que essa última pode ser, e talvez seja, consistente. Infelizmente essa tentativa de competência sagaz é bastante mal direcionada. Quando críticos anteriores achavam que percebiam uma "contradição", isso ocorria porque confundiam *reductiones ad absurdum* com argumentos diretos (aquelas premissas em que o autor acredita, que afirma e defende): eles sabiam ainda menos sobre argumentos do que Aristóteles em seu *Tópicos*. Worral é esperto demais para identificar as incongruências que ele diz que "podem" estar contidas na "letra" de meu livro, mas tenho a suspeita de que ele comete um erro semelhante.[1] No entanto – e com isso chego a um ponto muito mais importante: o que há de errado com incongruências? Todos os críticos, inclusive Worral, parecem crer que encontrar uma contradição em um livro ou em uma teoria revela uma deficiência fatal. Portanto, incongruências são a primeira coisa que os críticos procuram e é possível entender por quê: até um ignorante pode identificar incongruências e, com isso, ter o poder de rejeitar as mais lindas teorias e as construções mais engenhosas da mente. Qual é a força por trás desse argumento que transforma um simples lógico em um matador de gigantes? A força é, os lógicos assim nos dizem, *que, se nós aplicarmos as regras da Lógica formal a uma contradição*, então devemos assegurar todas as afirmações. A condição em itálico mostra que o argumento é acerca do objeto errado. Teorias científicas, contendo contradições, progridem, levam a novas descobertas, expandem nossos horizontes. Isso significa, é claro, que contradições na Ciência não são manipuladas de acordo com as regras ingênuas da Lógica formal – o que é uma crítica da Lógica e não da Ciência: as regras lógicas são simplórias demais para serem capazes de refletir as estruturas e movimentos complexos da mudança científica. É claro, podemos tentar fazer que a Ciência obedeça a essas regras, mas o resultado costuma ser uma perda de produtividade e de progresso (exemplo: a transição da antiga teoria quântica para

---

[1] Há outra insinuação nas primeiras páginas e é a seguinte: "Deve ser extremamente difícil", escreve Worral, "lembrar-nos a nós mesmos de que nossa posição básica não nos dá qualquer direito de afirmar qualquer tese positivamente, nenhum direito de afirmar que nossa posição é melhor que outra, nem mesmo qualquer direito de reivindicar qualquer poder de convicção racional para nossos argumentos". O que Worral quer dizer é claramente que eu faço algumas das coisas que não tenho o direito de fazer, mas ele não ousa dizer isso abertamente por medo de que eu o vença com facilidade. Contudo, quando ofereço um argumento eu o faço aos racionalistas que dizem que só ouvirão argumentos e que certamente irão aceitá-los contanto que sejam válidos em *seus* próprios termos. E o comentário de que eu não posso afirmar qualquer coisa positivamente só mostra que Worral não captou a diferença entre Ceticismo e Anarquismo epistemológico: é o *cético* que não pode afirmar as coisas positivamente; o anarquista pode afirmar tudo o que quiser e muitas vezes fará afirmações absurdas na esperança de que isso produzirá novas formas de vida.

a explicação de Von Neumann da mecânica quântica elementar).[2] Outra possibilidade é admitir que as teorias científicas e a Matemática informal podem ser incongruentes, mas não negar que elas sejam "aceitáveis racionalmente" (isso é o que Worral faz mais tarde em sua resenha). A resposta para esse lance é: e daí? A Ciência incongruente progride, é produtiva, mas não "aceitável racionalmente". A Ciência "aceitável racionalmente" é desajeitada, atrasa o progresso, não pode ser facilmente conectada com sua base de testes. Faça sua escolha, John Worral! E não se esqueça de que os cânones da racionalidade foram originalmente introduzidos não para usar palavras complicadas, e sim na esperança de que aprimorariam o conhecimento. A esperança não tinha fundamento no caso de alguns cânones. O que é mais "racional"? Rever os cânones (como revemos o cânone da certeza) ou dizer que a incapacidade das teorias de se adaptarem a eles "não sustenta a ideia de que [as] teorias são aceitáveis racionalmente"? Uma vez mais, faça sua escolha, John.

Minha posição "é, então, congruente", mas, Worral continua, é "extremamente sem atrativos". Por exemplo, Worral acha sem atrativos

> que deva haver uma maior intervenção do Estado na Ciência e que os pais devam ter o direito, se assim desejarem, de insistir que ensinem vodu a seus filhos nas escolas em vez de Ciência.

Mas será que as pessoas não têm o direito de organizar sua vida como lhes pareça, por exemplo, de acordo com as tradições de seus antepassados? E o reflorescimento dessas tradições não mostrou muitas vezes sua superioridade em áreas em que a Ciência faz reivindicações definitivas (Acupuntura; Taoísmo como Filosofia da Ciência e uma Filosofia social etc.)? Worral presume que a Ciência é melhor que tudo o mais, tanto como religião quanto como expediente prático. Mas será que ele examinou a questão? Por exemplo, será que comparou as teorias científicas sobre

---

[2] A maioria das formalizações só transfere a confusão de um ponto para outro. Von Neumann agora pode provar a decomposição espectral das funções de uma maneira muito organizada – mas a relação com o experimento ficou mais caótica do que nunca. Cf. CM, Capítulo 5, nota 23 [20].

o tratamento do câncer com as teorias herbáceas? Acho que não. E, no entanto, quer que cientistas tenham o direito de determinar o que deve e o que não deve ser ensinado em nossas escolas. Worral tampouco descreve corretamente o tipo de intervenção do Estado que eu recomendo. Da maneira que ele apresenta a questão, um grupo pacífico de pesquisadores tranquilos e bem pagos será incomodado grosseiramente por uma Gestapo não científica. Mas o problema é que as táticas da Gestapo são encontradas do outro lado. O que estou descrevendo é até que ponto os cientistas e as organizações científicas, utilizando todas as táticas de pressão disponíveis à exceção de assassinatos, conseguiram determinar o que deve ser feito com os jovens (programas educacionais que tentam expulsar as tradições não científicas, substituindo-as por invenções tolas como a "Matemática nova"); com pessoas idosas que têm problemas (psiquiatria, reforma prisional); e com os milhões em renda oriunda de impostos que eles exigem com a mesma impudência com que a Igreja em determinado momento exigia o dízimo.[3] É dever do Estado *proteger* os cidadãos desses parasitas chauvinistas que sobrevivem graças a suas mentes e aos bolsos das pessoas comuns – e, tendo de protegê-los, o Estado também é obrigado a interferir. No entanto, compreendo por que aqueles que lucram com o *status quo*, por que os cientistas e seus lacaios, os filósofos da ciência, acham minhas sugestões "sem atrativos".

A seguir Worral volta-se para meus estudos de caso, que ele considera "o argumento central do livro". Para enfraquecer o caso de Galileu, ele produz regras que não são afetadas por ele. Eu imediatamente admito a existência dessas regras. Um estudo de caso não elimina supostamente *todas* as regras, apenas algumas delas. Com isso é fácil inventar outras regras a que ele obedece. Eu mesmo faço isso. Não só mostro quais regras são infringidas por um caso determinado, mas também tento mostrar quais são usadas e por que foram bem-sucedidas. O que, de fato, afirmo é que, para cada regra e cada padrão, é possível construir um caso que contraria aquela regra ou padrão. Essa é uma "conjectura ousada", adorada pelos popperianos. Nunca tentei *provar* a conjectura, mas tentei torná-la *plausível* ao apresentar casos que infringem regras e padrões básicos de

---

[3] Para as táticas de Gestapo usadas por instituições científicas, cf. Jungk, op. cit.

racionalidade. É óbvio que um estudo de caso que contraria uma regra ou padrão pode não contrariar um substituto mais fraco. Mas é igualmente óbvio que no processo de enfraquecer suas regras o racionalista irá eventualmente chegar muito próximo de minha posição. Lakatos é um exemplo disso. Usando sua racionalidade, sua posição agora já não se distingue da minha. Worral parece não ter aprendido a lição.

Isso fica claro em algumas de suas observações. Ele indica, por exemplo, que no curto prazo violações de padrões não implicam que esses padrões sejam inúteis. Assim, podemos ocasionalmente usar hipóteses *ad hoc*, embora isso não signifique que o padrão ou regra, que nos recomenda substituí-las *eventualmente* por medidas que ampliem o conteúdo, devam ser abandonados.

Há dois comentários que podem ser feitos acerca dessa observação. Primeiro, admito que seja possível utilizar hipóteses *ad hoc*. Isso é uma concessão importante para popperianos e eles precisaram de muito tempo para fazê-la. Portanto, não nos esqueçamos de que aquilo que Worral oferece como uma nova regra assim tão óbvia é resultado de um movimento adaptativo no círculo popperiano.

Segundo, mesmo essa regra muito mais "modesta" não está imune a críticas. Não apresentei a crítica em meu livro, pois obviamente eu não podia tratar de todas as malditas regras que os filósofos inventam; mas afirmei, uma vez mais na forma de uma suposição, que existe uma crítica para cada regra. O motivo para isso é que o uso de regras e/ou padrões tem implicações cosmológicas.[4] A regra de aumento de conteúdo, por exemplo, irá eventualmente parar de produzir resultados em um mundo finito. Pesquisas de acordo com regras contrárias podem nos ajudar a pinçar tais limitações e, com isso, a criticar a regra. Isso descarta as objeções de Worral ao "argumento central" de meu livro.

A seguir, Worral considera "pontos mais específicos", tentando enfraquecer alguns deles para que pareçam triviais. Parece não perceber que eu me dirijo não só a pensadores avançados de seu calibre, mas também a

---

[4] Os filósofos do Círculo de Viena e os popperianos gostam de transformar princípios cosmológicos, como o princípio de causalidade, em regras formais. Como resultado, eliminam as circunstâncias que podem pôr as regras em perigo.

indutivistas, falsificacionistas ingênuos, newtonianos e todas as espécies de outras pessoas. Nega que o caso da moção browniana seja um "desafio revolucionário à ortodoxia empirista". Aparentemente, ele não sabe quantas pessoas ainda se agarram à regra iv de Newton. E existe ainda um número maior entre elas que ficam horrorizadas com a ideia de que uma teoria possa ser mantida apesar de uma evidência clara e sem ambiguidade que a contrarie. É claro, nada disso pode ser encontrado entre os dois ou três alunos de Lakatos que ainda se lembram do que aprenderam com ele – mas ele está bastante errado quando crê que todo mundo adotou a filosofia deles. Depois, Worral dá uma explicação do argumento da torre (e *não* o "experimento" da torre, como ele o chama) que o faz parecer menos "misterioso" do que a minha. Concordo que essa é uma explicação possível e que é sustentada por alguns dos contemporâneos de Galileu. Mas não era sustentada por todos e certamente não pelas pessoas comuns, como *diz o próprio Galileu*. Se Galileu tivesse tido que lidar com as pessoas que aceitam a interpretação de Worral, seus problemas teriam sido muito menores. Como sempre faz, Worral considera possibilidades, escolhe aquela que lhe parece mais simples e depois presume que a História foi igualmente sensata. Worral fica também bastante insatisfeito (e posso entender por quê) com minha descrição de Galileu como sendo um propagandista contundente. Ora, a propaganda pode ser vista de duas maneiras diferentes, ou seja, (1) ela consiste em movimentos "externos" (no sentido de Lakatos) a favor de uma teoria ou de um programa de pesquisa que colide com padrões "internos" e (2) ela consiste em descrições enganosas que suprimem as dificuldades a fim de criar uma melhor recepção para alguma teoria. Acho que demonstrei que Galileu usou e tinha de usar "propaganda" no sentido de (1) se escolhermos os padrões "internos" normais (até e incluindo Lakatos). É claro, se escolhermos tipos diferentes de padrões, por exemplo, se permitirmos que os padrões mudem, de uma maneira oportunista,[5] de um caso para outro, então a "propaganda" se transforma em Razão. Galileu também usa propaganda do tipo (2) – dá uma explicação enganosa das dificuldades da observação celestial. A propaganda do tipo (2) desempenhou algum papel em seu sucesso e, portanto, não foi totalmente desnecessária.

---

[5] Para "oportunista", cf. CM, Introdução, nota 6.

Com isso chegamos ao monstro da incomensurabilidade. Nem é preciso dizer que Worral não gosta de nada relacionado com o Capítulo 17. Não gosta de meu exemplo – Homero *versus* os pré-socráticos – porque interpreta mal o uso que o exemplo faz de obras de arte. "Como um 'metodologista racionalista'", escreve ele,

> eu acharia desconcertante se descobríssemos que quaisquer duas teorias rivais são, apesar das aparências, necessariamente incomensuráveis; mas não estou nada confuso nem surpreso de saber que estilos de desenho e de pintura podem ser incomensuráveis.

Mas meu argumento não é que os quadros são mutuamente incomensuráveis, e sim que as cosmologias que infiro deles (e da Literatura, da Filosofia, da Teologia e até da Geografia da época) são incomensuráveis. A seguir Worral observa que a incomensurabilidade é desnecessária porque ele pode facilmente imaginar outras interpretações. Pode, por exemplo, facilmente imaginar que a Mecânica einsteiniana contradiz, em vez de cancelar, as premissas newtonianas. No entanto, a questão não é aquilo que uma pessoa que examina a teoria de alguma distância possa imaginar; a questão é como sua imaginação se encaixa nas ideias que os físicos acham plausíveis, como ela os ajuda na interpretação de experimentos específicos e na compreensão da relação entre teoria e observação. A teoria quântica, desde seu começo, foi submetida a uma variedade de interpretações e algumas dessas interpretações a tornaram incomensurável com a Física clássica. O debate sobre essas interpretações foi complexo e ainda não terminou, nem mesmo nos dias atuais. Os argumentos a favor da incomensurabilidade, que encontramos na interpretação de Copenhagen, são bastante sutis e restringem de maneira considerável o campo de ação daquilo que os filósofos gostariam de imaginar.[6] Devemos nos voltar para esses argumentos ao debater incomensurabilidade, e não para os modelos ingênuos sobre comparação de teorias que os filósofos desenvolveram. Isso também se aplica à relatividade. Worral escreve com convicção:

---

[6] Cf. minha explicação em *Philosophy of Science*, op. cit.

Com toda a certeza a Mecânica einsteiniana implica que a forma de um corpo é uma função de sua velocidade e isso simplesmente *contradiz* (grifo dele) a premissa newtoniana.

Não se a teoria de Einstein for construída à maneira de Marzke e Wheeler, isto é, sem qualquer ajuda de conceitos clássicos. Ora, é verdade que em CM não dei argumentos a favor da interpretação de Copenhagen nem discuti a interpretação de Marzke-Wheeler e suas vantagens. Fiz isso em ensaios anteriores, aos quais me referi em notas de rodapé, e presumi que o leitor iria buscar os argumentos lá. Em CM apresentei um modelo geral e o expliquei com a ajuda de um exemplo não científico. Portanto, meu caro John, refute Bohr (como eu o apresentei), refute Marzke e Wheeler, ou mostre que nenhum deles implica incomensurabilidade e depois voltaremos a conversar.

Worral conclui com uma breve descrição daquilo que eu digo sobre aumento de conteúdo. Ele admite que existem casos em que a perda de conteúdo ocorre, mas afirma que esses casos são muito raros. Muitas pessoas na Escolade Economia de Londres (LSE), dentro e fora do Departamento de Filosofia, parecem compartilhar essa opinião. Para refutá-la, teríamos de apresentar longas listas de casos em que a perda de conteúdo realmente ocorre. Eu não fiz isso, mas citei uns poucos casos paradigmáticos que podiam permitir que o leitor fizesse a pesquisa restante por si próprio. Os casos que usei são (1) a transição da teoria demoníaca da doença mental para uma explicação puramente comportamental e (2) a transição da Eletrodinâmica do século XIX para a Eletrodinâmica da relatividade. A teoria demoníaca não só explica, mas também descreve a doença mental em termos da possessão por demônios. Afirmações sobre demônios, suas relações complexas uns com os outros e com suas vítimas pertencem ao conteúdo da teoria. E o mesmo ocorre com as afirmações sobre o comportamento humano. Durante a transição, afirmações do primeiro tipo são eliminadas do conteúdo da teoria psiquiátrica (psicológica) sem serem substituídas por outras afirmações. O conteúdo da Psiquiatria (Psicologia) passa então por uma retração considerável. O que também acontece no caso da Eletrodinâmica. A Eletrodinâmica do século XIX contém afirmações sobre as propriedades do éter, isto é, tanto sobre suas propriedades gerais quanto sobre seu comportamento especial em regiões espaço-tempo específicas. Todas essas afirmações desaparecem durante a transição para a teoria da relatividade (e, além disso, toda a teoria de objetos sólidos também desaparece). E as duas teorias não são substituídas por outras afirmações. Uma vez mais, há uma perda considerável de conteúdo. Com relação a esses exemplos e contra eles, Worral observou, em um "parecer" sobre aquilo que ele chama de "Racionalismo Crítico" (que é simplesmente a coleção de ideias reunidas por Popper e seus seguidores), que o conteúdo lida somente com afirmações observacionais e que os casos que mencionei referem-se a afirmações teóricas. Isso é tanto uma inverdade quanto desonesto. É uma inverdade porque muitas afirmações sobre os demônios ou as propriedades do éter eram observáveis, até mesmo diretamente observáveis (como exemplo, cf. o método de Lodge de medir os movimentos do éter ou os relatórios de muitas mulheres dizendo que o diabo tinha um membro frio como gelo). E é desonesto em virtude de seu relapso em um Positivismo fora de moda. Durante décadas os popperianos fizeram um grande estardalhaço sobre a natureza essencialmente teórica de todas as afirmações; agora que extraímos consequências de suas afirmações, eles recuam para uma ingênua Filosofia observacionista: será que Worral não se lembra de que a distinção entre afirmações observacionais e afirmações teóricas depende das teorias utilizadas e que falar de observações em termos absolutos, como ele faz em sua objeção, significa voltar para o Positivismo antigo? Não tenho qualquer objeção a essa volta, afinal, o Positivismo antigo era uma teoria simpática, mas gostaria que Worral fosse mais honesto em seus lances e admitisse que a condição de aumento de conteúdo pode ser sustentada apenas ao desistir da ideia de que todas as observações são atravessadas pela teoria. Além disso, quando Worral rejeitou Aristóteles com o comentário de que este, embora talvez falando sobre coisas que já não são abordadas pela Ciência, não deu uma explicação científica sobre ela, estava apenas envolvendo-se em tráfico de palavras. Fosse ou não científico: Aristóteles lidou com uma ampla variedade de fenômenos com base em umas poucas noções simples. O filósofo grego tinha uma teoria que cobria a natureza inanimada, a natureza animada, o homem, os produtos humanos – como sua Ciência, sua Filosofia, sua Teologia (tinha, por exemplo, um poema muito bem pensado que dizia, na verdade, que a Poesia é mais filosófica que a História porque a primeira explica enquanto a segunda apenas descreve); sua teoria também tratava de Deus e sua relação com o mundo, e foi usada muito tempo depois da revolução científica em uma variedade de áreas e com grande sucesso (Harvey, por exemplo, era um dedicado aristotelista). É verdade que a maioria dos cientistas britânicos rejeitou Aristóteles em virtude de seu fracasso na Astronomia, o que apenas mostrou a ignorância deles nas questões externas a essa área. É o efeito posterior tardio dessa ignorância que é usado hoje para marginalizar Aristóteles. Popper fez isso em seu *Open Society* e agora Worral repete a acusação, sem dúvida sem ter lido uma única linha de Aristóteles. Isso, incidentalmente, é uma característica bastante comum do "progresso": algumas pessoas progridem apenas uns poucos centímetros em um campo restrito. Presumem que seu "progresso" cobre uma área muito mais ampla. Sustentam essa premissa com uma descrição da oposição que é profundamente preconceituosa e parcial e demonstra muita ignorância. A ignorância logo é considerada conhecimento e transmitida, com autoridade, do professor para o aluno, do aluno para o filho do aluno. E, assim, anões intelectuais podem se fazer passar por gigantes e dar a impressão de que suplantaram os verdadeiros gigantes do passado. O Racionalismo crítico é uma das escolas que deve sua fama a esse fenômeno.

Resumindo a crítica – em que vemos um metodologista envolvido? Vemo-lo envolvido no enfraquecimento de regras metodológicas sempre que outra pessoa mostra que a versão mais forte está em conflito com a prática científica; ele critica exemplos históricos com base naquilo que *ele* teria pensado sobre o assunto; opõe-se aos resultados de argumentos complexos (que não conhece) dizendo que "certamente" uma explicação diferente também é possível; sustenta teorias pouco realistas de racionalidade e mudança científica recusando-se a descrever as conquistas nos termos dessas teorias (teorias contraditórias podem ser produtivas, mas não são "racionais"); e geralmente se envolve com todos os tipos de tráfico de palavras (Aristóteles não "científico"). Considerando que existem muitas pessoas envolvidas nessas atividades interessantes, devemos admitir que a Metodologia ainda está muito viva, mesmo na LSE, mas não é o tipo de vida que uma pessoa sensata gostaria de viver.

Referências

ALBRIGHT, W. F. *Yahweh and the Gods of Canaan*. Nova York, 1968.
ANDERSON, E. *Plants, Man and Life*. Londres, 1954.
ARISTÓTELES. *An. Pr.* [S.l.: s.n.], [s.d.]
_____. *An. Post.* [S.l.: s.n.], [s.d.]
_____. *De Anima.* [Ed. bras.: De anima. São Paulo: Editora 34, 2006.]
_____. *De Coelo.* [Lipsiae, in aedibus B. G. Teubneri, 1881.]
_____. *De Divin. per Somn.* [S.l.: s.n.], [s.d.]
_____. *De Gen. et. Corr.* [S.l.: s.n.], [s.d.]
_____. *De Part. Animal.* [S.l.: s.n.], [s.d.]
_____. *De Somn.* [S.l.: s.n.], [s.d.]
_____. *Metafísica.* [Ed. bras.: *Metafísica*. Trad. Giovanni Reale. v.2. São Paulo: Loyola, 2002.]
BINFORD, L. R.; BINFORD, S. R. *New Perspectives in Archaelogy*. Chicago, 1968.
BRAHE, T. Tychonis Brahei de Disciplinis mathematicis oratio publice recitata in Academia Haffniensi anno 1574. *Opera Omnia*, v.I, 1610.
BRENTANO, F. *Die Psychologie des Aristóteles*. Mainz, 1867.
BROWN, F. R. Am. *Journal Physiol.*, v.178, 1954.
_____. *Biol. Bull.*, v.112, 1957.
CANTOR, G. N. *Journal for the History of Science*, v.14. 1976.
CASPAR, M.; DYCK JOHANNES, W. *Kepler in seinen Briefen*, v. 1. Munique, 1930.
CLAGETT, M. *The Science of Mechanics in the Middle Ages*. Madison, 1964.

COPÉRNICO. *Commentariolus*. In: ROSEN, E. (Ed.). *Three Copernican Treatises*. Nova York, 1959a.

_____. *De Revolutionibus*. [S.l.: s.n.], [s.d.]

_____. *Letter Against Werner*. In: ROSEN, E. (Ed.). *Three Copernican Treatises*. Nova York, 1959b.

CURTHOYS, J.; SUCHTING, W. Feyerabend's Discourse Against Method: a Marxist Critique. *Inquiry*, 1977.

DE GRAZIA, A. *The Velikovsky Affair*. Nova York, 1966.

_____. *Velikovsky Reconsidered*. Nova York, 1976.

DECLARAÇÃO de 186 cientistas importantes contra a Astrologia. *Humanist*, set./out. 1975.

DESCARTES, E. *Princ. Phil.* [S.l.: s.n.], [s.d.]

DUHEM, P. *To Save the Phenomena*. University of Chicago Press, 1972.

FEYERABEND, P. *Der Wissenschaftstheoretische Realismus und die Autorität der Wissenschaften*. Wiesbaden, 1978.

_____. On the Critique of Scientific Reason. In: HOWSON, C. (Ed.). *Method and Appraisal in the Physical Sciences*. Cambridge, 1976a.

_____. *British Journal for the Philosophy of Science*, v.27, 1976b.

_____. *I problemi dell'Empirismo*. Milão, 1971.

_____. Consolations for the Specialist. In: LAKATOS, I.; MUSGRAVE, A. *Criticism and the Growth of Knowledge*. Cambridge, 1970a.

_____. Against Method. *Minnesota Studies for the Philosophy of Science*, v.IV. Minneapolis, 1970b.

_____. Science without Experience. *Journal of Philosophy*, v.LXVI. 1969.

_____. On a Recent Critique of Complementarity. *Philosophy of Science*, 1968/69.

_____. On the Improvement of the Sciences and the Arts and the Possible Identity of the Two. *Boston Studies in the Philosophy of Science*, v.III. Boston, 1967.

_____. Problems of Empiricism. *Beyond the Edge of Certainty*. Nova York, Colodny, 1965a.

_____. Reply to Criticism. *Boston Studies in the Philosophy of Science*, v.II. Boston, 1965b.

_____. Das Problem der Existenz Theoretischer Entitäten. *Kraft Festschrift*. Viena, 1960.

_____. An attempt at a Realistic Interpretation of Experience. *Proc. Arist. Soc.*, 1958.

_____. Wittgenstein's *Philosophical Investigations*. *Phil. Rev.*, 1955.

GALILEI, G. *Dialogue Concerning the Two Chief World Systems*. Berkeley e Los Angeles, 1954.

_____. *Dialogue*. Trad. Stillman Drake. University of California Press/Santillana, 1953/1964.

GELLNER, E. Beyond Truth and Falsity. *British Journal for the Philosophy of Science*, v.26, 1975.
GERSHENSON, D. E.; GREENBERG, D. A. The 'Physics' of the Eleatic School: a Revaluation. *The Natural Philosopher*, 3, Nova York, 1964.
GINGERICH, O. Crisis vs. Aesthetics in the Copernican Revolution. *Vistas in Astronomy*, v.17, Beer, 1974.
GODELIER, M. Myth et Histoire. *Annales*, 1971.
GOTTSCHED, J. Vorrede zum 'Sterbenden Cato. *Schriften zur Literatur*. Stuttgart: Reclam, 1972.
GRANT, E. *A Source Book in Mediaeval Science*. Cambridge e Massachusetts, 1974.
HANKE, L. *All Mankind is One*. Northern Illinois Press, 1974.
HANSON, N-R. *Patterns of Discovery*. Cambridge, 1958.
HANSON. *Isis*, n.51, 1960.
HARRÉ, R. *Mind*, 1977.
HEISENBERG, W. *Physics and Philosophy*. Nova York, 1964.
HELLMAN, D. *The Comet of 1577*. Nova York, 1944.
HERZ, N. *Kepler's Astrologie*. Viena, 1895.
HEYERDAHL, T. *The Ra Expeditions*. Nova York, 1972.
HODSON, R. R. (Ed.). *The Place of Astronomy in the Ancient World*. Oxford, 1974.
HOWSON, C. (Ed.). *Method and Appraisal in the Physical Sciences*. Cambridge, 1976.
JANTSCH, E. *Design for Evaluation*. Nova York, 1975
JOHNSON, F. R. *Astronomical Thought in Renaissance England*. Baltimore, 1937.
JUNG, C. G. Synchronicity: An Acasual Connecting Principle. *The Collected Works of C.G. Jung*, v.8. Londres, 1960.
JUNGK, R. *Der Atomstaat*. Munique, 1977.
KAMEN, H. *The Rise of Toleration*. Nova York, 1967.
KEPLER, J. *Conversation with Galileo's Sidereal Messenger*. Trad. E. Rosen. Nova York, 1965.
KOYRÉ, A. *From the Closed World to the Infinite Universe*. Cambridge, 1964.
KRAFFT, F. Copernicus Retroversus i and ii. *Colloquia Copernicana* iii and iv, *Proceedings of the Joint Symposium of the IAU and IUHPS*. Torun, 1973.
KRISTELLER, P. O. *Renaissance Thought*, [s. d.].
KUHN, T. *The Copernican Revolution*. Cambridge, 1967.
LAKATOS, I. Imre Lakatos. *British Journal for the Philosophy of Science*, v.26. 1975.
_____; MUSGRAVE, A. (Eds.). *Criticism and the Growth of Knowledge*. Londres e Boston, 1965.
LAKATOS, I.; ZAHAR, E. Why did Copernicus supersede Ptolemy? In: WESTMAN, R. S. (Ed.). *The Copernican Achievement*. University of California Press, 1974.

LENIN, V. *'Left Wing' Communism, An Infantile Disorder.* Pequim, 1965.
LÉVI-STRAUSS, C. *The Savage Mind.* Chicago, 1966.
LOEMKER, L.E. (Ed.). *Gottfried Wilhelm Leibnitz, Philosophical Papers and Letters.* Dordrecht, 1969.
MAILER, N. *Of A Fire on The Moon.* Londres, 1970.
MANUEL, F. *The Religion of Isaac Newton.* Oxford, 1974.
McEVOY, J. *Philosophy of Science*, v.42. 1975.
MILIKAN, R. A. *Reviews of Modern Physics*, v.29, 1949.
MILL, J. S. On Liberty. In: COHEN, M. (Ed.). *The Philosophy of John Stuart Mill.* Nova York, 1961.
MITCHELL, J. (Ed.). *Psychic Exploration, A Challenge for Science.* Nova York, 1974.
NELSON, J. H. *Electrical Engineering*, v.71, 1952.
_____. *RCA Review*, v.12, 1951.
OWEN, G. E. L. *Aristotle.* Nova York, 1967.
PAGEL, W. *William Harvey's Biological Ideas.* Nova York, 1967.
PICCARDI, G. *The Chemical Basis of Medical Climatology.* Springfield, Illinois, 1962.
PLATÃO. *A República.* [Ed. bras.: Fortaleza: Edições UFC, 2009.]
_____. *Epínomis.* [Ed. bras.: *As Leis*: incluindo Epínomis. São Paulo: Edipro, 1999.]
PLUTARCO. *Life of Solon.* [Ed. port.: *Vida de Sólon.* Lisboa: Relógio D'Água, 1999.]
POPPER, K. R. *Conjectures and Refutations.* Londres, 1963.
_____. *The Logic of Scientific Discovery.* Nova York e Londres, 1959.
PRICE, D. J. de S. Contra Copernicus. *Critical Problems of the History of Science.* Madison, Clagett, 1959.
RICCIOLI, G. B. *Almagestum Novum.* [S.l.: s.n.], [s.d].
ROSENTAL, S. (Ed.). *Niels Bohr, his Life and Work as seen by his Friends and Colleagues.* Nova York, 1967.
ROSSI, P. Hermeticism and Rationality in the Scientific Revolution. In: BONELLI, M. L. R.; SHEA, W. R. (Eds.), *Reason, Experiment and Mysticism in the Scientific Revolution.* Nova York, 1975.
ROSSI, P. *Philosophy, Technology and the Arts in the Early Modern Era.* Nova York, 1970.
SCHACHERMAYR, F. *Die frühe Klassik der Griechen.* Stuttgart, 1966.
SCHILPP, P. A. *Albert Einstein: Philosopher-Scientist.* Nova York, 1951.
STERNHEIM, C. *Aus der Bürgerlichen Heldenleben.* Neuwied, 1969.
TOULMIN, S. (Ed.). *Physics and Reality.* Nova York, 1965.
TROMP, S. W. Possible Effects of Extra-Terrestrial Stimuli on Colloidal Systems and Living Organisms. In: TROMP, S. W.; BOUMA, J. J. *Proc. 5th Intern. Biometeorolog. Congress.* Nordwijk, 1972.

TSE-TUNG, M. Oppose stereotyped Party Writing. *Selected Works of Mao Tse--Tung*, v.III. Pequim, 1965.
VAR, G. M. *Radical Knowledge*. Dissertação, Berkeley, 1975.
VERFAILLIE, G. R. M. *Intern. Journ. Biometeorol.*, v.13, 1969.
Von FRITZ, K. *Antike und Moderne Tragödie*. Berlim, 1962.
WATSON, L. *Supernature*. Londres, 1973.
WESTMAN, R. S. *Colloquia Copernicana* i. Varsóvia, 1972.
_____. Michael Maestlin's adoption of the Copernican Theory. *Colloquia Copernicana* iv, Ossilineum, 1975.
WESTMAN, R. S. The Wittenberg Interpretation of the Copernican Theory. *Isis*, v.33, 1972.
WORRAL, J. *Erkenntnis*. 1977.
YATES, F. *The Rosicrucian Enlightenment*. Londres, 1974.

Índice onomástico

A
Agassi, Joske, 97n, 144, 155-74, 229
Agrippa de Nettesheim, 111
Albright, W., 203n
Alexandre VI, Papa, 169n
Althusser, Louis, 207n
Anaximandro, 34, 250
Anscombe, Elizabeth, 84n, 135, 142
Antístenes, 28
Aquino, Tomás de, 70n, 258
Ardrey, Robert, 110
Arendt, Hannah, 174n
Aristófanes, 151
Aristóteles, 13, 20, 29, 40, 52, 56, 58, 60, 62n, 65-70, 72, 72n, 103, 126, 128n, 177, 194n, 206n, 233, 241-2, 264, 271
Agostinho, Santo, 240

B
Bohm, David, 145
Bohr, Niels, 52n, 110, 112, 137, 144, 146, 244, 246, 253n, 270
Born, Max, 49n, 110

Brecht, Bertolt, 142, 149, 164, 222n
Brown, F., 117
Brunelleschi, Francesco, 24
Burke, Edmund, 12

C
Cantor, G. N., 198n
Carnap, Rudolf, 254n, 256
Clagett, Marshall, 56n
Colombo, Cristóvão, 25, 45
Constantino, Imperador, 25
Copérnico, 12, 13, 24, 53-7, 61, 64n, 67n, 81, 130n, 193, 193
Corneille, Pierre, 29
Curthoys, Jean, 191-227

D
Dalton, John, 123
Dee, John, 111n
Descartes, René, 72n, 79n, 126
Dias, Bartolomeu, 45
Drake, Stillman, 216n
Duhem, Pierre, 54n

E
Ehrenhaft, Felix, 132-5
Eichorn, Henrich, 135n
Einstein, Albert, 22, 52n, 85n, 88, 103, 112, 137, 151, 244, 246, 249, 250, 252n, 253, 269
Eisenstein, Sergei, 130
Eisler, Hans, 139-40
Emrich, Wilhelm, 165
Engels, Friedrich, 89, 206n
Erasmo, Desidério, 164, 173n

F
Filolau, 130, 131
Finocchiaro, Maurice, 198n
Fludd, Robert, 111n
Frank, Philipp, 139

G
Galileu, Galilei, 20, 43, 47, 52, 57, 60n, 74, 111n, 126, 131, 138, 139, 156n, 162n, 167n, 177, 196, 196n, 198n, 204, 205, 209, 216n, 235, 244, 250, 266, 268
Gellner, Ernest, 175-90, 224, 229
Gengis Kahn, 106
Giotto, di Bondonne, 24
Godelier, Maurice, 93
Gottsched, Johann, 29
Grant, E., 67

H
Hamann, G., 12
Hanke, Lewis, 96n
Hanson, N.-R, 83n
Harré, Rom, 162-3n, 186n
Hartmann, Max, 137
Hattiangadi, J., 230
Hayek, von, 138

Hecateu de Mileto, 34
Hegel, Friedrich, 25, 33, 160, 164, 203, 239, 239n
Heidegger, Martin, 239n
Heine, Heinrich, 237
Heisenberg, W., 80, 112, 250
Hellman, Doris, 67n, 229
Hesíodo, 130n
Heyerdahl, Thor, 128n, 129n
Hodson, R., 128n
Hollitscher, Walter, 135, 139-41, 206n
Homero, 23, 269
Howson, C., 43n, 78n
Hume, David, 70n, 186
Hutten, Ulrich von, 164

I
Inocêncio VIII, Papa, 115

J
Jantsch, Erich, 80n, 135n
Johnson, Francis, 76n
Johnson, Samuel, 186
Jung, Carl, 117n
Jungk, Robert, 113n, 266n

K
Kamen, Henry, 100n
Kant, Immanuel, 151, 202, 204, 249n
Kaufman, George, 151
Kepler, Johannes, 63n, 65, 66n, 118, 243, 244, 251
Kerr, Alfred, 164
Koyré, Alexander, 57n
Krafft, Fritz, 62n, 63n
Kraft, Victor, 135-6, 143
Kristeller, P., 76n
Kropotkin, Peter, 93
Kulka, P., 230

Kuhn, Thomas, 12, 55n, 82-6, 84n,
   124-5, 145, 145n, 229, 233, 256

L

Lakatos, Imre, 19, 21, 43, 53, 59, 60,
   78n, 83, 162n, 164, 175, 179, 186,
   189-90, 198n, 199n, 229, 231, 232,
   252n, 258, 267, 268
Las Casas, Bartolomeu de, 96n
Leibnitz, Gottfried, 77-8, 78n, 79n
Lênin, Vladimir, 140, 160, 162, 165,
   193n
Lessing, Gotthold, 12, 29n, 173n, 186,
   231, 248n
Lévi-Strauss, Claude, 93, 129n, 258
Loemker, L., 77n
Lutero, Martin, 164

M

Mach, Ernst, 16, 245-8, 250, 253
Maestlin, M., 59n, 65, 66
Magalhães, Fernão de, 25, 45
Mailer, Norman, 41n
Manuel, F., 57n
Mao, Tse-Tung, 159, 201, 201n
Marcuse, Herbert, 160, 162
Marshack, Alfred, 110, 258
Marx, Karl, 93, 173n
Mayer, Robert, 110
Melissos, 68n
Mill, John Stuart, 39n, 107, 158, 164,
   165, 179n, 180n, 184
Millikan, R., 251
Molden, Otto, 136n
Musgrave, A., 199n

N

Nader, Ralph, 165
Nelson, J., 116n

Nestroy, 151
Neumann, J. von, 23, 112-3, 167, 265
Newton, Isaac, 57n, 71n, 72n, 79n,
   145n, 205n
Novalis, 237

O

Oresme, Nicholas, 76
Origanus, 59n
O'Toole, Peter, 31n
Owen, G., 71n

P

Palissy, Bernard, 128n
Paracelso, Philippus, 131
Parmênides, 68, 75n
Piccardi, G., 116
Planck, Max, 251, 254
Platão, 28, 65, 75, 99n, 127, 149, 150
Plutarco, 76, 95n
Poincaré, Henri, 21
Polanyi, 12, 124, 125
Popper, Karl, 16, 35n, 50, 78, 102n,
   137, 138, 142-5, 163, 179n, 184, 189,
   202, 206n, 225n, 231, 239n, 252n,
   255, 256, 260, 271, 272
Price, Derek, 56
Protágoras, 13, 37
Pryce, M., 137-8
Ptolomeu, 54-61, 67n
Putnam, Hilary, 139

R

Radnitzky, Gerard, 102n
Rand, Ayn, 195n
Reagan, Ronald, 189, 225n
Robespierre, Maximilien, 159n
Rosen, E., 57, 62n,

Rossi, P., 128n, 156n
Russell, Bertrand, 35n

S
Sandys, Duncan, 137
Schachermayr, F., 69n
Schrödinger, 65, 144
Shaw, Bernard, 164
Skolimowski, Henryk, 162
Sogon, Johnny, 135n
Sólon, 99n
Stalin, Joseph, 140, 141
Sternheim, Carl, 165
Suchting, W., 191-227, 229, 244

T
Thirring, Hans, 137
Thirring, Walter, 137
Tibbett, A., 229-45
Tromp, S., 116n
Trevor-Roper, Hugh, 258
Toulmin, Stephen, 233, 237n, 246n
Tycho Brahe, 65

V
Vallentin, Maxim, 133
Velikowski, E., 114n
Viertel, Berthold, 139

W
Watkins, John, 224
Watson, Lyall, 116n
Weizsaecker, C. von, 145, 179n
Westman, R., 66n
Wittgenstein, Ludwig von, 35n, 82, 135, 142, 212n
Worral, John, 263-72

X
Xenófanes, 23, 68, 69n, 159n

Y
Yates, F., 111n

Z
Zahar, E., 53, 60

SOBRE O LIVRO

Formato: 16 x 23 cm
Mancha: 27,6 x 47,6 paicas
Tipologia: Horley Old Style 11/15
Papel: Off-white 80g/m² (miolo)
Cartão Supremo 250 g/m² (capa)
1ª *edição*: 2011

EQUIPE DE REALIZAÇÃO
Assistência Editorial
Olivia Frade Zambone

Edição de Texto
Paula Mendes (Copidesque)
Giuliana Gramani (Preparação de original)
Mariana Vitale (Revisão)

Capa
Andrea Yanaguita

Editoração Eletrônica
Eduardo Seiji Seki

GRÁFICA PAYM
Tel. [11] 4392-3344
paym@graficapaym.com.br